Der Querdenker

Kurt Biedenkopf

C(

Peter Köpf

Der Querdenker
Kurt Biedenkopf

Eine Biografie

Campus Verlag
Frankfurt/New York

Die Deutsche Bibliothek – CIP-Einheitsaufnahme

Köpf, Peter:
Der Querdenker : Kurt Biedenkopf ; eine Biografie / Peter Köpf. –
Frankfurt/Main ; New York : Campus Verlag, 1999
ISBN 3-593-36270-8

Umschlaggestaltung: Init, Bielefeld
Umschlagmotiv: Biedenkopf; Bundesbildstelle Bonn, Fotograf: Reineke
Satz: Leingärtner, Nabburg
Druck und Bindung: Druckhaus Beltz, Hemsbach
Gedruckt auf säurefreiem und chlorfrei gebleichtem Papier.
Printed in Germany

Besuchen Sie uns im Internet: www.campus.de

Inhalt

II
Ein Politiker auf der Achterbahn

III
Als»König von Sachsen«
doch noch Regierungschef

Einleitung:
»Streit ist der Vater des Fortschritts«

Wer etwas erfahren möchte, muss schweigen können. Kurt Biedenkopf zuzuhören ist meist ein Gewinn, anregend allemal, besonders dann, wenn er nicht am Rednerpult steht, sondern im Sessel sitzt. Seine Lieblingsfigur aus der Geschichte ist Galileo Galilei, so, wie Bertolt Brecht ihn dargestellt hat:

»Galilei, der die Jupitermonde entdeckt hat mit einem verbesserten Fernrohr, kommt nach Florenz, um den Medici die Jupitermonde zu schenken. Daraufhin entsendet der Hof nicht nur den jungen Medici, sondern auch einen Physiker und einen Philosophen, um das Geschenk zu inspizieren. Galileo Galilei baut das Fernrohr auf und sagt:

›Bitte, kuckt da durch.‹

›Nein‹, sagen die Gelehrten, ›das geht nicht, wir müssen einen philosophischen Diskurs haben über die Frage, ob solche Sterne möglich sind.‹ Und nach einer Weile sagt der andere: ›Wir müssen einen Diskurs darüber haben, wem es nützt.‹«

An dieser Stelle schüttelt Kurt Biedenkopf den Kopf und wundert sich über die Wissenschaftler: »Sie haben sich einfach geweigert, durchs Fernrohr zu schauen.«

Er blickt einen Moment wie konsterniert, als hätte er die Geschichte eben zum ersten Mal zur Kenntnis genommen. »Warum wollten sie nicht hindurchschauen?«, fragt er und gibt sofort selbst die Antwort: »Das ptolemäische Weltsystem hat die Erde in den Mittelpunkt des Weltalls gestellt und die Planeten an Sphärenschalen befestigt, die sich drehen und die Sphärenmusik erzeugen. Deshalb konnten Planeten keine Monde haben. Wenn Planeten Monde gehabt hätten, hätten sie nicht an Sphärenschalen hängen können. Dann hätten die Monde ja durch die Sphärenschalen laufen müssen. Deshalb war die Akzeptanz, dass der Planet Jupiter Monde hat, das Zugeständnis, dass das ptolemäische System nicht stimmt. Für die Kirche, die damals Weltmacht war, bedeutete das, dass sie begründen muss, warum der Herr seinen Sohn auf einen beliebigen Planeten geschickt hat und nicht in den Mittelpunkt des Weltalls.«

Aufgeräumt wendet Kurt Biedenkopf sich seinem Zuhörer zu und schließt: »Die bestehende Struktur weigert sich immer, durchs Fernrohr zu gucken.« Niemand will sehen, was Biedenkopf so offenkundig erscheint: dass unser politisches System auf Annahmen beruht, die mit der Realität nichts mehr zu tun haben. Das Postulat eines stetigen exponentiellen Wachstums der Wirtschaft hat Biedenkopf schon verneint, lange bevor im Rahmen der Standort- und Globalisierungsdiskussion etwa Horst Afheldt oder linke Gruppen zu dieser Einsicht kamen. Die Zustimmung zur Demokratie beruht aber auf einem stetigen Wohlstandszuwachs, wie Biedenkopf erfahren hat, also auf ständig wachsenden Einkommen und zunehmender sozialer Sicherheit. »Wer die Möglichkeit dauerhaften exponentiellen Wachstums leugnet«, schlägt Biedenkopf die Brücke vom Gestern zum Heute, »gefährdet deshalb das gegenwärtig reale demokratische Herrschaftssystem, ebenso wie die Beweise Galileis das damalige Herrschaftssystem der Kirche gefährdeten.«

Doch Biedenkopf glaubt auch, den Schlüssel in der Hand zu halten für den Umbau des Wirtschaftssystems, ohne beim Öffnen der Tür die kapitalistische Ordnung aufzugeben. Der Schlüssel besteht, verkürzt gesagt, in der Beschränkung der staatlichen Wohlfahrt auf das absolut Notwendige und in der Ausweitung der Eigenverantwortung des Einzelnen. Dass die soziale Sicherung immer noch an das Arbeitsverhältnis gekoppelt ist, erscheint Biedenkopf heute nicht mehr zeitgemäß. Seinen Angriff führte er in erster Linie gegen das aktuelle System der Rentenversicherung. »Herr Blüm hat in der Zeit, als er Arbeitsminister war, in seinem Ministerium angeordnet, dass es keine demografische Prognose über das Jahr 2005 hinaus geben kann – mit der Begründung, weiter könne man nicht voraussehen. Bis zum Jahr 2005 ist aber das demografische Problem noch nicht aktuell. Und als wir 1985 unsere Rentenvorschläge vorgelegt haben, Meinhard Miegel und ich, da haben wir gesagt: Der kuckt nicht durchs Fernrohr.«

Galileo Galilei war ein Genie und am Ende bekam er unzweifelhaft Recht. Kurt Biedenkopf verfügt über genügend Selbstbewusstsein, sich mit Galilei auf die gleiche Ebene zu stellen. Sein Konzept einer Grundrente hatte er den Menschen zu Füßen gelegt wie Galilei seine Jupitermonde den Medici. Dass niemand, nicht einmal in seiner eigenen Partei, der CDU, von seiner »Revolution« so richtig hatte etwas wissen wollen, grämt den Mann, der stets sein Bundesverdienstkreuz am Revers trägt, immer noch. »Das ist bis heute meine Auseinandersetzung«, sagt er und kein bisschen Resignation trübt seine Stimme, »die Auseinandersetzung mit den Leuten, die sich weigern die neue Wirklichkeit zu erkennen.«

Seine Ehefrau Ingrid teilt Biedenkopfs Überzeugung: »Wir könnten so anders dastehen, wir brauchten diese Riesenarbeitslosigkeit nicht zu haben, wenn man wenigstens den Mut gehabt hätte, ehrlich darüber zu diskutieren.« Ingrid Biedenkopf hat keine Zweifel, dass ihr Mann die Rezepte für eine bessere Zukunft in den Händen hält – und das nicht erst, seit er Sachsens Landesvater geworden ist: »Ich hätte es gerne gesehen, dass mein Mann Kanzler wird. Für Deutschland wäre es gut gewesen. Ich liebe dieses Land und ich liebe die Menschen. Ich finde, sie verdienen es, eine ordentliche Führung zu haben.«

Kurt Biedenkopf würde nie bekennen, dass er jemals Ambitionen hatte, Regierungschef der Bundesrepublik Deutschland zu werden. Nachdem er schon zwei Karriereleitern – als Hochschulrektor und Konzernmanager – bis ganz oben bestiegen hatte, wurde er Generalsekretär der Christlich-Demokratischen Union (CDU). Heute bekleidet Kurt Biedenkopf zwar das hohe Amt des Ministerpräsidenten von Sachsen. Aber kann es sein, dass einer, der mit 43 Jahren aus dem Stand einen der höchsten Posten in einer Volkspartei besetzte und an dieser Stelle große Erfolge feierte, damit restlos zufrieden ist? Und woran lag es, dass Kurt Biedenkopf nie das wurde, was ihm seines herausragenden Intellekts wegen viele zugetraut hätten und andere fürchteten?

Niemand zweifelt daran, dass Kurt Biedenkopf ein glänzender Analytiker ist. Vielen gilt er auch als Vordenker, als Querdenker, und dieses Image pflegt er gern. Die Dresslers und Blüms erscheinen ihm allesamt wie die Kirchenfürsten und vermufften Wissenschaftler des 17. Jahrhunderts. Seine Sicht der Dinge ist eine andere, vorwärts gewandt in die Zukunft, wie er meint. Der Portier in der Staatskanzlei sieht ihn noch immer die Treppen zum Büro im Laufschritt hinaufeilen. Alles geht ihm zu langsam und deshalb ist er immer ein paar Schritte voraus, ob ihm die anderen nun folgen können oder nicht.

Kurt Biedenkopf rechnet sich zu den Politikern, die über den Tag, über die nächste Wahl hinausdenken. Auf Sachzwänge nur zu reagieren, Krisen nur zu managen, das Öl im Getriebe zu sein, sich von der Strömung treiben zu lassen – seine Vorstellungen von dem, was ein Politiker tun muss, sehen anders aus. Krisen bahnen sich nach seinen Erfahrungen frühzeitig an, und würden die Symptome rechtzeitig beachtet und bekämpft, könnten für die Probleme Lösungen gefunden werden. Auch das Publikum, die Wahlbevölkerung, erscheint ihm anspruchslos.»Sie [die Wähler] übertragen den Politikern die Führung im Staate, ohne auf der Auskunft darüber zu bestehen, wohin diese das Volk eigentlich führen wollen«, schrieb er

1974 in seinem Buch *Fortschritt in Freiheit*. »Sie sind dankbar für den Schwung, mit dem der Politiker die Frage nach dem Heute beantwortet, auch wenn er über das Morgen nur wenig zu sagen weiß. Spricht er über die Zukunft, so spricht er vage von Wohlstand, Glück und Frieden und natürlich von Fortschritt und Freiheit.« Biedenkopf hat diesen falschen Schwung oft gebremst, Sand ins Getriebe gestreut, wenn er glaubte, es laufe in eine falsche Richtung. Schon zehn Jahre vor der Erfindung des Standortwettbewerbs wollte er die Verteilungspolitik beenden. Wenn er auf dieses Thema zu sprechen kommt, erzählt er die Geschichte »vom Menschen, der sich in der Sänfte tragen lässt, und die Träger sind die Diener. Die tragen ihn so lange, bis er nicht mehr laufen kann, dann sind die Diener die Herren.« Was heißt das übertragen auf die Gesellschaft? »Diese Situation tritt ein, wenn die Strukturen sich vom ursprünglichen Zweck lösen und zum Selbstzweck werden. Dann bekämpfen diese Strukturen die Erkenntnis der neuen Wirklichkeit.«

Sein ganzes Politikerleben lang muss Kurt Biedenkopf sich vorgekommen sein wie einer, der an einem Gummiband hängt: Je weiter er vorpreschte, desto heftiger schleuderte es ihn zurück. So erklärt sich auch seine Ungeduld. Nicht wenige werfen ihm sogar Arroganz vor. Wer ihm gegenübersitzt und nicht mindestens 70 Jahre auf dem Buckel und einen Professorentitel im Tornister hat, wird im günstigsten Fall behandelt wie Tochter und Sohn oder ein lernwilliger Schüler: wohlwollend belehrend, väterlich. Der *Spiegel*-Reporter Jürgen Leinemann schrieb beeindruckt: »Wer etwas über ihn zu wissen glaubt, kann sicher sein, dass der Professor das für ›Unsinn‹ hält, für oberflächlich, falsch verstanden, aus dem Zusammenhang gerissen. Stets wollen seine Zuhörer eigentlich bestätigen, was er sagt, und spüren gleichzeitig ein inneres Unbehagen – das Gefühl, dass alles so nicht stimmen kann.«

Nina Grunenberg nannte ihn in der *Zeit* einen »grandiose[n] Einzelgänger, der als Organspender kam, aber von dem Parteikörper immer wieder abgestoßen wurde«. Kurt Biedenkopf selbst hält es mit Heraklit:»Streit ist der Vater des Fortschritts.« Er ist kein Dogmatiker, sondern auch als Politiker ein differenzierender Wissenschaftler geblieben. Sein Regierungssprecher in Dresden, Michael Sagurna, sagt:»Kurt Biedenkopf ist ein Sunset-Politiker. Er ist bereit, immer wieder von Null an zu denken.« Und seine»Schülerin«, Christa Thoben, die mit ihm in Nordrhein-Westfalen Wahlkampf machte, hebt hervor:»Biedenkopf zeichnet aus, dass er Parteigrenzen überschreiten kann. Er fragt sich: Kann ich mit diesem Menschen ein Stück Weg gemeinsam gehen?«

Kurt Biedenkopf hat die übliche Ochsentour eines Politikers, das schrittweise Emporklettern auf der Hierarchieleiter der Partei, nicht antreten müssen. Er wurde meist gerufen. Ein Amt um des Amtes willen war offenbar nie sein Ziel. Ihm geht es darum, die Zeitläufte zu beeinflussen, zu gestalten. Das hätte er ebenso gut in der Hochschule oder in der Wirtschaft tun können. Weil er nicht auf ein politisches Amt angewiesen war, konnte er freier als die meisten Politiker agieren und ohne Rücksicht auf die Partei seine Überzeugungen vertreten. Möglicherweise hat ihn dies lange daran gehindert, Positionen in der ersten Reihe der Politik zu übernehmen. Was man über Kurt Biedenkopf deshalb in erster Linie sagen kann: Opportunismus liegt ihm fern. Diese Unabhängigkeit zeichnet ihn aus, und deshalb waren von ihm immer überraschende Ideen und Initiativen zu erwarten, die er nicht lang für sich behielt. Diese – im positiven Sinne – Rücksichtslosigkeit macht ihn zu einer interessanten Figur.

Schon 1974 bemerkte sein innerparteilicher Widersacher, Norbert Blüm:»Den kann man nicht so leicht einfach in die linke oder rechte Ecke stellen.« Gleichwohl hat auch einer wie Kurt Biedenkopf einen Standpunkt. Nach dessen Wurzeln zu suchen machte eine der reizvollsten Aufgaben bei den Recherchen für diese Biografie aus. Aber auch wenn sie freigelegt worden sind, bleibt Kurt Biedenkopf, als was er zu Recht gilt: ein Querdenker.

I

»Für das Leben lernen wir«

I
Behütete Kindheit: »Ich war weniger für große Mannschaftsspiele«

Am Morgen des 28. Januar 1930 kam Kurt Hans Biedenkopf zur Welt. Die Wetterdienststelle Berlin meldete ein Hoch, Temperaturen bis zehn Grad und schwachen Wind. Am selben Tag, als der Junge seinen ersten Schrei tat, erklärte Spaniens Diktator Primo de Rivera seinen Rücktritt und der König beauftragte General Berenguer mit der Bildung eines Kabinetts. Am Lowell-Observatorium in Flagstaff, Arizona, belichtete Clyde Tombaugh, ein junger Beobachtungsassistent, Fotoplatten, auf denen er wenig später ein schwaches, sich langsam bewegendes Sternchen auf merkwürdig exzentrischer Bahn fand, das man Pluto nennen sollte. In Deutschland verbot das Provinzialschuldirektorium Hannover den Schülern die Mitgliedschaft im Nationalsozialistischen Schülerbund. Und Finanzminister Paul Moldenhauer – Mitglied der Deutschen Volkspartei und des Aufsichtsrats der IG Farben – errechnete nach einem Kassensturz eine Milliarde Reichsmark kurzfristige Verbindlichkeiten. Steuersenkungen, wie sie die Wirtschaft dringend forderte, musste er verschieben. Vorrangig sei die Schuldentilgung. Zum Trost schrieb die *Vossische Zeitung*: »Auch der Engländer zahlt hohe Steuern.«

Die ersten Jahre seines Lebens verbrachte Kurt Hans Biedenkopf in einem kleinen Siedlungshäuschen gleich vor dem Westtor der Badischen Anilin- und Sodafabrik (BASF) in Ludwigshafen. Aber der Junge wuchs nicht in einem Arbeiterumfeld auf wie beispielsweise Bundeskanzler Gerhard Schröder. Die Familie war intakt und Nöte um das tägliche Brot musste er nicht erleben. Es war eine relativ behütete Umgebung, in der er seine ersten Lebensjahre verbrachte. Kurt Hans war das erste Kind der Biedenkopfs; zwei weitere Söhne sollten 1933 und 1936 folgen.

Das Elternhaus kommt ihm heute zwar wie ein »Puppenhäuschen« vor, aber die Familie kannte keine Geldsorgen. Vater Wilhelm Biedenkopf schickte sich gerade an, bei der BASF als

Abbildung 1
Alte Leidenschaften: Kurt Biedenkopf als Vierjähriger
vor dem Dienstwagen des Vaters. Heute fährt er ein BMW-Cabrio
Baujahr 1980, die Spielzeugeisenbahnen stehen im
Keller der Dienstvilla und im Haus am Chiemsee.
Quelle: Sächsische Staatskanzlei Dresden

Ingenieur die Karriereleiter nach oben zu klettern. Die Mutter, Agathe Biedenkopf, damals eben 23 Jahre alt, stammte aus einer angesehenen Familie aus dem Raum Köln/Bonn, zu der auch der Gründer der Handelskammer in Köln gehörte sowie der Industrielle, der 4711 zu einer Weltmarke gemacht hatte.

Die Erziehung des jungen Kurt übernahmen seine Mutter und vor allem auch die Großmutter, deren erklärtes Ziel es war, aus dem Jungen einen erfolgreichen Menschen zu machen. Der Vater befand sich immer häufiger auf Geschäftsreisen. »Ab 1936 haben wir unseren Vater nur noch selten gesehen, weil er die Woche über oder auch länger in Schkopau war. Ich kann mich noch erinnern, dass er ab und zu am Wochenende da war. Im Wesentlichen musste aber meine Mutter sich um die Kinder kümmern.«

Das erste Schuljahr verbrachte Kurt Biedenkopf auf der Hindenburgschule in Ludwigshafen. Einen seiner Mitschüler hat er damals allerdings nicht bewusst wahrgenommen: Helmut Kohl. Der spätere Bundeskanzler besuchte die gleiche Schule wie sein nachmaliger Generalsekretär. Schulfreunde waren die beiden entgegen der Darstellung in Wolfram Bickerichs Kohl-Biografie allerdings nicht. »Kann sein, dass ich ihm mal über den Weg gelaufen bin«, meint Kurt Biedenkopf, sie hatten damals allerdings noch nichts weiter miteinander zu tun.

Für den jungen Kurt stand auch schon bald ein Schulwechsel an. Familie Biedenkopf zog 1938 nach Schkopau in der Nähe von Merseburg. Biedenkopf fühlte sich aufgehoben im neuen, großen Haus in Schkopau. Und er bekam dort sogar ein eigenes Zimmer. Die Ludwigshafenstraße in der »Doktorsiedlung«, wie sie bei der Dorfjugend hieß, fuhr er bei starkem Wind im Leiterwagen und mit aufgebautem Segel hinunter. Gerne erkundete er auch mit dem Fahrrad die Umgebung, meistens allein. Am liebsten aber bastelte er an seiner elektrischen Eisenbahn herum, die bald einen großen Teil des Fußbodens in seinem Zimmer bedeckte. Oder er versuchte sich an Laubsägearbeiten. Schon früh hatte er die Bastelleidenschaft für sich entdeckt: Als er von seinen Eltern ein gebrauchtes Fahrrad geschenkt bekam, nahm er es sofort auseinander, um es dann wieder zusammenzusetzen. Beim Zusammenbauen fehlte eine Schraube. »Das hat mich damals furchtbar in Erregung versetzt«, erzählt Biedenkopf, »aber schließlich habe ich es doch noch hingekriegt.«

Diese Leidenschaft ist Kurt Biedenkopf bis heute geblieben. In der Staatskanzlei ticken und schlagen mehrere Uhren, darunter eine Standuhr, die er selbst repariert hat. In seinem Ferienhaus am Chiemsee fährt wieder eine elektrische Eisenbahn, eine andere hat er im Saunaraum in der Dresdner Schevenstraße stehen. Und manche seiner Sekretärinnen wunderte sich schon, wenn er auf einen

Abbildung 2
Kurt Biedenkopf kann es nicht lassen. Auch heute beschäftigt er sich noch gerne mit seiner Modelleisenbahn – hier auf der Terrasse des Ferienhauses am Chiemsee.
Quelle: Sepp Spiegl

20

Stuhl stieg, um eine Glühbirne in die Lampe zu drehen, oder wenn er die Kaffeemaschine des Büros selbst reparierte.

Fußballbegeistert war er als Junge nicht. Der MDR-Journalistin Christine Zander sagte er: »Ich war weniger für große Mannschaftsspiele.«[1] Er hatte tatsächlich wenige, aber dafür gute Freunde. Die Erziehung wurde zum Teil vom Hauspersonal übernommen, während das Verhältnis zu den Eltern eher förmlich war. »Es hat im Vergleich zu heute auch eine ganz andere Auffassung von Autorität geherrscht, was aber letztlich nicht geschadet hat. Nur die Klavierlehrerin hatte Mühe, sich durchzusetzen. Auf jeden Fall übte der kleine Kurt nicht sehr intensiv, sondern überlegte sich viel lieber gemeinsam mit seinem Freund Richard Grimm, wie sie die Lehrerin ärgern konnten.

Nicht sonderlich erfreut vom Umzug in den Osten war zunächst Agathe Biedenkopf. »Meine Mutter hatte ziemliche Probleme, nach Mitteldeutschland zu gehen. Das ist für Rheinländer ziemlich weit weg. Und sie war der festen Überzeugung, dass sie sich Sibirien auf gefährliche Weise genähert habe.« Auch jetzt war der Ehemann kaum anwesend: Er ging frühmorgens in die Fabrik, kam zum Mittagessen nach Hause, schlief eine halbe Stunde und kam am Abend meist erst spät heim. »Letztendlich hat sie sich dann aber doch sehr wohl gefühlt«, glaubt der Sohn heute. »Sie hatte einen großen Freundeskreis in Schkopau – nicht zuletzt auch, weil sie eine exzellente Gastgeberin war.«

Die Eltern gehörten nun tatsächlich zur gehobenen Gesellschaft. Und der Bekanntenkreis weitete sich rasch bis nach Halle und Leipzig aus. In Leipzig begegneten sie bei einer Abendveranstaltung auch dem Ehepaar Ries. Fritz Ries war Unternehmer, doch geschäftlich hatten die beiden Männer nichts miteinander zu tun. Der Zufall, der die Familien damals zusammenführte, sollte aber dafür verantwortlich sein, dass viele Jahre später Fritz Ries der Schwiegervater von Kurt Biedenkopf wurde. Der Grundstein für diese – Kurt Biedenkopfs zweite – Ehe wurde an jenem Abend in den 30er Jahren gelegt. Auf der Gesellschaft stellte man fest – so erzählt Ingrid Biedenkopf, geborene Ries –, dass man Kinder im gleichen Alter hatte. »Ich war damals ganz sicher eine gute Partie. Und Kurts Mutter hatte drei Söhne.« Auf jeden Fall wurde Ingrid Ries zu den Biedenkopfs eingeladen und hatte immer viel Spaß dort, vor allem, wenn sie mit dem ältesten Sohn, Kurt Hans, spielte: »Ich habe immer alle Züge entgleisen lassen.«

Auch Kurt Biedenkopf schwärmte bald für das Mädchen, das ein Jahr jünger war als er. Gern fuhr er die 33 Kilometer mit dem Fahrrad nach Leipzig, um ihre Puppenstube zu reparieren. Ingrid Biedenkopf erinnert sich: »Er hatte vorher nicht angerufen, sondern heimlich die Tour geplant. Seine Mutter durfte es nicht wissen. Ihr erzählte er später, er sei irgendwo in der Au gewesen, um die Rehe zu belauschen.«

1942 verloren die beiden jedoch den Kontakt. Fritz Ries ließ sich scheiden und seine Frau zog mit Ingrid nach Bayern. »Durch die Wirren des Krieges«, sagt die damalige Spielkameradin, »verloren wir uns aus den Augen.« Erst mehr als 30 Jahre später sollten sich die beiden wieder begegnen.

Bei der Beschreibung der Tätigkeit seines Vaters beschränkt sich Biedenkopf aufs Formale. Wilhelm Biedenkopf wechselte ins Schkopauer Bunawerk der IG Farben, »mit dessen technischer Leitung sie meinen Vater beauftragt hatten«, wie es Biedenkopf in seinem Buch *Die neue Sicht der Dinge* umschrieb. Deutlicher ist er auch sonst an keiner Stelle geworden. Er erläutert, dass in Buna aus Butadien und Natrium künstlicher Kautschuk hergestellt worden sei, im Nachbarwerk Leuna Benzin aus Kohle. »Beide Werke dienten dem Schutz Deutschlands vor einer Blockade. Damals war Gummi eigentlich nur in Form von Naturkautschuk erhältlich, und diesen gab es in Europa nicht.«

Tatsächlich war den Deutschen im Ersten Weltkrieg nach Beginn der Blockade der Naturkautschuk ausgegangen. Adolf Hitler, der die militärische Bedeutung von Kautschuk kannte, wollte mit der Herstellung künstlichen Gummis diesem Problem vorbeugen. Auf einer Kautschukkonferenz im Oktober 1934 berichtete Hitlers Wirtschaftsbeauftragter Keppler den Teilnehmern von der Unzufriedenheit des »Führers« in Bezug auf den Fortschritt des Synthesekautschukprogramms. Er wünsche, dass dieses Unternehmen mit elementarer Kraft vorangetrieben werde. Und im Februar 1935 sprach Keppler davon, die Kautschukfabrik sei »ein Lieblingswunsch des Führers«. Wenige Wochen später forderte die Wehrmacht eine Großanlage.

Auf dem 7. Reichsparteitag der NSDAP am 11. September 1935 erklärte Hitler, »man könne das Problem der Kunstkautschuk-Herstellung als endgültig gelöst ansehen«. Die erste Fabrik werde sofort gebaut. Man entschied sich für Schkopau als Standort und die Schkopauer Adelsfamilie derer von Trotha konnte mit dem Verkaufserlös für das Gelände ihre Schulden begleichen. Bei der Grundsteinlegung am 25. April 1936 sagte Direktor Otto Ambros, das Werk solle »einen Baustein [...] liefern für die Wehrhaftmachung unseres Volkes. Wir dienen dadurch dem Wunsche unseres Führers Adolf Hitler und hoffen, daß es dem engen Zusammenwirken der Arbeiter der Stirn und der Arbeiter der Faust gelingen möge, das Werk in seinem Sinne zum Wohl von Volk und Vaterland zu vollenden.«

Das Bunawerk in Schkopau erzeugte überwiegend den Rohstoff für Fahrzeugbereifung wie auch für Regenkleidung. Dass jedoch allein militärische Interessen hinter der Entscheidung standen, diese Produktion zu forcieren, offenbart auch der Preis, den ein Reifen aus künstlichem Kautschuk kostete: 92 Reichsmark – gegenüber 18 Reichsmark für einen Reifen aus Naturkautschuk.[2]

In Biedenkopfs Büro in der Staatskanzlei hängt ein Bild des Bunawerks. Es zeigt einen Ausschnitt des Baus von 1937 und stammt aus dem Nachlass seines Vaters, der dort für die Erstellung des maschinen- und fabrikationstechnischen Teils verantwortlich war. Zum 90. Geburtstag schenkte der frisch gewählte sächsische Ministerpräsident seinem Vater einen Besuch im Werk der Buna AG Schkopau, in dessen Aufsichtsrat er mittlerweile saß.

Die Interessengemeinschaft Farben AG (IG Farben), zu der das Schkopauer Werk gehörte, war damals der größte Chemiekonzern der Welt. Er entstand am 14. Oktober 1925 durch den Zusammenschluss der Firmen Bayer, Hoechst, der Aktiengesellschaft für Anilinfabrikation (AGFA), der BASF und 378 weiterer Unternehmen und Beteiligungen. Carl Bosch war der erste Vorstandsvorsitzende. Die IG Farben gehörte vor der Machtergreifung Hitlers nicht zu dessen primären Unterstützern aus der Großindustrie. Doch schon am 14. September 1933 unterzeichneten der »Führer« und die Konzernleitung einen Vertrag, der dem Konzern die Alleinrechte zur Benzinversorgung der Wehrmacht sicherte. Die »Denkschrift« vom 26. August 1936, mit der Hitler von Wirtschaft und Wehrmacht verlangte, binnen vier Jahren kriegsfähig zu sein, verfasste IG-Farben-Direktor Carl Krauch entscheidend mit.

1937 wurden alle Juden aus Vorstand und Aufsichtsrat entfernt. Den kriegsbedingten Mangel an Arbeitskräften behob die IG Farben durch den Einsatz von Zwangsarbeitern. Im Juni 1942 wurde auf ihrem Werksgelände nach wenigen Monaten Bauzeit das KZ Auschwitz-Monowitz fertig gestellt. Im Oktober 1944 arbeiteten etwa 21 000 Häftlinge, davon 9 600 Kriegsgefangene, für die IG Farben, außerdem mehr als 60 000 Fremdarbeiter. Das in Auschwitz und Majdanek verwendete Zyklon B wurde von der Degesch hergestellt, an der die IG Farben maßgeblich beteiligt war.

Während dieser Zeit erlebte Wilhelm Biedenkopf einen raschen Aufstieg. Im November 1934 verliehen die Machthaber dem bereits beruflich Erfolgreichen das Ehrenkreuz für Kriegsteilnehmer 1914-1918. Damals war er bei Kriegsende noch keine 18 Jahre alt gewesen. Während des Studiums trat Wilhelm Biedenkopf einem Corps bei, wovon auch der lange Schmiss auf seiner rechten Wange zeugte. In den dreißiger Jahren wurde er Mitglied in der NSDAP. Seine Karriere war steil und geradlinig. Schon 1936 hatte er zusammen mit Carl Wulff die verantwortliche Aufgabe der Bauleitung des neuen Werks in Buna inne. Mit 38 Jahren wurde Kurt Biedenkopfs Vater Prokurist, im April 1939 Technischer Direktor und Mitglied der Technischen Kommission des Konzerns. Als ihm Otto Ambros die Werkleitung übergab, sagte »Betriebsführer« Carl Wulff: »Es war uns eine besondere Freude, zum 50. Geburtstag (20. April 1939) mit unseren Glückwünschen dem Führer zu melden, dass in Schkopau die Großproduktion eingesetzt hat.«

Wilhelm Biedenkopf wurde damals zweiter Direktor neben Wulff. Wie seinerzeit üblich, unterzeichnete er offizielle Briefe »Mit deutschem Gruß! Heil Hitler!«, handschriftlich ergänzte er meist »Ihr ergebener Biedenkopf«. Seinen Vorgesetzten, Direktor Otto Ambros, begrüßte er mit »lieber Otto«. Und Freunden half man schon mal aus der Patsche, wenn es die Position erlaubte. Als das Kabelwerk des Corpsbruders W. Düllmann, ein »nationalsozialistischer Musterbetrieb«, wegen Exportproblemen »nicht allzuviel zu tun« hatte, wandte sich Düllmann an Biedenkopf mit der Bitte, dafür zu sorgen, dass sein Werk einen Auftrag erhielte. Biedenkopf schrieb dem »lieben Düllmann«, er sei dem Wunsch »gern nachgekommen«. Ein Teil der Bestellung für 14 Kilometer Höchstspannungskabel ging daraufhin nach Duisburg.[3]

Biedenkopf war zuständig für den reibungslosen Ablauf der Produktion und damit auch für die Arbeiter. Selbst im Urlaub stand der Direktor stets mit Schkopau in Kontakt. In Buna waren tausende von Zwangsarbeitern und Kriegsgefangenen verschiedener Herkunft beschäftigt. Belegt ist beispielsweis ein Streik ukrainischer Arbeiterinnen Ende 1943. Sie beschwerten sich, dass sie das Ostarbeiterinnenabzeichen tragen mussten und geschlossen zum Werk geführt wurden wie diese. Sie wiesen darauf hin, sie seien Westukrainerinnen. Außerdem führten sie Klage darüber, dass sie (nur) die gleichen Essensrationen erhielten wie die Ostarbeiterinnen.[4] Im April 1944 berichtete Biedenkopf nach einer Werkleiterkonferenz, wie das Werk Auschwitz die Leistungen der ausländischen Arbeitskräfte zu steigern versuchte: durch bessere beziehungsweise schlechtere Verpflegung oder die Entziehung von Rauchwaren – »mit gutem Erfolg«, wie er meinte. Auch in Buna wurden daraufhin die Rationen herabgesetzt, um die Zwangsarbeiter zu zwingen, mehr zu arbeiten: Schwerstarbeiter bekamen nur noch Schwerarbeiterrationen, Schwerarbeiter die von Langarbeitern, und Langarbeiter wurden auf Normalrationen herabgesetzt.[5]

Nach einem Besuch in Pölitz berichtete Wilhelm Biedenkopf, dass dort »zur abwehrmäßigen Überwachung der Ausländer in den dortigen Lagern ein besonderer Sicherheitsinspektor bestellt worden ist«, das habe sich »sehr gut bewährt«.[6] Noch 1945 wurden dem Werk »12 Mischlinge« zugewiesen, die als Apparatewärter eingesetzt werden sollten. Im Ausweichlager Angersdorf nahm Biedenkopf im Januar weitere 100 »Mischlinge« auf, im Februar sollten noch einmal 100 dazukommen. Die Werkleiter diskutierten in ihrer Besprechung vom 24. Januar 1945, ob »abwehrmäßige Bedenken bestehen«. Thema waren außerdem »Spritdiebstähle« in den Lagern und Fluchtversuche vor allem französischer Kriegsgefangener.[7]

Im November und Dezember 1944 flogen die Alliierten Luftangriffe auf Schkopau und zerstörten wichtige Teile des Werks. Insgesamt fielen 741 Bomben aufs Werksgelände. Allerdings war Schkopau kein ausgewähltes Ziel, denn die Amerikaner hatten Interesse am Erhalt der Fabrikation. Daher kam es nach dem 12. Dezember zu keinen weiteren Luftangriffen mehr. Vom Reichsminister für Rüstung und Kriegsproduktion, Albert Speer, wurde der Generalkommissar für die Sofortmaßnahmen, Geilenberg, mit dem Wiederaufbau beauftragt; Geilenberg seinerseits ernannte am 17. November 1944 Wilhelm Biedenkopf zum Werksbeauftragten für Bunas Wiederaufbau. Dieser bemühte sich allerorten um Aushilfskräfte und plante die Reparaturen bis 1. Juli 1945 fertig gestellt zu haben. Aber auch alle anderen zerstörten Betriebe suchten nach Arbeitskräften und verlangten ihre Aushilfen zurück. Selbst bei der Wehrmacht fragte Biedenkopf wegen Hilfskommandos nach. Für seine Verdienste erhielt er schon 1941 das Kriegsverdienstkreuz II. Klasse, zwei Jahre später das Kriegsverdienstkreuz I. Klasse, dazwischen außerdem das Luftschutz-Ehrenzeichen 2. Stufe.

Zu Hause scheint Wilhelm Biedenkopf nicht viel von seiner Arbeit berichtet zu haben. Jedenfalls kann sein Sohn zur Aufhellung der Vergangenheit seines Vaters nicht viel beitragen. »Räumlich sehe ich noch alles vor mir, und ich erinnere mich, wie wir am ersten September 1939 hörten: ›Seit 5.45 Uhr wird zurückgeschossen.‹ Ich weiß auch, dass mein Großvater mütterlicherseits, der 1943 an einer Lungenentzündung gestorben ist, zu meiner Mutter gesagt hat, dass wir den Krieg nur verlieren könnten. Es war lebensgefährlich, das zu sagen. Wir Kinder waren in solche Gespräche auch nicht einbezogen. In Nazideutschland haben die Eltern mit ihren Kindern nicht viel über Politik geredet. Wenn ein Kind nachher auf der Straße oder in der Schule irgendetwas erzählte, völlig naiv, konnte es sein, dass der Vater 24 Stunden später weg war und drei Tage später tot.« Auch nach dem Krieg will er mit seinem Vater nicht über dessen Beitrag zur Kriegsproduktion oder über die Frage der Zwangsarbeiter gesprochen haben. Für ihn war etwas anderes wichtig: »Mein Vater hat die Fabrik geleitet und war freigestellt vom Wehrdienst, sonst wäre es sehr wahrscheinlich gewesen, dass er nicht mehr gelebt hätte 1945.«

Es ist offensichtlich, dass Kurt Biedenkopf seinen Vater bewundert hat. Wie verstrickt dieser auch gewesen sein mag in das symbiotische Verhältnis der deutschen Industrie mit den Machthabern, öffentlich hat sich Biedenkopf damit nie auseinander gesetzt. Wann immer er über die Zeit des Nationalsozialismus spricht, findet er keine klaren Worte. In einer Rede vor dem Verband der Chemischen Industrie sprach er am 7. Oktober 1994 von »einem schrecklich zerstörerischen Krieg«, ganz so, als seien nicht Menschen verantwortlich zu machen. Ihm gilt es »fast [als] ein Wunder, was die Deutschen trotz der Kriegseinwirkung bis zum Ende des Zweiten Weltkrieges nicht nur theoretisch, sondern auch praktisch – zum Beispiel im Sinne der Produktion – leisten konnten. Plastisch wird dies, wenn ich mir etwa in Erinnerung rufe, was Leuna oder die BASF noch bis in die letzten Kriegsmonate an Produktions- und Forschungsleistungen erbrachten, trotz ständig erneuter Zerstörung der Anlagen.« Er lobt die Kriegsproduktion, an der auch sein Vater teilnahm und die den »schrecklich zerstörerischen Krieg« erst möglich gemacht hat.

Kurt Biedenkopf selbst trat nach dem Jungvolk (»Fähnlein 35«) mit vierzehn Jahren in die HJ ein. Allerdings war er dort nicht aktiv beteiligt. Er engagierte sich vielmehr im Chor der Oberschule für Jungen, die er in der Abbéstraße in Merseburg besuchte. »Wir haben eineinhalb Jahre viele kleine Reisen gemacht. Wir waren in Lazaretten, Flakstellungen, und haben den Soldaten was vorgesungen, ihnen ein paar schöne Stunden bereitet.« Nachdrücklich sagt er: »Das war eine sehr schöne Kameradschaft und hatte mit Politik nicht das Geringste zu tun.«

Kurt Biedenkopf blieb bis Kriegsende in Schkopau. Manche Erlebnisse aus dieser Zeit haben sich tief eingegraben: »Die ersten Kriegsjahre waren noch relativ normal, Mitteldeutschland war völlig unberührt. Und bis 1943 gab es auch keine nennenswerten Luftangriffe. Aber wenn ich mit meinem Vater ab und zu im Auto nach Westdeutschland gefahren bin, habe ich durch das Rückfenster Tiefflieger sehen können. Auf einer dieser Fahrten von Westdeutschland zurück nach Schkopau konnten wir schon von weitem Merseburg brennen sehen. Wir sind dann durch die brennende Stadt Merseburg gefahren, und dabei fast noch über einen Blindgänger, der auf der Straße lag.« Er erinnert sich auch noch an die Luftangriffe auf

28

Dresden und zuvor schon die auf Leipzig. »Am nächsten Morgen haben wir die halb angekohlten Blätter von Büchern aufgesammelt, die 30 Kilometer durch die Luft getragen worden waren.« Auf Dresden fielen in der Nacht vom 13. auf den 14. Februar 1945 1 500 Tonnen Luftminen und 650 000 Brandbomben. Die Stadt brannte sechs Tage und sieben Nächte.

»Als 1945 die amerikanischen Truppen uns erreichten, standen vor unserem Haus direkt hinter dem Gartenzaun Panzer, die Merseburg beschossen. Die Stadt wurde noch von alten Menschen und jungen Leuten in meinem Alter verteidigt, was völliger Irrsinn war. Mehrere Jungs aus meiner Altersgruppe sind damals noch gefallen. Mein Vater war wesentlich daran beteiligt, dass ich nicht selbst unter diesen jungen Leuten war.«

Weil die Schule im Juli 1944 bombardiert und völlig zerstört worden war, hatte der Vater dafür gesorgt, dass Kurt Biedenkopf in der Lehrwerkstatt B 79 als einziger Lehrling eine Ausbildung beginnen konnte: »Ich habe für mein Leben gern gebastelt. Mein Vater hat mir die Möglichkeit gegeben, eine sehr gedrängte Grundausbildung als Feinmechaniker zu machen.« Dem Meister sagte sein Vater, er solle vergessen, dass er den Sohn des Direktors vor sich habe. Bald hängte der über Biedenkopfs Platz ein Schild mit der Aufschrift: »Eisen erzieht«. Als er fast ein halbes Jahrhundert später mit seinem Vater das Bunawerk besuchte, konnte der Meister ihm den Schraubstock zeigen, an dem er als Junge gefeilt hatte.

Der Krieg war in Schkopau schon im April zu Ende und nicht nur Agathe Biedenkopf war froh, dass zunächst amerikanische Besatzungstruppen das Sagen hatten und nicht die russischen. Die Alliierten hatten jedoch die Aufteilung des Deutschen Reichs in vier Besatzungszonen beschlossen und Sachsen sowie Sachsen-Anhalt lagen in der sowjetischen Zone. Als Konrad Adenauer, Leo Schwerin, Karl Arnold, Robert Lehr und andere am 17. Juni 1945 in Köln die rheinische CDU gründeten, wussten die Biedenkopfs noch

Abbildung 3
Kurt Biedenkopf und seine zwei Brüder Dieter und Gerhard
am 95. Geburtstag des Vaters Wilhelm Biedenkopf (links vorne im Bild).
Foto: Thomas Plettenberg

immer nicht, wie es weitergehen würde. Dann aber ging alles sehr schnell. Kurt Biedenkopf erinnert sich genau: Am 19. Juni 1945 stand sein Vater im Wohnzimmer und brach in Tränen aus. Das hatte der Direktorensohn zuvor noch nie gesehen. Die Amerikaner hatten inzwischen alle technischen Unterlagen, Verfahrensbeschreibungen, Dokumentationen und Patente sowie alle Edelmetalle aus dem Bunawerk in Schkopau als Kriegsbeute in die USA gebracht. Nun hatten sie Wilhelm Biedenkopf befohlen, mit seiner Familie am nächsten Morgen zum Abtransport auf dem Werksgelände zu erscheinen. Ob der US-Geheimdienst an dessen Wissen als Ingenieur und Wissenschaftler interessiert war oder ob man ihn der Beteiligung an Kriegsverbrechen verdächtigte? Kurt Biedenkopf zuckt mit den Schultern, er wisse es nicht.

Einen Koffer durften sie mitnehmen. Kurt Biedenkopf entschied sich, eine Vier-Zylinder-Dampfmaschine mitzunehmen, die er in der Lehrwerkstatt gebaut hatte. Alles andere musste er zurücklassen. Auf einem offenen Lastwagen ging es schließlich am 22. Juni nach Westen. Nach 16 Stunden Fahrt kamen sie in Rosenthal in Oberhessen an. »180 Männer, fast alle Führungskräfte von Buna, Leuna und Bitterfeld, und insgesamt 300 Leute wurden in Rosenthal abgeliefert.« Unter ihnen befanden sich 25 Spezialisten für Synthesekautschuk. »Dann ging es daran, ein Quartier zu suchen. Mein mittlerer Bruder und ich wurden von einer reizenden Familie, der Familie Lerch, aufgenommen, die uns wie Eltern behandelten.« Vater und Mutter Biedenkopf wohnten in einem Bauernhof, wo ihnen ein Zimmer zur Verfügung gestellt worden war. »Wir waren eben Flüchtlinge. So war das damals überall in Deutschland. Alle mussten zusammenrücken, um Platz zu machen für die Flüchtlinge. Schließlich waren es 13 Millionen Menschen, die im Laufe weniger Jahre nach Westdeutschland geströmt sind.«

Der Erste in der Familie, der in Rosenthal einen Job bekam, war Kurt Biedenkopf. Der 15-Jährige war einer der wenigen, die halbwegs Englisch sprachen, und so konnte er der Besatzungsarmee als Dolmetscher dienen. Biedenkopf verdiente sein erstes Geld – 500 Reichsmark für zwei Monate – und verbesserte seine Englischkenntnisse erheblich. »Nach einem Vierteljahr sagten die Amerikaner: ›Ihr könnt jetzt hingehen, wohin ihr wollt.‹ In der Zwischenzeit war es meiner Mutter gelungen, noch einmal nach Schkopau zurückzugehen und wenigstens einen Teil der Möbel in einem Güterwagen in den Westen bringen zu lassen.«

Wilhelm Biedenkopf wollte offenbar jedoch versuchen, ganz nach Schkopau zurückzukehren – zusammen mit zwei weiteren früheren Werksdirektoren, Ingenieur Johann Nelles und Josef Fischer. An der Zonengrenze in Eisenach wurde Biedenkopf allerdings von sowjetischen Soldaten gestellt. Die fanden seinen Namen auf einer

»Suchliste« und Kurt Biedenkopfs Vater wurde mit der Erschießung bedroht. Möglicherweise weil er von seiner Familie erzählte und Fotos dabeihatte, wurde er freigelassen und konnte nach Rosenthal zurückkehren.[8] Kurt Biedenkopf erinnert sich, wie sein Vater von dieser Reise zurückkam und resigniert meinte: »Zurückkehren macht keinen Sinn.« Einige der Spezialisten gingen allerdings ab August 1945 doch wieder nach Schkopau zurück, Wilhelm Biedenkopf war nicht darunter.

Die Familie lebte nun nicht mehr unter einem Dach: Kurt Biedenkopf und sein Bruder zogen zum Großvater nach Groß-Umstadt, der dort bis 1933 Landwirtschaftslehrer mit Professorentitel gewesen war und eine Spar- und Darlehenskasse auf genossenschaftlicher Basis gegründet hatte. Wenn Kurt Biedenkopf heute Solidarität anmahnt für die großen Aufgaben der Wiedervereinigung, dann erinnert er sich an eine 60 Jahre zurückliegende Erfahrung: 1939 weihte sein Großvater den Neubau der Bezugs- und Absatzgenossenschaft ein. Dort ließ der Großvater den Enkel im Büro immer mit den Stempeln spielen. Auf einem Schild, das am Neubau angebracht war, stand neben dem Raiffeisenzeichen zu lesen: »Einer für alle, alle für einen.« Eine heikle Mahnung in einer heiklen Zeit, aber Kurt Biedenkopf hält an diesem Spruch fest: »Für den Aufbau im Osten und den Neubeginn unserer neuen Republik gibt es kein besseres Prinzip.« Noch heute steht auf seinem Schreibtisch die Fotografie des Mannes mit dem riesigen Rauschebart: »Mein Großvater konnte sich nicht rasieren, denn er hatte eine empfindliche Haut«, erläutert Biedenkopf. »Deshalb wurde er schon in jungen Jahren ›der Alte‹ genannt.«

Kurt Biedenkopfs Mutter zog mit dem Jüngsten zu ihrer Stiefmutter nach Heidelberg, der Vater als Landarbeiter zu seiner Schwester nach Zürnheim bei Nieder-Olm im Rheinhessischen. Erst Weihnachten traf die Familie in Groß-Umstadt wieder zusammen. Kurt Biedenkopf hatte seinen Eltern ein Geschenk gebastelt: »Ich hatte aus dem Gedächtnis das Schkopauer Haus als Modell nachgebaut, mit abnehmbaren Stockwerken. Das hatte ich dann beleuchtet und so stand es schließlich auf dem Tisch. Meine Eltern hat es fast umgehauen.« Den Grundriss hatte er aus dem Kopf nachgezeichnet, Türen sowie Fenster eingebaut und innen kleine Lampen montiert. »Ich habe das Modell noch heute«, sagt er, »ich muss es mal wieder aufarbeiten.«

1946 bekam Wilhelm Biedenkopf wieder eine Stelle in der chemischen Industrie – als Mitglied des Vorstandes bei Boehringer in Ingelheim, das in der französischen Zone lag. Die Mutter und die beiden Jüngsten zogen nach. Kurt blieb beim Großvater, »weil ich in der Schulentwicklung schon weit fortgeschritten war, sodass ich wahrscheinlich die Umstellung auf Französisch als erste Sprache nicht mehr geschafft hätte«.

Lange blieben die Eltern nicht in Ingelheim. Kurt Biedenkopf erinnert sich, dass die Ernährungslage dort katastrophal war. »Meine Mutter hat Tag und Nacht Taschen aus Kunststoffbändern geflochten, die mein Vater von der BASF besorgen konnte, bis sie blutige Hände hatte«, erzählt er. »Die hing sie dann ans Fahrrad und ist zum Bauern gefahren, um eine Kanne Milch oder ein Stück Butter zu bekommen, damit sie ihre beiden Kinder ernähren konnte. Meine Brüder wären sonst wahrscheinlich verhungert. Es war eine unglaubliche Leistung, die meine Mutter damals erbracht hat.« Kurt Biedenkopf erzählt dies eher beiläufig und fügt hinzu: »Meine Mutter hat sich vor allem *nach* dem Krieg bewährt.«

Dass die Mutter Agathe so hart arbeiten musste, lässt sich nur dadurch erklären, dass der Vater vorübergehend arbeitslos war. 1947 zogen schließlich auch die Eltern beim Großvater in Groß-Umstadt ein. Kurts Jugendfreund Friedrich Rösch besuchte die Familie dort manchmal. Heute erzählt er: »Wilhelm Biedenkopf saß immer zu Hause und hatte Zeit.« Eine Klassenkameradin, die Fabrikantentochter Gisela Illert, die später an den Wochenenden mit Kurt

Biedenkopf oft nach Wiesbaden fuhr, erinnert sich, dass Wilhelm Biedenkopf damals wohl in einer »Zwitterstellung« war. Das heißt vermutlich: Er war noch nicht entnazifiziert. Als sie jedoch Kurt Biedenkopf kennen lernte, war er schon wieder Direktor bei den Chemischen Werken Albert in Wiesbaden, einer recht kleinen Firma, wenn man bedenkt, dass die meisten seiner führenden Kollegen aus der Zeit in Schkopau recht schnell wieder in die Großchemie eingestiegen waren.

Von dieser Zeit an ging es jedoch wieder aufwärts, denn »mein Vater war in der chemischen Industrie sehr angesehen«, wie Kurt Biedenkopf anmerkt. Kein Zweifel, Wilhelm Biedenkopf war ein »tüchtiger Mann«, wenn sein Wiederaufstieg auch vergleichsweise lange dauerte. Dafür führte er wieder recht hoch nach oben. 1957 gehörte er dem Vorstand der zum Flick-Konzern zählenden Dynamit Nobel AG in Troisdorf an. Außerdem war er Mitglied des Beirats der Dyna-Plastik-Werke GmbH in Bergisch Gladbach.

1948, sagt Gisela Illert, »war die schwerste Zeit schon überstanden«. Wilhelm Biedenkopf blieb ihr als »fantastischer, natürlicher Mann« in Erinnerung. »Er war kein sehr strenger Vater. Das Sagen hatte die Mutter.« Agathe Biedenkopf sei eine »kultivierte, gebildete, sympathische Frau« gewesen – die »Seele des Hauses. Wenn ich ihn [Kurt Biedenkopf] mir heute so anschaue, dann hat er viel von ihr.«

Sonntags ging man zur Kirche — wenn auch nicht immer mit Begeisterung –, und zwar in die katholische. Agathe Biedenkopf war katholisch, Vater Wilhelm evangelisch. Kurt wurde ebenfalls katholisch getauft. Daheim sprach man hessisch, der Vater manchmal auch sächsisch. Auch Kurt Biedenkopf, erinnert sich Friedrich Rösch, unterhielt seine Mitschüler manchmal mit seinem sächsischen Dialekt: »Ginners, legt eire Beene uffn Disch, macht's eich gemiedlich.«

Irgendwann gab es Boogie-Woogie-Platten im Haus. »In the mood« hörte Gisela Illert dort zum ersten Mal. Sie hatte das Glück, dass Kurt Biedenkopf ein hervorragender Tänzer war und, wie sie hinzufügt, »ein bildhübscher junger Mann«. Die beiden Abiturienten dachten sogar über eine gemeinsame Zukunft nach. »Unser beider Eltern wären sehr angetan gewesen.«

In der Schule, die jetzt nicht mehr Adolf-Hitler-Schule hieß, sondern Real-Gymnasium Groß-Umstadt, lernte Kurt Biedenkopf Hermann Neff kennen, der seit 1947 in einem der beiden Nachbarhäuser wohnte. Ein weiterer Mitschüler, Karl Darmstadt, wohnte im anderen Nachbarhaus. Ihre Zimmer verbanden die drei Schüler durch Telefone – Kriegsbeute. Neff ging seit 1940 auf das Groß-Umstädter Real-Gymnasium und er wusste, welche Lehrer einen NS-Hintergrund hatten. »Denen gegenüber waren wir kritisch eingestellt.« Wenn solche Pädagogen die Klasse betraten und im Kasernenhofton »Aufstehen!« forderten, blieben sie sitzen. »Dann ging's zum Direktor Holzapfel, aber der unterstützte es, dass wir einen eigenen Kopf hatten.«

Friedrich Rösch, damals Klassensprecher, erinnert sich, dass Kurt Biedenkopf zwar immer in der ersten Reihe am Fenster saß, sich ansonsten aber nie in den Vordergrund drängte, weder bei Streichen noch bei Klassenfeiern oder gemeinsamen Radfahrten. Da habe er sich »sehr zurückgehalten«. Aufmüpfig sei er nie gewesen. »Er war immer ehrgeizig, ein Musterschüler. Er hat schon damals an seiner Vita gearbeitet und darauf geachtet, dass kein Stäubchen draufkommt.« Solch eine Einschätzung gründet unter Umständen auch auf der unterschiedlichen Herkunft der Schüler in Groß-Umstadt. Groß-Umstadt war – mit Verlaub – ein Provinznest und Kurt Biedenkopf stammte aus einem bürgerlichen Elternhaus, das engen Kontakt mit der »Gesellschaft« pflog. Er dachte und lebte in anderen Kategorien als die Jugendlichen aus der kleinen Stadt.

1948 entstand die Idee für eine Schulverfassung, die eine Kommission aus vier Lehrern, acht Schülern und dem Hausmeister erarbeitete. Im Wesentlichen ging diese Schulverfassung auf Kurt Biedenkopfs Initiative zurück. Möglich wurde sie allerdings nur, weil an der Spitze der Schule mit dem Rektor Holzapfel ein »enorm aufgeklärter Mann« stand. Er war während des Krieges in der Emigration gewesen. Kurt Biedenkopf war jedoch derjenige, der die Verfassung vorantrieb, bis sie am 16. Juli 1948 vor der Schulversammlung, zahlreichen Gästen sowie Presse und Rundfunk verlesen wurde. Biedenkopf verstand die Schule als »Gemeinschaft von Lehrern und Schülern mit gleichen Zielen und Idealen«. In der Präambel wird die Hoffnung ausgedrückt, »der sich regenden demokratischen Wiedergesundung unseres Volkes und der damit verbundenen Erstehung einer wirklich fortschrittlichen Erziehung den Weg zu ebnen«. Teil 1 widmet sich den Rechten und Pflichten der Schüler: »Jeder Schüler hat das Recht, seine Meinung frei und im Rahmen der Schule sachlich, offen und höflich zu äußern«, heißt es in Artikel 2. Auch, dass die Schüler das Eigentum der Schule »pfleglich zu behandeln« hätten, stand darin, dass eine Überwachung der Schüler außerhalb der Schule »zu vermeiden« sei, und, als Mahnung an alle: »Nicht für die Schule, für das Leben lernen wir!« In den weiteren Abschnitten wird das Zusammenleben und -arbeiten von Lehrern, Hausmeister, Elternbeirat und Schülerversammlung geordnet. Sogar ein Schülergericht wurde geschaffen. Kurt Biedenkopf: »Man kann sich heute nicht mehr vorstellen, was das damals für einen Lehrer hieß, mit einem Schüler über die Rechte der Schüler und der Lehrer zu diskutieren. Oder das Disziplinarrecht. Das war aus der Sicht der damaligen Erwachsenen schon ein revolutionärer Vorgang. Es war auch ein Stück unserer Auseinandersetzung mit der damaligen Situation. Für eine direkte Auseinandersetzung mit der Elterngeneration war die Zeit noch nicht reif.«

Als die Landesregierung 1949 plante, das Abitur vom Herbst aufs Frühjahr 1950 zu verschieben, organisierten die Groß-Umstädter Schüler einen Streik. An alle Schülermitverwaltungen schickten sie Briefe, die auf Großvater Biedenkopfs Vervielfältigungsapparat kopiert worden waren. Das Kultusministerium gab nach – für diesen Jahrgang. Hermann Neff meint:»Wir haben damals für das Berufsleben gelernt: Es lohnt sich, sich gegen Verwaltungen zu wehren.« Auch eine Schulzeitung kam zu Stande.»Darin haben wir uns mit Fragen wie der Kollektivschuld herumgeschlagen.« Als er im Dezember 1968 mit der Goldenen Feder des Presse-Clubs Ruhr-Emscher ausgezeichnet wurde, erzählte Biedenkopf über seine eigenen Erfahrungen als Redakteur. Die erste Nummer von *Discipulus* erschien zwei Tage nach der Währungsreform, die Druckerei in Aschaffenburg präsentierte eine Rechnung über 140 Mark.»Um den Betrag aufzubringen, mussten wir im September extra einen Schülerball veranstalten.«[9]

»Biedenkopf war schon damals eloquent, er konnte reden«, erinnert sich Neff.»Ich bekam im Aufsatz meist eine Drei, weil ich nur drei Seiten schrieb. Kurt Hans schrieb immer zwanzig Seiten.« Seine akkurate Schrift hat sich Biedenkopf bis heute erhalten. Als Neff 1959 seine erste fachwissenschaftliche Veröffentlichung an seinen ehemaligen Schulfreund nach Wiesbaden schickte, war Biedenkopf der Einzige, der darin einen Druckfehler entdeckte.

Ein halbes Jahr vor dem Abitur erschien eine Berufsberaterin in der Schule. Friedrich Rösch glaubt sich zu erinnern, dass sie allen empfahl doch ein Handwerk zu lernen, das immer noch goldenen Boden hätte. Kurt Biedenkopf soll sie geraten haben Bäcker zu werden. Doch der wusste schon, dass er für Höheres bestimmt war. Die letzten vierzig Wochen vor der Prüfung planten Biedenkopf und sein Freund Hermann Neff genau durch, den Stoff hatten sie auf einem Blatt kariertem Papiers tabellarisch aufgeteilt.»Nach dem Plan sind wir dahinmarschiert«, erzählt Neff. Jeder der beiden tippte Exzerpte, die den Kern eines Themas zusammenfassten, dann setzten sie sich zusammen und prüften einander,»bis wir auf Eins waren«. Gute Noten waren 1949 für die»weißen Jahrgänge« Voraussetzung, um neben den Kriegsheimkehrern einen der wenigen Studienplätze zu ergattern.

»Hermann war es, der mich zum Abitur angetrieben hat«, erinnert sich Biedenkopf. Manchmal aber musste sein Partner allein lernen. »Kurt Hans hat sich frühzeitig mit Klassenkameradinnen befaßt. Ich musste ihm manchmal abweichend vom Plan freigeben, damit er sich mit denen treffen konnte.« Vielleicht lag es daran, dass Biedenkopf »nur« mit einem Notendurchschnitt von 1,55 abschloss. Jedenfalls hatte er damit eine Wette mit Karl Darmstadt verloren. Dass er nicht unter 1,5 blieb, kostete ihn ein paar Flaschen Wein. »Im Wesentlichen waren die Lateindefizite dafür verantwortlich, dass ich die Wette verloren hatte«, erinnert er sich heute.

Gewonnen hatte er dafür längst seine unmittelbare Zukunft: Gleich nach dem schriftlichen Abitur und zwei Monate früher als der Rest seiner Klasse absolvierte Kurt bereits die mündlichen Prüfungen. Der Grund: Er hatte ein Stipendium für einen USA-Aufenthalt erhalten. Die Prüfer mussten seinetwegen extra aus Wiesbaden anreisen – ein nicht unerheblicher Aufwand für einen einzelnen Schüler. Hermann Neff erklärt sich das so: »Das Haus Biedenkopf war schon auf einer höheren Ebene angesiedelt. Kurt Biedenkopf hatte deshalb viele Kontakte.«

Prägende Erfahrung USA

Die CDU freute sich in diesem Jahr – 1949 – darüber, dass nach der Währungsreform vom 20. Juni 1948 der Umschwung eingeleitet worden war. Den entscheidenden Impuls aber, hieß es in den Düsseldorfer Leitsätzen, habe »die von der CDU vertretene ›soziale Marktwirtschaft‹« gegeben. »Die menschliche Arbeit erhielt wieder einen Sinn, die Arbeitsleistung der Menschen erhöhte sich, die industrielle Produktion stieg rasch und steil an und verdoppelte sich in wenigen Monaten. Die Aufhebung der Bezugsscheinwirtschaft gab dem Verbraucher die Freiheit zurück. Nach langen Jahren der bittersten Entbehrung konnte er erstmals wieder seinen dringenden Bedarf decken. Die Läden füllten sich. Mut, Kraft und Energie waren entfacht. Das ganze Volk wurde aus dem Zustand der Lethargie gerissen.« Vergessen war das Ahlener Programm der CDU in der britischen Zone, das noch 1947 den Sozialismus als Wirtschaftsordnung empfohlen hatte: »Das kapitalistische Wirtschaftssystem ist den staatlichen und sozialen Interessen des deutschen Volkes nicht gerecht geworden. Nach dem furchtbaren politischen, wirtschaftlichen und sozialen Zusammenbruch als Folge einer verbrecherischen Machtpolitik kann nur eine Neuordnung von Grund aus erfolgen.« Das Ahlener Programm verlangte die Vergesellschaftung der Montanindustrie, die Kontrolle von Großbetrieben durch Behörden, Mitbestimmung der Arbeiter in den Aufsichtsgremien und Kartellgesetze. Heinrich Böll blickte kurz vor seinem Tod noch einmal auf dieses Programm zurück und hielt es für ein »Konzept für eine mögliche politische Zukunft Deutschlands«, für ein »christliches, sozialistisches Deutschland«.[10]

Die Düsseldorfer Leitsätze der CDU verlangten die »Eindämmung von Macht«, eine Monopolkontrolle, die verhindern sollte, dass Privatpersonen oder private Verbände die Wirtschaft lenkten. »Wer frei sein will, muß sich dem Wettbewerb unterwerfen und darauf verzichten, Macht auf dem Markt zu erstreben. Wer Macht auf dem Markt besitzt, das heißt, wer nicht durch Wettbewerb kontrolliert ist, darf nicht frei sein.« Aus heutiger Sicht sind das rührend naive Vorstellungen, aber sie wurden geboren aus den Erfahrungen der allerjüngsten Vergangenheit.

Die SPD glaubte damals fest an den Sozialismus: Nur auf diesem Weg könne die Demokratie vollendet werden. Noch das Godesberger Programm kommentierte Erich Ollenhauer so: »Erst im Sozialismus wird die Demokratie endgültig gesichert sein und zur vollen Entfaltung kommen.« Biedenkopf störte sich später an dem Ausschließlichkeitsanspruch, der darin zum Ausdruck kommt. In einer offenen demokratischen Staatsverfassung sei die Freiheit der Wahl nur durch die Existenz mehrerer politischer Alternativen gewährleistet. »Keine von ihnen kann behaupten als einzige die Demokratie zu erfüllen.« Den Sozialismus lehnte Biedenkopf stets als gänzlich ungeeignet ab. Warum hat er nicht, wie die meisten jungen Leute, mit dem Sozialismus geliebäugelt? »Das ist eine Frage des Standortes. Ich habe durch die Vergangenheit, die wir hatten, ein ungeheures Misstrauen gegenüber dem Staat. Meine Jugenderfahrung war ein Staat, der die Menschen in unglaublicher Weise missbraucht hat, und zwar alles, was uns wichtig und teuer war. Wir konnten nicht mehr über die Nation reden, wir konnten das Wort vom Vaterland nicht mehr verwenden. Es war alles kaputt.« Es habe sehr lange gedauert, »bis man die ganz normalen Begriffe wieder verwenden konnte, die man brauchte, um eine Gesellschaft zu beschreiben«.

Neues Testament, Altes Testament, Economics, Political science, English literature: Es war ein allgemeines Collegeprogramm ohne Spezialisierung, das Kurt Hans Biedenkopf am presbyterianischen College in Davidson, North Carolina, genoss. Er schrieb jede Woche eine kleine Kolumne in der Collegezeitung und lernte viel. »Als ich zurück war, hatte ich erhebliche Schwierigkeiten, mich hier wieder zurechtzufinden. Ich hatte damals ja ein Land verlassen, dem gerade ein Jahr eine vernünftige Währung wieder zur Verfügung stand. Das war überhaupt nicht vergleichbar. Ich habe in Amerika die Anfänge der Supermärkte erlebt. Das war unvorstellbar damals. Die Art des Lebens, die Unbeschwertheit. Das hat mich unglaublich geprägt.«

In den USA sah Biedenkopf zum ersten Mal, wie Marktwirtschaft funktioniert. Bis heute fasziniert ihn dieses feine mechanische Uhrwerk. »Der Mensch ist nicht genial genug, so etwas zu erfinden«, meint Biedenkopf. Der Markt sei die »genialste Lösung, komplexe Sachverhalte zu bewältigen. Hier wirken Millionen und Abermillionen zusammen ohne Befehl von oben, ohne eine hierarchische

Struktur in Anspruch nehmen zu müssen.« Als Beispiel nennt er die meist zuverlässige Lieferung, wenn man bei einem Versandhaus etwa eine Uhr oder eine Kaffeemaschine bestellt – »für mich bleibt es trotz jahrelanger Beschäftigung mit Fragen der Wirtschaft ein Wunder, dass der Einwurf einer Bestellkarte in den Postkasten um die Ecke das Gewünschte in wenigen Tagen sicher ins Haus bringt«. Niemand müsse die Zusammenhänge verstehen, jeder aber könne an diesem Markt teilnehmen. Alles funktioniert, weil der Mensch die Fähigkeit habe, durch Tausch zu kooperieren. Das sei eine »ungeheure kulturelle Leistung«.

Als Kurt Biedenkopf nach einem Jahr aus Amerika zurückkehrte, stand ein ganz anderer Mensch vor seinen ehemaligen Klassenkameraden, einer aus einer anderen Welt. Die Daheimgebliebenen verstanden ihn nicht. »Er hat unglaublich viel erlebt in den USA und er übernahm die amerikanische Lebensart«, erzählt seine Schulfreundin Gisela Illert. »Er war sehr viel freier, er hat sich sehr viel mehr erlaubt.« So fuhr er mit seinen früheren Mitschülern im Motorboot, das er bei den Amerikanern organisiert hatte, auf dem Rhein. Und er sprach den ganzen Nachmittag nur englisch.

Kurt Biedenkopf hatte seine Kindheit und Jugend hinter sich gelassen.

2

Studium:
»Die Debatte um den dritten Weg ist uralt«

Seit diesem Jahr ist Biedenkopf immer wieder in die USA geflogen. Ob ihn die USA befruchten? »Gegenseitig! Es gibt auch viele Menschen dort, die daran interessiert sind, dass ich komme.« Wenn er in den USA sei, gehe er immer ins Auswärtige Amt, »zum German Desk. Da gibt es eine Bull session, eine ›Round-table-discussion‹, und da versammeln sich alle, die sich interessieren und gerade Zeit haben. Wir diskutieren dann zwei, drei Stunden über Deutschland.« Er hält dort Vorträge und hat viele Freunde. »Henry Kissinger kenne ich seit 1958, Fritz Stern und viele andere sind alles Freunde.«

Jetzt, 1950, kam er zurück aus dem Land der unbegrenzten Möglichkeiten und hatte das Wissen um die eigene Zukunft im Gepäck. Sein Berufsziel stand fest: Biedenkopf zog es weg aus dem muffigen Deutschland, hinaus in die Welt. »Ich wollte in den diplomatischen Dienst gehen. Und dafür musste man Jurist sein.« Also studierte er Jura und Volkswirtschaftslehre, zunächst in München. Um den Kontakt zu Ausländern nicht zu verlieren, zog Biedenkopf ins internationale Studentenwohnheim. Weil ihm München nicht gefiel, wechselte er wenige Monate später nach Frankfurt. Neben dem Grundstudium arbeitete er bei der Cultural Exchange Division der Militärregierung, dann beim High Commissioner, vier Semester lang, bis 1952. »Schließlich habe ich drei Semester gepowert und mein Examen abgeschlossen.«

Der angehende Jurist wohnte wieder bei seinen Eltern in Wiesbaden, das Studentenleben außerhalb des Hörsaals und der Bibliotheken ging an ihm vorüber: »Ich war völlig ungeeignet für so etwas.« Er sei jeden Morgen um sieben mit dem Vater zum Bahnhof aufgebrochen, eineinhalb Stunden Eisenbahn gefahren, ausgestiegen, zu Fuß zur Universität gegangen und abends wieder zurück. Nicht einmal einer studentischen Verbindung hat er angehört. In den USA, ja, da war er Mitglied einer Verbindung, »weil die der Gastgeber waren. In Deutschland gab es damals noch kaum welche. 1955 fing das gerade mal an.«

»Ich bin aber sehr schnell in ein anderes Fahrwasser gekommen« – er meint damit das politische –, »vor allem durch meinen Lehrer Franz Böhm.« Franz Böhm, in der Weimarer Republik Referent in der Kartellabteilung des Reichswirtschaftsministeriums, hatte 1933 zusammen mit Walter Eucken und Hans Großmann-Doerth die Freiburger ordoliberale Denkschule gegründet, die 1949 eine Grundlage für die Düsseldorfer Leitsätze der CDU bildete und auch heute wieder Aufwind hat. Sie lehnt staatliche Planung und Lenkung des Wirtschaftsprozesses ab und vertraut auf die Freiheit des Marktes. Der Staat setzt lediglich einen ordnungspolitischen Rahmen. Große Bedeutung kommt dabei einem strengen Kartellrecht zu, damit der Wettbewerb nicht eingeschränkt werden kann. Außerdem sah Böhm einen bestimmten Rahmen der Wohlfahrt vor, um die Kräfte des Marktes »sozial domestizieren« zu können. Das war das Grundmodell der freien und sozialen Marktwirtschaft – ein Gegenkonzept zu marxistischen Ansätzen ebenso wie zu dem Ansatz völliger Deregulierung.

Zu Biedenkopfs Anlagen passten solche Vorstellungen. Er fand die Theorie auch bestätigt durch den raschen wirtschaftlichen Aufschwung bis hin zum so genannten Wirtschaftwunder, das zu einem nicht geringen Teil durch Marshallplan und günstig gehaltene Wechselkurse ermöglicht worden war; nicht zu vergessen außerdem: durch andauernde Lohnzurückhaltung der Gewerkschaften bis weit in die sechziger Jahre hinein.

Es war der spätere Direktor des Hamburger Max-Planck-Instituts für ausländisches und internationales Privatrecht, Ernst-Joachim Mestmäcker, der im Seminar von Böhm Kurt Biedenkopf auf Fragen des Kartellrechts stieß, genauer: auf die Rechtsprechung des Kartellgerichts aus den zwanziger und dreißiger Jahren. Bald erhielt das Thema über die wissenschaftliche hinaus auch eine ganz praktische Bedeutung. »Als Franz Böhm 1953 das Angebot bekam, in einem Frankfurter Wahlkreis direkt zu kandidieren, hat er zugesagt«, berichtet Biedenkopf, »und ist zu seiner größten Überraschung auch gewählt worden.« Böhm wurde Mitglied des zweiten (und auch dritten) Bundestags und blieb gleichzeitig Hochschullehrer. »Wir haben deshalb als seine Studenten an der ganzen Entwicklung der Kartellgesetzgebung mitgewirkt.« »Politisch war ich immer sehr interessiert«, sagt Biedenkopf, aber zunächst nicht an Ämtern und nicht unter parteipolitischen Gesichtspunkten. Ihn beschäftigten Ordnungsfragen. Und dieses Thema sollte ihn auch nie mehr loslassen.

Der angehende Jurist entwickelte ein Gefühl der »Empörung« darüber, dass »mit privatwirtschaftlichen Institutionen industrielle und wirtschaftliche Existenzen zu vernichten« waren. Dass führende deutsche Staats- und Verwaltungsrechtler in den fünfziger Jahren das Kartellverbot für verfassungswidrig hielten, hat zu dieser Empörung zweifellos beigetragen. Damals entsprach eine solche Einstellung sicher nicht dem Zeitgeist und Biedenkopf freut sich bis heute, dass der Entwurf seines Lehrers Franz Böhm »eine große Wirkung auf die praktische Politik ausgeübt hat«, und zwar »mit bleibender Wirkung auf die Entwicklung in Deutschland und in Europa«. Wettbewerb gilt Biedenkopf seit jener Zeit als Entmachtungsprinzip. Natürlich will er das nicht nur auf die Wirtschaft angewandt wissen, sondern auch auf den staatlichen Bereich. Einen Satz Franz Böhms kann er noch aus dem Gedächtnis zitieren:»Es gibt nur einen Unterschied zwischen dem privaten und dem öffentlichen Monopolisten, und der besteht darin, daß der letztere kein schlechtes Gewissen hat.«

Kurt Biedenkopf wusste dennoch frühzeitig, wo er hingehört: auf die Seite der Arbeitgeber. Die dreimonatige freiwillige Station seines Referendariats absolvierte er beim 1949 gegründeten Arbeitsring in Wiesbaden, der später in»Bundesarbeitgeberverband Chemie« umbenannt wurde. Rechtsberater war dort Karl Molitor, der spätere Hauptgeschäftsführer des Verbandes.»Wilhelm Biedenkopf und ich waren gut befreundet und über ihn habe ich dann seinen Sohn kennen gelernt.« Molitor kannte Vater Biedenkopf, weil der zum Vorstand des Arbeitsrings gehörte. Biedenkopf bekam damals Einblicke in die Tarifpraxis des Verbandes, interessierte sich für Fragen der Tarifautonomie. Der Verband griff Biedenkopf später auch finanziell unter die Arme, als er zu weiteren Studien in die USA reiste.

Wenn Kurt Biedenkopf heute auf seine Herkunft und die Möglichkeiten angesprochen wird, die ihm in der»Stunde Null« zur Verfügung standen, sagt er:»Sie können sich die damalige Situation nicht vorstellen. Da gab es keine Gesellschaft von hoch gestellten Persönlichkeiten mehr. Das war eine Situation, in der das ganze deutsche Volk niedrig gestellt war. Wir waren bis 1948 alle gleich.« Das ist freilich erst die halbe Wahrheit. Viele junge Männer und noch mehr Frauen hatten damals und noch viele weitere Jahre nicht einmal die Möglichkeit, das Abitur zu machen, obwohl sie hervorragende Voraussetzungen dazu besaßen. Biedenkopfs Schulkamerad Friedrich Rösch erinnert sich:»Wenn man alle Hausaufgaben gemacht hätte, die wir aufbekamen, wäre man zu nichts sonst gekommen. Ich musste aber immer hamstern gehen. Auch in den Ferien habe ich immer gearbeitet. Das hatte Biedenkopf nicht nötig.«

Ein Studium gar war für die meisten jungen Deutschen damals vollends unerschwinglich. Kurt Biedenkopf hat später stets die sozialistische Gleichmacherei gegeißelt, weil diese angeblich Gleichheit in den Ergebnissen anstrebe. Im Unterschied dazu, meint er, sei in der Marktwirtschaft die Gleichheit der Chancen gegeben. Was ein jeder daraus mache, sei seine Sache und müsse akzeptiert werden. Kurt Biedenkopf hat die Chancen ergriffen, die ihm geboten wurden, die aber keineswegs jedem zur Verfügung standen. Allerdings hätte auf der anderen Seite nicht jeder die Möglichkeiten, die einem Biedenkopf geboten wurden, so konsequent genutzt wie er.

Nach dem Examen und einer Disputation über Probleme der Preisbindung fragte 1955 der Wirtschaftsrechtler Heinrich Kronstein den jungen Juristen Biedenkopf, ob er sein Assistent werden wolle. Biedenkopf sagte zu und blieb bis zu seiner Habilitation 1963 bei Kronstein. In diesem Jahr heiratete er auch seine erste Frau Sabine, geborene Wäntig, die er 1952 kennen gelernt hatte. Die Tochter eines Webereibesitzers war mit ihrer Familie erst 1949 in den Westen geflüchtet, zunächst nach Berlin, von dort mit einem Kohlenflugzeug der Luftbrücke nach Wiesbaden. Sie wurde Mitglied in der Europäischen Jugend, »junge Leute, die den Europagedanken gut fanden«. Dort traf sie Kurt Biedenkopfs jüngeren Bruder, und als zur Party anläßlich des 22. Geburtstags von Kurt Biedenkopf ein paar Mädchen fehlten, wurde sie eingeladen. Das Geburtstagskind hatte zum »demokratischen Faschingsfest« geladen und Sabine Wäntig klebte sich Cartoons von politischen Persönlichkeiten auf ihr T-Shirt. Auf dem Fest »funkte es ganz schnell«, erzählt sie, und ganz schnell hätten sie sich auch heimlich verlobt. Als sie wenige Monate später mit ihren Eltern ins Allgäu zog, schrieben sich die beiden jeden Tag, wie Sabine Biedenkopf versichert, sechs Mal die Woche, zwei Jahre lang. Nur gelegentlich konnten sich die beiden besuchen, aber die Verbindung hielt. 1955 heirateten sie und zogen in ein Häuschen, das Kurt Biedenkopfs Eltern in ihrem Garten für sie gebaut hatten. Auch der erste Sohn Matthias kam in diesem Jahr zur Welt. Drei weitere Kinder sollten folgen: Susanne (1960), Sebastian (1964) und Tobias (1967).

1958 schloss Kurt Biedenkopf sein Studium mit der Promotion zum Dr. jur. ab und erwarb ergänzend noch das Assessorexamen und den Master of Law an der Georgetown University in Washington, D. C. Ehefrau und Sohn begleiteten ihn in die USA. Dass er Assistent bei Kronstein wurde,»war damals eine fantastische Sache. Immerhin verdiente man dort damals 700 Mark. Und so konnte ich in die akademische Laufbahn hineinwachsen.«

Kronstein war wegen seiner jüdischen Herkunft 1937 mit seinen beiden Kindern nach New York emigriert, wo er zunächst als Makler von Tür zu Tür ziehen musste. Gleichzeitig studierte er an der Columbia University Jura. 1940 schloss er seine Promotion ab und wurde Übersetzer im Justizministerium in Washington. In Wirklichkeit, sagt Biedenkopf, sei Kronstein dort als Fachmann für Wirtschafts- und Kartellrecht tätig gewesen.»Als sich andeutete, er könnte zur Vorbereitung der Nürnberger Prozesse herangezogen werden, hat er sich umgemeldet ins Pentagon.« Nach Kriegsende kehrte Kronstein zurück, traf sich mit Franz Böhm und anderen und hat»in Hessen Leute zusammengetrommelt, um zu helfen«. Biedenkopf meint, Kronstein habe daran»mitgewirkt, dass Adenauer und Hallstein sehr früh schon nach New York kamen, und zwar auf Einladung der Universität. Weil es sonst nicht möglich gewesen wäre, nach Amerika zu kommen, wurden sie zur Verleihung der Ehrendoktorwürde geladen.«

Ende der fünfziger Jahre bot sich Kurt Biedenkopf die Möglichkeit, in den USA mit Hilfe eines Schulte-zur-Hausen Research and Teaching Fellowship die rechtlichen Beziehungen zwischen Unternehmern und Gewerkschaften in den Vereinigten Staaten zu untersuchen. Schulte zur Hausen war ein bedeutender Mäzen, Testamentsvollstrecker der kleinen Thyssengruppe und Vorstand bei Aral sowie ein großer Förderer Heinrich Kronsteins, erläutert Biedenkopf. »Er hat viel Geld bereitgestellt für Austauschprogramme.« Nun profitierte Biedenkopf davon. Er kam mit interessanten Erkenntnissen zurück. So hatte er gehört, wie die deutsche Bergarbeitergewerkschaft dem Präsidenten der amerikanischen Schwestergewerkschaft, John L. Lewis, von ihrem Erfolg mit dem Montanmitbestimmungsgesetz berichtete. Lewis soll den Deutschen gratuliert, im Übrigen aber erklärt haben, wenn er in einem Unternehmen mitbestimmen wolle, dann würde er es erwerben. In den USA, das hatte Biedenkopf gelernt, herrsche Einigkeit über die Grundzüge der Wirtschaftsverfassung. Die Polarität der Sozialpartner bleibe dort gewahrt und Ziel der Gewerkschaft sei nicht eine neue Wirtschaftsordnung, sondern allein die Vertretung wirtschaftlicher Interessen ihrer Mitglieder.

1963 habilitierte sich Biedenkopf für die Gebiete Bürgerliches Recht, Handels-, Wirtschafts- und Arbeitsrecht in Frankfurt mit einer Arbeit über »Die Grenzen der Tarifautonomie«. Er hält seine Habilitationsschrift für »ausgesprochen gewerkschaftsfreundlich«, er habe darin »für ein sehr breites Ermessen der Tarifautonomie plädiert und für ein Zurückdrängen des Staates«. Das trifft zu und Kurt Biedenkopf hat später die Gewerkschaften immer wieder gefragt, warum sie denn überall den Staat hereinholen wollten. »Die Gewerkschaften haben die Frage damals und zum Teil bis heute so beantwortet, wie Carl Legien sie schon beantwortet hatte: Der Tarifvertrag ist die Vorstufe für die gesetzliche Regelung. Sie sind davon ausgegangen, dass die Gewerkschaften und der Staat in die gleiche Richtung denken. Die Folge war, dass nachher der Staat in der Weimarer Republik eine Zwangsschlichtung eingerichtet hat.« Mit schlimmen Folgen, wie Biedenkopf ausführt: Die Gewerkschaften hätten zwar 1919 noch die Kraft gehabt, beim Kapp-Putsch die Zerstörung der Demokratie durch einen Generalstreik zu verhindern, aber 1932 geboten sie über keine Kraft mehr. »Wenn sie die gleiche

Kraft noch 1932 gehabt hätten, hätten sie durch einen Generalstreik auch Hitler verhindern können.«

Dass die Deutschen für alles den Staat verantwortlich machen, ist Biedenkopf unverständlich. Dennoch sieht er sich nicht als Laisserfaire-Politiker im Sinne der Chicago School. »Ich bin nie ein Neoliberaler nach Friedman gewesen. Friedman geht mir zu weit. Mit der Chicago School und ihren rein ökonomischen Betrachtungsweisen hatte ich immer große Probleme. Diese Haltung kann man sich in Amerika möglicherweise leisten, weil die Demokratie dort in einer ganz anderen Weise verwurzelt ist, als das bei uns der Fall ist. Die Sozialpflichtigkeit wird dort ganz anders interpretiert. Die amerikanische Kultur, die soziokulturellen Strukturen und alles, ist von Einwanderern geformt worden, die ihre Länder verlassen haben, weil sie vom Staat unterdrückt wurden. Sie sind in dieses Land gewandert, weil sie wussten, dort gibt es keinen Staat, das müssen sie selbst schaffen. Eine prägende Erfahrung, gleichbedeutend mit: Du bist deines Glückes Schmied. Es handelt sich dabei nicht um eine neoliberale Theorie, das ist völliger Unfug, sondern es ist der Lebenswunsch von Menschen gewesen, die dem Spätfeudalismus entkommen wollten und damit der Unterdrückung.«

Das klassische Denken der Wirtschaft in Deutschland sei damals um Kartelle gekreist. »Aber wir wussten, was Kartelle bedeuteten: Die Nazis brauchten nichts verstaatlichen. Die konnten eine zentralplanwirtschaftliche Kriegswirtschaft aufbauen, indem sie einfach die privatwirtschaftliche Basis benutzt haben, nämlich die Kartelle. Die Kartelle sind ja nichts anderes als privatwirtschaftlich organisierte Planwirtschaft.« In den USA, wo Biedenkopf so viele Anregungen fand, war dieses Problem längst geregelt: Der Sherman Act begrenzte schon 1890 aus politischen Gründen wirtschaftliche Macht. Begründet worden sei der Sherman Act so: »Wenn wir keinen Diktator im politischen Raum haben wollen, dann dürfen wir auch keinen Diktator im wirtschaftlichen Raum akzeptieren. Dies richtete sich gegen Monopole, Eisenbahn, Öl, Stahl. Dies waren Preisdiktatoren.«

In Deutschland sahen die Politik und die angerufenen höchsten Gerichte das ganz anders. Das Reichsgericht bejahte schon 1893 die Zulässigkeit von Kartellverträgen.»Mit der Folge, dass man mit Mitteln der Vertragsfreiheit die Vertragsfreiheit beseitigen kann. Vertragsfreiheit zwischen Kartell und Abnehmer des Kartells war damit ausgeschlossen.« Dass die Arbeitnehmer (und auch die Konsumenten) sich dagegen wehrten, ist verständlich.»Die Gewerkschaftsbewegung ist entstanden, weil diese Gleichheit der Partner zwischen Arbeitgeber und Arbeitnehmer nur durch Zusammenschluss der Arbeitnehmer herstellbar war. Franz Böhm hat bereits in den 20er Jahren gegen diese Entscheidung polemisiert und gesagt: Auch eine durch private Verträge zu Stande gekommene Machtposition, die den Wettbewerb ausschalten kann, verstößt gegen den Grundsatz der Gewerbefreiheit. Das war ein neues Denken, ein Denken, mit dem ein Privatrechtler den Bogen geschlagen hat in den öffentlichen Bereich. Durch dieses Denken bin ich geprägt.«

Für die Kartellgesetzgebung in Deutschland schlug Biedenkopf eine Präambel vor. Darin sollte erklärt werden, dass die Freiheit der Grund für diese Gesetzgebung sei und nicht der Wohlstand.»Ich habe mich nicht damit befasst, ob Kartelle ökonomisch gesehen besser oder weniger gut funktionieren. Mir kam es immer darauf an: Wenn ihr das Kartellverbot nur mit dem ökonomischen Nutzen begründet, und der ökonomische Nutzen stellt sich nicht ein, dann läuft die Begründung leer. Ihr müsst das Kartellverbot mit dem Schutz der Freiheit begründen. Diese Begründung ist unabhängig von der ›economic performance‹.« Der Wirtschaftsjurist befürchtete damals – zu einer Zeit, als die ersten Computer aufkamen –, man könnte eines Tages in der Lage sein marktwirtschaftliche Prozesse zentral zu steuern.»Dann würde man argumentieren, die zentrale Steuerung ist ökonomisch fruchtbarer, und dann wäre es aus mit der

Freiheit. Auf der Grundlage arbeite ich bis heute.«Tatsächlich zieht sich das Thema der normativen Bindung von Macht – egal ob öffentliche oder private Macht – bis zum heutigen Tag wie ein roter Faden durch Biedenkopfs öffentliches Leben. Weil die Welt sich dreht und verändert, verlangt er die Bereitschaft, eigene Erfahrungen und eigene Strukturen infrage zu stellen.

Für Biedenkopf war wirtschaftliche Macht immer ein politisches Problem. Gegen Unterdrückung durch Machtanhäufung richten sich all seine Arbeiten und Vorstöße, in der Wirtschaft wie in der Politik. Die in alten Strukturen gefangenen Konzernchefs sahen in Biedenkopfs Ergebnissen und Anregungen eine Provokation.»Ich habe enorme Kritik erhalten. Ein Syndikus der chemischen Industrie hat meinem Vater damals einen Brief geschrieben und gesagt, das sei ja wirklich schlimm, wie heute die ideologischen Risse mitten durch die guten Familien gingen. Die hielten mich für einen ausgemachten Linken. Es hat Jahre gedauert, bis die begriffen hatten, worum es überhaupt ging. Viele haben es bis heute nicht begriffen.«

Biedenkopf ordnet sich seit jeher»weder links noch rechts [ein]. Aus der Sicht der Industrie wurde ich eher links eingeordnet. Aus der Sicht derer, die umverteilen wollten, wurde ich auf der anderen Seite eingeordnet.« Wirtschaftliches Handeln muss für ihn wertgebunden sein.»Es muss der Freiheit dienen und der sozialen Verpflichtung im Sinne von Artikel 14 des Grundgesetzes, Sozialpflichtigkeit. Das bedeutet aber nicht eine riesengroße Umverteilung. Das ist etwas ganz anderes. Aber der Gedanke ist zunehmend pervertiert worden im Sinne der Umverteilung.« Mit der umfassenden Kartellgesetzgebung der Bundesrepublik sah Biedenkopf dieses Gleichgewicht der Kräfte offenbar gestört. Stets richtete sich sein Blick deshalb auch auf die Macht der Gewerkschaften. Deren Versuche, sich gegen die Verbände und anderweitigen Zusammenschlüsse der Unternehmer zu behaupten, gingen Biedenkopf zu weit. Deshalb ließen auch die Linken kein gutes Haar an ihm. Die Zeitschrift *kon-*

kret stellte bissig fest, dass er bei seinen Auslandsreisen den »American Way of Life als zweite Religion neben seiner angestammten katholischen annahm«.

Kurt Biedenkopf saß damals zwischen allen Stühlen. »Ich habe nie auf der Seite von Kapital oder Arbeit gestanden«, sagt er heute. »Mir schien schon in den 50er Jahren dieser Konflikt ziemlich unsinnig. Ich war in meinem Denken Heinrich Deist [dem Vorsitzenden des Arbeitskreises Wirtschaftspolitik der SPD-Bundestagsfraktion] von der SPD ebenso nahe wie Franz Böhm, Mitglied der CDU, oder Ludwig Erhard: Das waren die Leute, die versucht haben eine Synthese zu entwickeln.« Biedenkopf spielt damit auf die Suche nach einem Mittelweg zwischen Kapitalismus und Sozialismus an und im Hinblick auf die Diskussionen nach dem Mauerfall meint er hörbar gelangweilt: »Die Debatte um den dritten Weg ist ja uralt.« Er glaubte diesen Weg damals gefunden zu haben: einen Kapitalismus mit menschlichem Antlitz.

3
Jüngste Magnifizenz:
»Wir sitzen doch alle in einem Boot«

Es war nicht viel, was Kurt Biedenkopf 1964 in sein Professorenzimmer mitbrachte: Unter den wenigen Büchern befanden sich die grün gebundenen Protokolle der Hearings vor dem Washingtoner »Subcommittee on Antitrust and Monopoly of the Committee of the Judiciary«. Auch seinen alten Schreibtisch schleppte er aus Wiesbaden mit, wo er gewohnt und seine Vorträge als Privatdozent an den Universitäten Frankfurt und Tübingen vorbereitet hatte. Seine damalige Frau Sabine drängelte: »Kauf dir doch einen neuen. Deiner ist ja schon abgewetzt und voller Tintenflecke!« Kurt Biedenkopf aber weigerte sich: »Den habe ich für 250 Mark gekauft, als ich noch 400 Mark verdiente! Daran arbeite ich so lange, bis er zusammenbricht.«[1]

Mit 34 Jahren hatte Biedenkopf am 21. Juli 1964 den Ruf an die neu gegründete Ruhr-Universität Bochum angenommen, als ordentlicher Professor mit der Besoldungsgruppe H 4. Vom 1. Oktober an erhielt er ein Grundgehalt der 6. Dienstaltersstufe, 1850 Mark plus Ortszuschlag, Kinderzuschläge und Trennungsentschädigung. Außerdem versprach das Kultusministerium sich dafür einzusetzen, »daß Herrn Dr. Biedenkopf für sich und seine Familie eine geeignete Wohnung zugewiesen bzw. für den Fall eines Eigenheimbaus das höchstmögliche Landesdarlehen bereitgestellt wird«. Damit war Biedenkopf Beamter auf Lebenszeit. Die Vereidigung am 15. Oktober 1964 beendete er mit den Worten:»So wahr mir Gott helfe.«

Inzwischen war Biedenkopf in Bochum-Querenburg auf Anregung des westfälischen CDU-Politikers Josef Hermann Dufhues (der die Gruppe 47 als»Reichsschrifttumskammer« bezeichnet hatte und von den Schriftstellern daraufhin verklagt wurde) dem dortigen CDU-Ortsverband beigetreten. Warum der CDU? Seine spätere Schülerin und Mitstreiterin Christa Thoben, heute Mitglied des Präsidiums im CDU-Bundesvorstand und stellvertretende Vorsitzende des Landesverbandes Nordrhein-Westfalen, die die Recherchen für dieses Buch hilfreich unterstützt hat, meint:»Biedenkopf war immer auf der Suche nach einer großen Aufgabe. Sonst hätte er auch bei der FDP landen können.« Biedenkopf selbst sagt heute: »Mir hat die FDP nie gefallen, die waren mir viel zu schmal. Der große Reiz der CDU ist, dass es innerhalb dieser Partei vermittelt über das christliche Weltbild eine grundsätzliche Verständigung trotz unterschiedlicher Denkrichtungen gibt. Das finde ich faszinierend. Außerdem ist es mir auch wichtig, dass es eine ökumenische Partei ist.«

Im Juli 1966 bildete Franz Meyers die letzte CDU/FDP-Regierung in Nordrhein-Westfalen und Dufhues wollte, dass Biedenkopf in diesem Kabinett das Amt des Justizministers erhielte. Er war damals schon Dekan der Juristischen Fakultät und Dufhues meinte, als Justizminister könnte Biedenkopf die Reform des juristischen Studiums besser vorantreiben.»Ich habe jedoch abgelehnt, weil ich eine Woche vorher zum Rektor (designatus) gewählt worden war.« An Biedenkopfs Stelle wurde der Westfale Friedrich Vogel Justizminister und hundert Tage später war Biedenkopf froh sich so entschieden zu haben – gegen das Ministeramt und gegen die FDP, aber für die CDU. Denn die Liberalen wechselten den Partner und regierten nun an der Seite der SPD.

An den Hochschulen wehte damals ein anderer Wind – oder, wenn man so will, noch gar keiner, denn wenig später sprachen die Studenten vom »Muff von tausend Jahren«. Briefe an den Rektor unterzeichnete auch Biedenkopf damals noch mit »Magnifizenz stets ergebener Kurt Biedenkopf«. Seine rasante Hochschulkarriere plante der Wirtschaftsjurist akkurat. Kaum als Professor vereidigt, hatte sich Biedenkopf schon zum ersten Mal um das Rektorat der jungen Universität beworben, »obwohl er geringe Chancen hatte«, wie sich der damalige Kanzler Wolfgang Seel erinnert. »Er wusste genau, wohin er wollte. Und beim zweiten Mal kam man dann auch schon nicht mehr an ihm vorbei.« Zwei Jahre nach seinem ersten Versuch wählte der Konvent Biedenkopf zum künftigen Rektor. Dieses Amt sollte er dann vom 15. Oktober 1967 bis 1969 ausüben. »Als Rektor hatte er ausgezeichnete Möglichkeiten, Bekanntschaften zu machen. Er war sehr zielstrebig«, so Seel.

Als »Rector designatus« hielt Biedenkopf am 4. März 1967 im Kasinosaal der Schlegel-Scharpenseel-Brauerei vor 200 Kösenern – einem Dachverband pflichtschlagender Corpsstudenten – die Festrede zum ersten Stiftungsfest des Corps Marchia Bochum. Der *Westfälischen Rundschau* zufolge war dieses Corps eine »jung etablierte Studentenverbindung mit guten Kontakten zur NPD«. Biedenkopf nahm die »ehrenvolle Einladung« gern an, während eine Anzahl Repräsentanten aus Parteien, Wirtschaft sowie Kultur abgesagt hatten und nur wenige Professoren anwesend waren. Die Verbindungsstudenten und Biedenkopf ließen sich die Stimmung dadurch nicht verderben: »Mit einem feuchtfröhlichen Umtrunk ging das Stiftungsfest zu Ende.«[2]

Viel wichtiger war, was Biedenkopf vor den Corpsstudenten sagte: Die Ruhr-Universität habe »nie den Anspruch erhoben, radikal reformerische Universitätsmodelle zu entwickeln«. Aber er machte deutlich, dass er sich eine »offene akademische Gesellschaft« wünschte, »offen dem Risiko des Irrtums und seiner Korrektur als

Marktplatz der Ideen«. Als eine Aufgabe formulierte er, »bildungs-willige Arbeiterkinder« aufzunehmen, um »die Begabtenreserven des Reviers zu erschließen«. Das würde nicht leicht umzusetzen sein, weil »das Arbeiterkind«, wenn es aus gewohnten Ausbildungsbah-nen ausbreche, das Schicksal des Außenseiters im Markt teile. Bei der Überwindung der Barrieren müsse das Unternehmen helfen, in dem der Vater arbeitet, weil »dessen wertsetzende Autorität aner-kannt wird. Es übernimmt gleichsam die Funktion des Landpfarrers.« Die Ursache der Mitbestimmungsforderungen sah Biedenkopf da-mals »in dem subjektiven Fehlen eines ausreichenden Zugangs des Arbeiters zu höherer Bildung und damit zur Elite«. Vor den Corpsstu-denten offenbarte er seinerzeit ein erstaunliches Klassenbewusstsein und aus Bonn schimpfte Hannes Heer (heute beim Hamburger Insti-tut für Sozialforschung Leiter der Wehrmachtsausstellung): »Eine schöne offene Gesellschaft hat sich der Professor da ausgedacht.« Landpfarrerpatronage und -indoktrination vertrügen sich nicht mit einer demokratischen Hochschule. Heer nannte Biedenkopf gar einen »Brandstifter«.[3] Wenige Tage später sollte er an einer Podi-umsdiskussion teilnehmen, zu der auch Biedenkopf eingeladen war. Aber der Rektor wollte nicht mit seinem studentischen Kritiker auf dem Podium sitzen, dessen Einlassungen er zwar gelesen, aber nicht verstanden hatte. Heer musste aus dem Publikum heraus diskutieren.

Am Abend vor der offiziellen Amtseinführung zogen 50 Jurastu-denten vor Biedenkopfs Haus, um ihrem Ordinarius zu huldigen. Gleichzeitig protestierte eine Gruppe des SDS mit Kinderlaternen und Sprechchören: »Seid ihr die Brandstifter?« Auch die »Action Bochumer Studentenschaft« wollte etwas später »kein Blankover-trauen« aussprechen und war erst recht gegen eine »Ergebenheits-adresse an einen Rektor, der erst ein paar Tage im Amt ist«. Kurzer-hand lud Biedenkopf die Studenten zu Bier und Brötchen in seinen Garten. Die Juristen nahmen die Einladung an, die linken Studen-ten blieben fern.

Am nächsten Tag gegen zwölf Uhr spielte im Schauspielhaus das Bochumer Orchester unter Theo Mölich Händel und Marcello; dann übergab der ausgeschiedene Rektor, Heinrich Greeven, mit einem »Ave, rector magnifice« die Amtskette an seinen Nachfolger, die »jüngste Magnifizenz« der Bundesrepublik. Aber gegenüber Greevens eigener Einführung, die nur zwei Jahre zurücklag, hatte sich einiges geändert: Die Professoren verzichteten auf Roben und Hüte. Und der neue Amtsträger forderte Autonomie für die Hochschulen – trotz der finanziellen Abhängigkeit vom Staat. Biedenkopfs Vorgänger erinnerte die Studenten daran, dass Tomaten und faule Eier keine Argumente seien. Auch ein Vertreter der Studenten durfte reden, Christoph Zöpel, heute für die SPD im Bundestag. Er forderte mehr Freiheit des Studiums, eine öffentliche Diskussion der Vorlesungsangebote und erinnerte Biedenkopf an sein Wort: »Prüfungen sind den Universitäten fremd.«

Biedenkopfs Rektorat fiel in die Zeit der Studentenunruhen. Insbesondere in der Sozialwissenschaftlichen Abteilung der Ruhr-Universität, deren Professorenschaft als reaktionär galt, rumorte es. Schon im Frühjahr 1967 war es zu einer Auseinandersetzung mit den Studenten gekommen, weil der ehemalige Vorsitzende des Gründungsausschusses der Uni, Hans Wenke, zum Ehrensenator ernannt werden sollte. Die Studenten störten sich an dessen Tätigkeit im Dritten Reich. So hatte Wenke, wie er 1938 selbst schrieb, »im Rahmen des Flüchtlingshilfswerks der NSDAP junge Österreicher […] unterrichte[t], die ihren Bildungsgang auf den höheren Schulen ihrer Heimat nicht fortsetzen durften, weil sie sich offen zum Reichsgedanken und zum Führer der Deutschen und zu der nationalsozialistischen Bewegung bekannten«.[4] Rektor, Prorektor und Rector designatus (Biedenkopf) räumten den Studenten bei dieser Ernennung kein Mitspracherecht ein und setzten sie durch.

Biedenkopf neigte immer dazu, die Vergangenheit ruhen zu lassen, wenn sich jemand in der Demokratie Verdienste erworben hatte. Die Erfahrungen, die sein Vater gemacht hatte, haben zweifellos zu dieser Haltung beigetragen. Das Thema Nationalsozialismus kommt in Biedenkopfs Reden und Aufsätzen kaum jemals vor; es ist denkbar, dass eine tief greifende Auseinandersetzung damit nicht stattfand. Wie sonst wäre eine Entgleisung zu erklären wie jene kurz vor der Bundestagswahl 1980? Damals schrieb Biedenkopf im *Westfälischen Monatsblatt*, bei der anstehenden Wahl gehe es um »die Verteidigung der Freiheit, auch gegen die, die kapitulieren wollen, denen der Wille und die Kraft fehlt, die Freiheit, für die unsere Väter gefallen sind, für unsere Kinder zu erhalten«. Das brachte den Bochumer Historiker Hans Mommsen auf. Biedenkopf, meinte Mommsen, rede der Verteidigung des Nationalsozialismus das Wort. Die Sätze könnten ebenso gut »aus der rechtsradikalen National- und Soldatenzeitung stammen«. Biedenkopf zeigte sich bestürzt über die Reaktionen und warf Mommsen seinerseits vor sich von der SPD für Wahlkampfzwecke missbrauchen zu lassen. »Daß die Männer und Frauen des Widerstandes für die Freiheit gestorben sind, werden wohl auch Sie nicht anzweifeln.«

Das war freilich nicht mehr als eine Ausflucht, eine nachgeschobene Uminterpretation. Biedenkopf teilt seine Überzeugung mit vielen Vertretern seiner und der Vätergeneration: dass nämlich Hitlers Wehrmacht angetreten sei, um Europa vom Bolschewismus freizuhalten. Hatte denn nicht auch Churchill nach dem Krieg davon geredet, man habe »das falsche Schwein geschlachtet«? Biedenkopf sprach in dem Artikel aus, was viele vor Ernst Nolte nicht auszusprechen wagten und was später im so genannten Historikerstreit thematisiert und auch von Mommsen zu Recht kritisiert wurde: dass der Nationalsozialismus eine Antwort auf den Bolschewismus gewesen sei. Biedenkopf verwendete in dem Artikel von 1980 das Wort »gefallen«, das üblicherweise beschönigend für getötete Soldaten an der Front verwendet wird. Mit den Vätern, die für die Freiheit gefallen sind, konnten also nur die Soldaten an der Front gemeint sein.

Die Widerstandskämpfer dagegen wurden ermordet. Auch Heinz Galinski, der damalige Vorsitzende des Zentralrats der Juden in Deutschland, wunderte sich über die »gedankliche Entgleisung«, denn »wir hatten bisher keinerlei Veranlassung, an der demokratischen Grundhaltung Kurt Biedenkopfs zu zweifeln«.

»Man darf nicht zulassen, daß die Suppe versalzen wird«

Das traf durchaus auch auf den Rektor Biedenkopf zu. Er gehörte nicht zu jenen, die nach Recht und Ordnung riefen. Nachdem im Dezember 1967 auch Bochumer Studenten ihre Parolen an die Betonmauern der Hochschule geschrieben hatten und sich dabei vor allem gegen die Berufungspolitik und die reaktionäre Zusammensetzung der Professorenschaft der Sozialwissenschaftlichen Abteilung gewandt hatten, schlug Biedenkopf vor eine Bretterwand auf dem Gelände aufstellen zu lassen »für alle, die Lust zum Malen verspüren«. Sogar an Berufungsverfahren wollte Biedenkopf die Studenten beteiligen, allerdings nur in beratender Funktion. Olaf Ihlau attestierte Biedenkopf damals in der *Neuen Ruhr-Zeitung* einen »wohltuenden Schuß von Smartness«, der ihn davor bewahrt habe, »die traditionsverhaftete Bürde und Würde seines neuen Amtes mit den Barrieren der Arroganz absichern zu müssen«.[5] Der Bochumer Rektor sprach sich gegen eine Verschulung des Studiums aus, weil deren »unausbleibliche Folge« wäre, »daß der Staat schließlich auch vorschreibt, was die Dozenten zu lehren haben«. Die Dozenten müßten sich vielmehr nach den Vorlesungen im Gespräch mit Studenten selbst in Frage stellen. Das allerdings setze auch bei den Studenten eine »große Erziehungsarbeit voraus. Rabatz kann man dabei nicht machen.«

Indiz dafür, dass ihm äußere Zeichen von Autorität weniger wichtig waren, hätte folgende Geschichte sein können: Als er zum ersten

Mal als Rektor der Ruhr-Universität die Universitätswoche in Castrop-Rauxel eröffnen sollte, hatte er seine goldene Amtskette vergessen. Das schwere Würdenzeichen musste ihm angeblich im Koffer hinterhergebracht werden. Doch Biedenkopf dementierte in einem Leserbrief:»Der einzige, der über diese Ente sehr traurig gewesen ist, ist mein Fahrer, Herr Sander, der die Kette stets wie seinen Augapfel hütet und nie zulassen würde, daß ich sie vergesse.«[6]

Im Januar 1968 sprach Biedenkopf in seiner Vorlesung über die Parole der Apo:»Enteignet Springer!« Dabei schlug er sich eindeutig auf die Seite des Verlegers. Biedenkopf war und ist kein Gesinnungsethiker, sondern Ordnungspolitiker mit klaren Regeln:»Selbst erhebliche Konzentrationen der Tageszeitungen gestatten nicht die Feststellung, daß die Meinungsbildungsfreiheit in Deutschland gefährdet sei.« Das Gesetz gegen Wettbewerbsbeschränkung verhindere als wirksames Instrument, dass privates Produktivvermögen eingesetzt werde, um andere Unternehmen zu beseitigen. Eine Enteignung verlagere das Problem nur.[7]

Doch die Auseinandersetzungen eskalierten. Im April 1968 lief Biedenkopf als einziger Hochschulrektor bei einer Kundgebung mit, bei der gegen das Attentat auf Rudi Dutschke protestiert wurde – und die ruhig verlief.»Wir Professoren sind mindestens genauso betroffen wie die Studenten«, sagte er gegenüber der Presse. Linke Studenten wie der damalige Vorsitzende der Studentenschaft, Reinhard Zimmermann, sahen hinter Biedenkopfs Solidarität dagegen nur »taktische Überlegungen«. Unmittelbar nach dem Attentat habe er Biedenkopf gefragt, ob er an der Demonstration teilnehmen wolle. Biedenkopf habe gefragt, wogegen denn demonstriert werden solle. Der Täter sei doch gefasst. Der SDS sei es doch, der Vietnam in der Bundesrepublik gefordert habe. Und das heiße doch, dass man sich auf der Straße totschlage. Biedenkopf habe damals gemutmaßt, der Attentäter könnte auch einer vom SDS gewesen sein, der mit

Dutschkes Politik nicht einverstanden gewesen sei. Es gebe ja dort so viele Splittergruppen.[8]

Während der Beratungen über die Notstandsgesetze wurde Bochum ein Zentrum des Protests. Im Mai 1968 streikten die Studenten. Als Biedenkopf die Universität betreten wollte, versperrten die Studenten den Eingang. Der kleine Professor drängelte sich resolut durch die Menge und betrat das Haus. Später behauptete die »Ruhraktion gegen die Notstandsgesetze«, Biedenkopf habe dabei einen schottischen Kommilitonen geschlagen. Biedenkopf konterte, er habe den Schotten nur zurückgedrängt, um ihn sich vom Leib zu halten. Von einer Strafanzeige wegen Nötigung und Hausfriedensbruch wolle er absehen. In der darauf folgenden Nacht, der des 29. Mai 1968, ließ der Rektor Wachmänner mit Schäferhunden auf dem Unigelände patrouillieren, aus Sorge vor weiteren Aktionen radikaler Studenten.

Biedenkopf hatte freilich nicht mit den Problemen zu kämpfen, denen sich etwa ein Hochschulrektor in Berlin zu dieser Zeit gegenübersah. In Bochum gab es keine Gewalt. Die Demonstrationen konzentrierten sich in der Stadt, insbesondere vor dem DGB-Haus. Der Rektor sorgte sich jedoch um die Autonomie der Hochschule. Wenn der Staat die Fachaufsicht übernehme, sagte er gern, »dann wird vorgeschrieben, ob die Radiergummis blau oder rot sind«. Er verstand die Hochschule als freiheitliche Einrichtung. Bis zu einer bestimmten Grenze, die wohl weiter gesteckt war als bei allen anderen Hochschulrektoren zu dieser Zeit, ließ Biedenkopf den Studenten Raum für ihre Initiativen. Am 25. Oktober 1968 präsentierte die Fachschaftsvertretung der Sozialwissenschaftlichen Abteilung mit großer Mehrheit ihren Entwurf einer neuen Studien- und Prüfungsordnung, wonach etwa die Zwischenprüfungen nach dem vierten Semester abgeschafft werden sollten. Die Professoren des Instituts, von denen einige unter den Studenten als ausgesprochen reaktionär galten, lehnten jegliche Diskussion ab. Sie wollten lieber mit Vertretern aus Wirtschaft und Verwaltung darüber diskutieren, welche Studiengänge gute Berufsaussichten hatten.

Als Biedenkopf im November 1968 vor dem Konvent und der Studentenschaft, die in unbegrenzter Zahl zugelassen war, seinen Rechenschaftsbericht verlas, kam die Diskussion auch auf die Probleme bei den Sozialwissenschaftlern. Die Studenten, mit Hüten aus Flugblättern auf dem Kopf, forderten »gleiche Rechte und Pflichten« für alle Angehörigen der Universität und die Einführung eines unklar formulierten genossenschaftlichen Prinzips. Auch über die Zwangsmitgliedschaft im AStA sollte gesprochen werden, aber irgendwie schien man aneinander vorbeizureden: »Geht nach Hause, das hat doch keinen Zweck mehr«, rief ein Student von hinten. Dann ging das Licht aus. Biedenkopf sagte im Dunkeln: »Von der Diskussion hätte ich mehr erwartet. Mehr Kritik wäre mir lieber gewesen.«[9]

Die Studenten beschlossen wenig später, in Komitees eine Strategie für einen aktiven Streik zu entwickeln. Der Kanzler stellte ihnen Seminarräume für ihre Diskussionen zur Verfügung, und als die Professoren den Raum schließen lassen wollten, schlug sich Biedenkopf auf die Seite der Lernenden. Nachdem ein Ultimatum an die Professoren zur Zusammenarbeit abgelaufen war, beschlossen die Studenten den Streik. Um weiter an der Neuorganisation des Studiums arbeiten zu können, beantragten die Studierenden weitere Seminarräume. Als ihnen das nicht gewährt wurde, besetzten sie die Räume des Dekanats. Am 17. Dezember um 21.30 Uhr standen plötzlich drei Hundertschaften Polizei auf dem Gelände, um 20 Studenten zu entfernen. Als die Studenten eine Erklärung für dieses Vorgehen verlangten, fragte Biedenkopf die AStA-Referentin Carla Boulboullé: »Wie hätten Sie denn an meiner Stelle gehandelt?« Frech antwortete diese: »Ich wäre an Ihrer Stelle zurückgetreten.«

Biedenkopf sah auch in diesem Fall von Zwangsmaßnahmen gegen die Rädelsführer ab. Außerdem unterstützte er die Studenten weiter in ihrem Bestreben, eigenverantwortlich Veranstaltungen abzuhalten. Seine damalige Sekretärin, Gisela Gärtner, hatte den Eindruck, er räume jedem Angehörigen der Hochschule »viel Spielraum ein, wenn er Vertrauen hatte und wusste, der bringt was. Wenn das Maß aber voll war, konnte er schon Fraktur reden.« Die Grenzen der Toleranz waren klar gezogen: Der Lehrbetrieb durfte nicht gestört werden, gewalttätige Aktionen mussten unterbleiben.

Carla Boulboullés Bruder, Guido Boulboullé, meint heute über die Polizeiaktion: »Das war eine Machtdemonstration.« Hans-Peter Kasper, damals Vorsitzender des Vorstands der Studentenschaft (wie der AStA korrekt hieß) und SHB-Mitglied wie Boulboullé, ist sich dagegen sicher, dass es nicht Biedenkopf war, der die Polizei rief, sondern der Kanzler. Guido Boulboullé jedoch war misstrauisch. »Biedenkopf hat immer versucht diplomatisch zu verfahren. Einerseits ist er für die Rechte der Studenten eingetreten, andererseits hat er harte Maßnahmen ergriffen.«

Biedenkopf, der sich immer wieder auch im Studentenparlament sehen ließ und dort seinen Standpunkt offensiv vertrat, beeindruckte damit die Studenten: »Dass er mutig genug war zu kommen«, erinnert sich Boulboullé noch heute, »hat Respekt eingeflößt.« Auch Kasper hat den Rektor als eine »Ausnahmeperson« im Gedächtnis: »Biedenkopf hatte den Schneid, ins Seminar reinzugehen und das zu verkaufen.« Es sei hitzig zugegangen, es habe das übliche Hohngelächter gegeben, aber Biedenkopf habe den Kanzler nicht im Regen stehen gelassen. »Merkwürdig, aber irgendwie hatten alle eine gewisse Hochachtung.« Zumal das, was der Rektor tat, damals offenbar nicht selbstverständlich war: »Biedenkopf kam und redete mit uns wie mit vernünftigen Menschen.« Er sei »der Fortschrittlichste in seiner Clique« gewesen. Boulboullé saß als Finanzreferent des AStA dabei, als zusammen mit dem Rektor die neue Verfassung der Universität mitsamt einer Viertelparität erarbeitet wurde. Alle Mitglieder der Universität bis zum Hausmeister waren in den Gremien vertreten. »Das war eine ungewöhnliche Lösung damals und Biedenkopf hatte es nicht leicht, das innerhalb der Professorenschaft durchzusetzen.«

Der Rektor hingegen fand das selbstverständlich. Wie er schon das Gymnasium als große Familie verstanden hatte, als Ort, an dem man zusammen lernt und arbeitet, so sah er auch die Hochschule. Dass sich die Studenten um ihre Belange kümmerten und Vorschläge für ein besseres Studium erarbeiteten, fand Biedenkopf »großartig«. Er sagte damals: »Die sind das Salz in der Suppe. Bloß darf man nicht zulassen, daß die Suppe versalzen wird.«

Dass sich die Studentenvertreter auch über Fragen der Hochschulpolitik hinaus einmischten, scheint Biedenkopf dagegen gestört zu haben – und mit ihm auch manchen Studenten. Siegfried Großekathöfer, der damals im achten Semester Jura studierte, zog vor dem Wintersemester 1968 von den 70 Mark Sozialbeitrag, die jeder Student damals pro Semester bezahlen mußte, 14,70 Mark ab: 13,35 Mark für den AStA und 1,35 Mark für den Verband Deutscher Studentenschaften (VDS). Seine Begründung: »Der AStA ist eine Zwangsorganisation.« Der AStA habe sich politisch, nicht nur hochschulpolitisch betätigt, bis hin zu den Krawallen an der Ruhr-Uni (bei der Besetzung der Sozialwissenschaftlichen Abteilung war durch Farbschmierereien ein Sachschaden von 15000 Mark entstanden). Die Verwaltungsgerichte in Münster und Köln aber hatten eine politische Betätigung der Studentenvertretungen untersagt. Dem schloss sich Großekathöfer an: »Dafür gebe ich mein Geld nicht her.« Weil die Universitätsverwaltung das nicht akzeptieren wollte, rief der Student das Verwaltungsgericht Gelsenkirchen an. Kurt Biedenkopf fand das durchaus richtig. Durch seine Sekretärin ließ er dem Studenten übermitteln, er könne sich den »vor dem Verwaltungsgericht vorgebrachten Bedenken nicht ganz verschließen«, und er nahm Großekathöfers Rückmeldung trotz des verweigerten Beitrags für die Studentenorganisationen an.

Im nächsten Semester handelte Biedenkopf selbst: In einem Brief an den nordrhein-westfälischen Kultusminister Holthoff weigerte er sich die Beiträge für die Studentenselbstverwaltung durch die Universität einziehen zu lassen. Stattdessen wollte er dem AStA direkt Geld zuteilen. Die Sorge der Studenten, dadurch in eine Abhängigkeit zu geraten, sollte sich bald bestätigen. Im Januar 1969 versuchte der Rektor dem (linken) AStA die Geldmittel zu entziehen, weil die Organisation »ihre Aufgaben vorwiegend allgemein politisch versteht«. Die Zwangsmitgliedschaft sei mit dem Grundgesetz nicht vereinbar. Die Immatrikulation wollte er »nicht mehr von der Zahlung eines Beitrags für die Studentenschaft abhängig [...] machen«. Die Studenten sollten lieber mitarbeiten: »Wir sitzen doch alle in einem Boot.« Das Kultusministerium bremste Biedenkopf jedoch. Er musste auch im Sommersemester 1969 Beiträge für den AStA kassieren und weiterleiten.

Rückblickend analysiert Biedenkopf die Studentenrevolte als »Reaktion auf eine Gesellschaft, die im Begriff war wieder zu versteinern. Die im Grunde genommen verständliche und normale Folge der rasanten ökonomischen Entwicklung. Es hat sich alles auf die Ökonomie konzentriert und alles andere wurde zurückgedrängt.«

Mitbestimmungskommission:
Der kommende Karl Schiller der CDU/CSU

Biedenkopf betätigte sich auch außerhalb der Hochschule. Schon 1966 berief ihn Bundeskanzler Kurt Georg Kiesinger auf Vorschlag von Josef Hermann Dufhues in eine Kommission, die ein Modell für die Mitbestimmung erarbeiten sollte, die »Kommission zur Auswertung der bisherigen Erfahrungen bei der Mitbestimmung«. Bald hieß sie nach dem jungen Vorsitzenden einfach Biedenkopf-Kommission.

Obwohl die Kommission der paritätischen Mitbestimmung im Montanbereich bescheinigte sich bewährt zu haben, empfahl sie deren von vielen Linken und auch den Sozialausschüssen der CDU angestrebte Übernahme für weitere Bereiche der Wirtschaft nicht. Den Anteilseignern dürfe die Mehrheit im Aufsichtsrat nicht genommen werden. Dem Machtanspruch der Gewerkschaften und der Parität zwischen Kapital und Arbeit war damit eine Absage erteilt. Die Sachverständigen hatten ihr Urteil gesprochen und, so Biedenkopf, damit diejenigen einem Begründungszwang unterworfen, die von den Empfehlungen abweichen wollten.

Schon zuvor hatte sich Biedenkopf in zahlreichen Beiträgen und Interviews als Experte ausgewiesen. Für welche Seite er sich dabei engagierte, ist nicht zu übersehen, auch wenn Biedenkopf heute behauptet, er sei damals »weder rechts noch links« gestanden. Auf der Jahresversammlung der Arbeitsgemeinschaft Selbständiger Unternehmer trug er 1966 seine Gedanken zur paritätischen Mitbestimmung vor. Die gewerkschaftliche Forderung sah Biedenkopf begründet in dem Glauben – für ihn als Kartellgegner zweifellos ein Irrglaube –, die »freie [!] Marktwirtschaft« scheitere an der Kontrolle wirtschaftlicher Macht, Tarifautonomie und Betriebsverfassung im Bereich der Arbeit und die Wettbewerbsordnung im Bereich des Marktes versagten angesichts der Macht der Unternehmer. Die paritätische Mitbestimmung sollte die Arbeitnehmer aus ihrer Stellung als Untertanen befreien und sie zu Betriebsbürgern machen. Deren Bürgerrecht sei das Mitbestimmungsrecht, das sie, vertreten durch die Gewerkschaften, zu gleichberechtigten Partnern des Unternehmers machen würde. Weil sich an dieser Argumentation die Emotionen der Unternehmerschaft entzündeten, wollte der junge Wirtschaftsprofessor die Debatte versachlichen, indem »wir [!] uns dieser ordnungspolitischen Kritik der Gewerkschaft an der Funktionsfähigkeit unserer Marktverfassung stellen, ohne darin eine Negation der freien Marktwirtschaft zu sehen«. Das

Wort von der »freien« Marktwirtschaft benutzte er mehrfach, von der »sozialen« Marktwirtschaft war dagegen nicht die Rede.

Biedenkopf merkte zunächst an, dass die Möglichkeiten des Betriebsverfassungsgesetzes noch nicht allgemein voll genutzt würden. Mit dem Tarifvertrag, für ihn »die wichtigste Form der Mitbestimmung im Unternehmen«, stünden die Arbeitnehmer ihrem Arbeitgeber gleichberechtigt gegenüber. »Sie wahren und fördern ihre Arbeits- und Wirtschaftsbedingungen im Spannungsfeld gegenläufiger Interessen, aber im Bewußtsein gemeinsamer Verantwortung.« Die große Bedeutung dieser Form der Mitbestimmung sei noch nicht erkannt worden. Das liege auch daran, dass der Verbandstarif Mindestbedingungen für einen Industriezweig festlege, die in Zeiten der Vollbeschäftigung weit überschritten würden. »Hinzu kommt, daß es unseren Gewerkschaften bisher nicht gelungen ist, sich mit dem zu identifizieren, was wir als Wirtschaft bezeichnen.« Wie die paritätische Mitbestimmung aber die Mitbestimmung per Tarifvertrag aushebeln könnte, zeigte Biedenkopf an folgendem Szenario: Die paritätische Mitbestimmung sei gewissermaßen die »große Koalition der Wirtschaftsdemokratie«, welche die Auseinandersetzung der wirtschaftlichen Kräfte der Öffentlichkeit und ihrer kontrollierenden Wirkung entziehen und sie hinter die Türen der Sitzungszimmer verlagern würde. »An die Stelle des offenen Pluralismus tritt der vertrauliche Proporz.« Als Folge sah er voraus, dass »man« sich der Einwirkungsmöglichkeiten beraubt sehen und nach dem Staat rufen werde, um mit Hoheitsmitteln dem Allgemeinwohl zur Beachtung zu verhelfen.

Biedenkopf äußerte sich zum Thema Mitbestimmung mehrfach gegenüber Hans Mundorf im *Industrie-Kurier*, der Hauspostille der deutschen Industrie; einen seiner Aufsätze unter dem Titel »Mitbestimmung – warum eigentlich?« druckte die *Zeit*. Für Biedenkopf handelte es sich dabei um eine prinzipielle Frage, »die Frage nach der Funktion des modernen Unternehmers in einer freien Wirtschaftsordnung«. In seinem Argumentationsgang folgte er seinem Lehrer Franz Böhm, der einmal gesagt hatte, ein Unternehmen unterliege nur einer, dafür aber entscheidenden Kontrollgewalt, nämlich der des marktwirtschaftlichen Systems. Ein Unternehmen sei nicht zum Lenken, Beschlussfassen und Regieren da, sondern zum Parieren. Parieren müsse das Unternehmen nur einem: dem Markt. Dessen Wünsche seien zutreffend vorauszuberechnen. Damit hatte Biedenkopf deutlich gesagt, was er von einer wirklichen Mitbestimmung aller Betriebsangehörigen hielt. Lautstark griff er in der Folge Wirtschaftsminister Karl Schiller an, den man »ordnungspolitisch domestizieren« müsse. Schillers konzertierte Aktion – gewissermaßen das damalige »Bündnis für Arbeit« – führe nur zu einer Integration von Interessengruppen und Oligopolen in die politische Entscheidung. Lobbys würden so zu legitimen Entscheidungsfaktoren der Wirtschaftspolitik. Unter Umgehung des Parlaments verzichteten die beteiligten Widerparte auf Kritik, träfen sich in der Mitte und einigten sich auf einen Kompromiss. Aus Biedenkopfs Sicht der Dinge konnten dabei nur faule Kompromisse entstehen. Nicht der Freiheit werde damit gedient, sondern der Wohlstandsförderung – auf Kosten derer, die nicht in Verbänden organisiert oder durch sie ausreichend repräsentiert würden. »Beide Seiten machen ein Geschäft, sie handeln nicht mehr nach einer sachgerechten Überzeugung.«[10]

Zur Kontrolle wirtschaftlicher Macht empfahl Biedenkopf schon damals sehr wohl staatliche Instanzen – ganz im Gegensatz zur Regierung, die mit Ökonomen wie John Kenneth Galbraith (*Die moderne Industriegesellschaft*) wirtschaftliche Konzentration als Mittel zur Leistungssteigerung befürwortete. Ökonomische Großmacht, beharrte dagegen Biedenkopf, könne nur durch die Großmacht Staat kontrolliert werden. Auf der anderen Seite ging ihm die Einmischung des Staates zu weit: Der Staat habe seinen »Zwangsschutz« für die Beschäftigten dort zu beschränken, wo »der einzelne und seine Familie noch in der Lage sind, selbstverantwortlich und individuell Vorsorge zu treffen«. Schon als mit der großen Koalition und dann verstärkt unter Willy Brandts sozialliberaler Regierung der Anteil des Sozialbudgets am Haushalt auf 30 Prozent angewachsen war, sah Biedenkopf eine Grenze überschritten.

Dass mit dem Stabilitätsgesetz von 1967 Wirtschaftswachstum als eines von vier Essentials und als Ziel der Politik festgeschrieben wurde, hält Biedenkopf bis heute für »eine der folgenschwersten politischen Fehlentscheidungen der deutschen Wirtschaftspolitik«. Der Glaube an die Heilkraft des Wachstums habe »pseudoreligiöse Formen angenommen«. Er habe zu einer Ausdehnung der Aktivitäten des Staates geführt, vor allem im Bildungswesen, im Gesundheitswesen, im sozialen Bereich. Die Schulden, die dafür und zur Stützung der Wirtschaft gemacht werden mussten, wurden in Zeiten guter Konjunktur sträflicherweise nicht zurückgezahlt.

Die Frankfurter Rundschau nannte Biedenkopf 1970 »de[n] kommende[n] Karl Schiller der CDU/CSU«. Es ist zweifelhaft, dass ihm dieser Vergleich gefiel. Für den künftigen Wirtschaftsminister hielten ihn allerdings viele, sogar seine Studenten an der Ruhr-Universität. Sie verfolgten Biedenkopfs Weg genau und für sie war die Richtung klar: »Bidi, der nächste WiMi.« Biedenkopf bekannte damals, er sei »leidenschaftlich an Politik interessiert«. Dem Zeit-Redakteur Willi Bongard hatte er schon 1969 gesagt: »Es würde mich durchaus reizen, Wirtschaftsminister zu werden.« Als er wenig später zum Persil-Konzern Henkel wechselte, erkannten viele darin den nächsten Schritt auf dem Weg zu diesem Ziel.

4

Manager bei Henkel:
»Defizit an praktischer Lebenserfahrung«
und politisches Engagement

Die Industrie musste sich für Biedenkopfs Einstellung zur Mitbestimmung interessieren und es ist anzunehmen, dass sie den Leiter der Mitbestimmungskommission auch zu beeinflussen versuchte. Der im April 1999 gestorbene Chef des Henkel-Konzerns, Konrad Henkel, lud Biedenkopf 1968 ein, einen Vortrag vor den Mitgliedern der Führungsebene zu halten. In der Diskussion fragte ihn Henkel nach seiner Sicht der Verantwortung und des unternehmerischen Risikos von Vorstandsmitgliedern großer Unternehmen. Biedenkopf antwortete, das Wagnis eines Handwerksmeisters mit eigenem Betrieb sei größer als das eines Unternehmensvorstandes mit gut dotierten Abfindungsregelungen. Henkel muss an dem damals 38-Jährigen Gefallen gefunden haben. Er und seine Schwester luden Biedenkopf zum Abendessen ein. Es wurde »ein vergnüglicher Abend« und Kurt Biedenkopf schämte sich etwas, weil er die beiden wegen des französischen Weißweins »ein wenig heiterer und aufgeräumter verließ«, als er es seiner Würde als Hochschulrektor und Vorsitzender der Mitbestimmungskommission der Bundesregierung schuldig zu sein glaubte.

Es hat ihm nicht geschadet. Wenig später bat Henkel den Professor um ein Gespräch und dieser ließ den Konzernchef nach Bochum kommen. Im Rektorat fragte Henkel: »Können Sie sich vorstellen noch einmal in einem Unternehmen zu sein?« – »Vorstellen kann ich mir das«, antwortete Biedenkopf, »aber auf absehbare Zeit kann ich das nicht diskutieren.« Biedenkopf, zu dieser Zeit noch Vorsitzender der Mitbestimmungskommission, hätte sonst seine Unabhängigkeit verloren.

Nachdem der Bericht mit den Empfehlungen der Kommission am 21. Januar 1970 dem neuen Bundeskanzler Willy Brandt übergeben worden war, kam Henkel auf sein Angebot zurück. Biedenkopf ließ sich Zeit, befragte seinen Lehrer Helmut Coing (Jurist und von 1955 bis 1957 Rektor der Johann Wolfgang Goethe-Universität Frankfurt), und der riet ihm zu. »Nun sollte ich selbst kennenlernen, worüber ich gearbeitet und Vorlesungen gehalten hatte«, schrieb Biedenkopf mit unfreiwilliger Ironie in *Die neue Sicht der Dinge*. Er erhielt einen Fünfjahresvertrag bei Henkel; seine Aufgabenfelder umfassten Sozial- und Personalfragen, Unternehmensordnung und Betriebsorganisation. »Ob ich das auf Dauer mache, kann man nicht

Abbildung 4
Als Vorsitzender der Mitbestimmungskommission übergibt Biedenkopf am 21. Januar 1970 den Sachverständigenbericht an Bundeskanzler Willy Brandt.
Quelle: Bundesbildstelle Bonn

sagen, das wissen beide Seiten nicht«, erklärte er damals. Er wollte sich einem »Lernzwang« aussetzen, »statt meine Prominenz schon jetzt zu kapitalisieren«.

Dass man ihm damals bei Henkel sagte, ab vierzig falle niemandem mehr etwas ein, hat er bis heute nicht vergessen. Er war zu dieser Zeit vierzig Jahre alt, hatte aber noch eine Menge Pläne. Ihn für die Politik als »verlorenen Sohn« zu sehen sei »kurzfristig gedacht«. Er sagte damals, er wisse noch nicht, welche Funktion er in fünf Jahren übernehmen werde, aber er wolle »darauf vorbereitet sein«.[1] Dem Journalisten Hans Mundorf vom *Handelsblatt* diktierte Biedenkopf seinerzeit in den Block, nach zehn Jahren Wissenschaft und zehn Jahren Wirtschaft könnten sich ja dann zehn Jahre Politik anschließen. Nachdem Mundorf den Satz hatte drucken lassen, dementierte Biedenkopf prompt. Mundorf ärgert noch heute, dass Biedenkopf ihn damals »der Lüge geziehen« habe, weil die Aussage für ihn peinlich geworden sei. Zwar habe es damals noch keine Tonbänder zum Mitschneiden gegeben, »aber ich kann sehr gut stenografieren«.[2]

Biedenkopf war nun ganz oben angelangt, da, wo er immer hinwollte. Mit seiner Ehefrau Sabine und den vier Kindern, damals drei bis vierzehn Jahre alt, zog er in einen Bungalow mit Indoor-Swimmingpool und Blick auf den Rhein in Düsseldorf-Oberkassel. Ein Chauffeur brachte ihn morgens im Mercedes ins Werk und abends wieder nach Hause. Aus der Chefetage konnte er verfolgen, wie seine Partei sich in der Opposition selbst zerfleischte. Die Kritik an der Regierung Brandt hatte keine Substanz und Franz Josef Strauß kraftmeierte gegen die Reformen der sozialliberalen Koalition: »Das WC im Bundeskanzleramt ist noch ein Reformscheißhaus. Willy Brandt führt uns alle in die Scheiße.« Die Union präsentierte sich in fast schon bemitleidenswertem Zustand, unfähig sich zu erneuern oder gar zu modernisieren.

Die CDU/CSU erlebte einen Oppositionsschock und Biedenkopf nach der Arbeit im Elfenbeinturm einen Praxisschock: »In einem großen sozialen Verband verlaufen die Entscheidungsprozesse ganz anders als in einer Universität. Vor allem ist man sehr viel stärker auf emotionale Beeinflussung angewiesen. In der Wissenschaft hat man nicht versucht jemanden persuasiv zu überzeugen, sondern mit Argumenten, und die emotionale Ansprache war gar nicht möglich. Das ist ein fundamentaler Unterschied zwischen sauberer Wissenschaft und der Herbeiführung von emotional begründeten Loyalitäten und Kooperationsbereitschaften. Das war für mich neu. Ich habe anderthalb Jahre gebraucht, um damit zurechtzukommen. Es war eine grundlegende Veränderung.«

Biedenkopf war Antrittsvorlesungen gewohnt, also klopfte er auch bei Henkel erst einmal an die Türen. Der freigestellte Betriebsrat Gottfried Neuen war höchst überrascht, als der neue Chef sich bei ihm ankündigte. Dass sich ein neues Mitglied der Geschäftsführung beim Betriebsrat vorstellt, war damals noch nicht üblich. Aber es kam an. Wichtiger als die paritätische Mitbestimmung, findet Neuen, sei doch »die Frage des Miteinander. Wenn das funktioniert, dann können Sie das nennen, wie Sie wollen.« Mit Biedenkopf hat das Miteinander zwischen Konzernspitze und Arbeitnehmerschaft offenbar funktioniert. Er sei sehr aufgeschlossen gewesen, erinnert sich Neuen, »mit viel Verständnis für die Probleme der Arbeitnehmer«. Aber er habe auch kein Hehl daraus gemacht, dass er die Montanmitbestimmung nicht auf andere Branchen angewandt wissen wollte. Neuen habe zu Biedenkopf einmal gesagt: »›Wer mitbestimmen will, der muss auch mitverantworten.‹ Das hat ihm gefallen.«

Gottfried Neuens damaliger Kollege Hans Vonderhagen, Mitglied der SPD, hält noch heute einen »Henkelmann« mit einer aufgedruckten Biedenkopf-Karikatur in Ehren. Der rheinische CDU-Vorsitzende Heinrich Köppler hatte Biedenkopf in seine Wahlkampfmannschaft geholt, und dieser verteilte schon damals tausende solcher Blechbehälter, in denen die Arbeiter ihr Mittagessen mit in die Fabrik nahmen – mit seinem Konterfei drauf, die Pfeife im Mundwinkel. Vonderhagen hatte sich Biedenkopfs Rede angehört, konnte aber keinen Henkelmann ergattern. Also fragte er bei dem Manager nach und konnte sich wenig später »oben«, in Biedenkopfs Büro im Erdgeschoss, ein Exemplar abholen. Beide, Neuen und Vonderhagen, sagen heute: »Wir haben bedauert, als er weggegangen ist.«

Die Zeit bei Henkel gehörte zu Biedenkopfs »wichtigsten, aber schwierigsten Abschnitten meines Lebens«. Er habe nicht ermessen können, wie groß sein »Defizit an praktischer Lebenserfahrung wirklich war«. Profitiert hat Biedenkopf von diesen 18 Monaten mit und im Unternehmen von Konrad Henkel stark: Dankbar schrieb er 1985, er habe eine »innere Unabhängigkeit« gewonnen, »ohne die ich es in der Politik nicht aushalten und ohne die ich auch politisch nichts bewirken und erreichen könnte«. Diese Unabhängigkeit erlaube es ihm, »für die Politik zu leben und nicht von der Politik«.

Schon während seiner Tätigkeit im Henkel-Konzern war Biedenkopf politisch aktiv. Ein Amt strebte er zwar nicht an, aber er knüpfte Kontakte, die ihn schließlich schneller als geplant in die Politik bringen sollten – und zwar gleich ganz nach oben.

Die Entscheidung soll am 25. Juni 1969 gefallen sein. Bundeskanzler Kurt Georg Kiesinger feierte mit 800 Gästen im Palais Schaumburg eine Party. Man trug gestärkte Hemden, Smoking und Orden, die Damen Abendkleider. Die Bundeswehrband spielte »Strangers in the night«, als sich zwei Männer in eine ruhige Ecke im Park zurückzogen: Kurt Biedenkopf war der eine, der andere Hanns-Martin Schleyer, Vorstandsmitglied bei Daimler-Benz und Vizepräsident der Bundesvereinigung der Deutschen Arbeitgeberverbände (BDA). Als sie ihr Gespräch beendet hatten, stand fest: Biedenkopf würde seine Karriere an der Hochschule beenden und in Wirtschaft und Politik wechseln. So jedenfalls erzählte es Biedenkopf einem *Weltbild*-Journalisten, gut drei Jahre nachdem sein Freund »Ham« – so nannte er ihn – von der RAF ermordet worden war.

Biedenkopf und Schleyer kannten sich seit 1960. Damals arbeitete der Wirtschaftsjurist an seiner Habilitationsschrift über »die Grenzen der Tarifautonomie« und suchte Schleyer auf, der zu dieser Zeit die Tarifkommission der Metallarbeitgeber leitete. Von da an trafen sich die beiden immer wieder, auch privat. »Das Wichtigste an einer Freundschaft ist«, sagt Biedenkopf, »dass man sich aufeinander verlassen kann. Die Treue müssen sich Freunde halten, das verbindet wirklich.« Schleyer und Biedenkopf verstanden sich offenbar gut und Biedenkopf hat in den folgenden Jahren bis zu Schleyers Ermordung »keine für mich wichtige Entscheidung getroffen, ohne vorher den Rat meines Freundes Ham einzuholen«.[3]

Schleyer sorgte nun dafür, dass der Wissenschaftler mit einem aufstrebenden Politiker zusammentraf, einem »jungen Wilden« in der damaligen CDU: »Es gab seit 1969 eine von Hanns-Martin Schleyer initiierte Arbeitsgruppe, die sich in unregelmäßigen Abständen im Weinkeller der rheinland-pfälzischen Staatskanzlei mit Helmut Kohl getroffen hat. Weshalb wurde er dorthin eingeladen? »Weil manche der Meinung waren, dass es einem 39-jährigen Ministerpräsidenten vielleicht hilfreich sein könnte, wenn er ab und zu mal einen Rat bekommt.« Eine ähnliche Gruppe mit Biedenkopfs Beteiligung hatte es schon gegeben, als Franz Josef Strauß Finanzminister war. Die Leitung dieses Kreises lag bei Hermann Josef Abs, der seit 1937 dem Vorstand der Deutschen Bank angehörte. Zur Schleyer-Gruppe gehörte auch Richard von Weizsäcker. Sie habe, will Biedenkopf glauben machen, »keine große Bedeutung gehabt«. Zumindest aus einem Grund war sie für ihn jedoch durchaus bedeutend: »Das war meine erste Verbindung zu Helmut Kohl.«

Zwar war Biedenkopf seit 1965 Mitglied der CDU. Aber er hatte bis dahin nicht den Anschein erweckt, dass er in der Partei etwas werden wollte. Man könnte es auch so sehen: Biedenkopf wartete, bis er gerufen wurde – wie er es auch in der Zukunft tat. 1970 war es Heinrich Köppler, der Spitzenkandidat der CDU in Nordrhein-Westfalen, der den Professor für Wirtschaftsrecht in seine Führungsmannschaft für die Landtagswahl holte. Ein Jahr später wurde Biedenkopf Mitglied der von Richard von Weizsäcker geleiteten Grundsatzkommission der Partei. Im Januar 1971, auf dem Düsseldorfer Parteitag, fiel er erstmals durch einen Beitrag auf. Das Thema, in dem er nun wirklich Experte war, gehörte zu den umstrittensten in der Union: die Mitbestimmung.

In der CDU/CSU war ein heftiger Streit darüber entbrannt, wie weit die Mitbestimmung gehen sollte. Die Landesverbände Hamburg und Saarland wollten 1970 die paritätische Mitbestimmung; Bayern, Bremen, Hessen, Niedersachsen und Westfalen-Lippe sprachen sich gegen die Parität aus. Rheinland-Pfalz favorisierte, unterstützt von Schleswig-Holstein und Baden-Württemberg, auf dem Deutschlandtag der Union in Braunschweig (25.-27. September 1970) ein Modell, das Kurt Biedenkopf vorgelegt hatte, einen Kompromiss. Danach sollten im Aufsichtsrat sechs Mitglieder die Anteilseigner, vier die Arbeitnehmer vertreten, dazu zwei aus dem Kreis der leitenden Angestellten gewählt werden.

Schon als Vorsitzender der nach ihm benannten Kommission hatte Biedenkopf eine klare Sprache gesprochen, vor Managern fasste er seine Position im Juli 1971 zusammen: Die Mitbestimmung war für ihn nie geeignet wirtschaftliche Macht zu kontrollieren. Er bedauerte die »Autoritätskritik der gegenwärtigen Demokratiediskussion«, die für ihn auch nicht ein Ausdruck dafür war, dass Führung nicht mehr zeitgemäß sei. Er bewertete diese Diskussion vielmehr als »Symptom fehlender Einsicht in die Notwendigkeit von Führung«. Abschließend sagte er damals: »Der Versuchung, die Eindeutigkeit der Verantwortung durch ›Demokratisierung‹ der Unternehmensführung zu relativieren, muß begegnet werden.«[4]

Helmut Kohl war zu dieser Zeit Ministerpräsident in Rheinland-Pfalz und Mitglied des Vorstandes der CDU. Und er strebte den Parteivorsitz an. Zu diesem Zweck erarbeitete Kohl ein Parteiprogramm, das sich vom alten Berliner Programm erheblich unterschied. Kohl wollte aus der CDU eine »moderne Volkspartei« machen und Kurt Biedenkopf gehörte zu seinem umfangreichen Beraterkreis. Offenbar war Kohl damit der Partei um mehrere Schritte voraus und Biedenkopf gewann den Eindruck, dass da einer kam, der wirklich etwas zum Besseren verändern wollte. Biedenkopf und Kohl arbeiteten zusammen, um die Macht in der CDU zu übernehmen. Im September 1971 benutzte Biedenkopf erstmals ein Mittel der Auseinandersetzung, das er in der Zukunft immer wieder gebrauchen sollte: Er verfasste ein Memorandum. Es war gegen den Parteivorsitzenden Rainer Barzel gerichtet. Biedenkopf nannte darin die Vereinigung von Partei- und Fraktionsvorsitz sowie Kanzlerkandidatur »problematisch, um nicht zu sagen unzulässig«. Die CDU verliere Reformkraft, wenn der Parteichef in seiner Funktion als Fraktionsvorsitzender beider Unionsschwestern im Bundestag Rücksicht auf die CSU nehmen müsse.

Auf dem Saarbrücker Parteitag (am 4. und 5. Oktober 1971) trat Biedenkopf ans Mikrofon und sagte deutlich wie kein anderer, was den alten Vorsitzenden Rainer Barzel von Helmut Kohl unterscheide: Barzel wolle sich mit dem Parteiamt auch die Kanzlerkandidatur sichern, damit sei für ihn die Partei lediglich ein Kanzlerwahlverein zur Wiedereroberung der Kanzlerschaft. Kohl dagegen wolle »eine in der Zukunft schlagkräftige Organisation« schaffen.

Der aufstrebende Landespolitiker aus Rheinland-Pfalz vertrat darüber hinaus auch in der Mitbestimmungsfrage ein Modell Kurt Biedenkopfs. Die Montanmitbestimmung – Eigentümer und Arbeitnehmer sind mit je fünf Vertretern im Aufsichtsrat paritätisch vertreten, hinzu kommt ein neutraler Vorsitzender – galt beiden nicht als Modell, das auf die gesamte Wirtschaft übertragen werden sollte.

Aber die Arbeitnehmer sollten bei Personalentscheidungen und in sozialen Fragen des Betriebs beteiligt werden. Einfluss auf Investitionsentscheidungen wollte den Arbeitnehmern – oder ihren Vertretern – dagegen niemand zugestehen. Die meisten aber wollten nicht einmal so weit gehen wie Kohl und Biedenkopf: Franz Josef Strauß erklärte dem Parteitag in einem längeren Grußwort, man solle sich »vor dem Aberglauben hüten, daß man mit Programmen Wähler gewinnt«. Das sah offenbar auch die Mehrheit im Vorstand so und Kurt Biedenkopf erlebte bei der Abstimmung eine Überraschung: Er musste mit ansehen, wie sich Helmut Kohl zu einem Kompromissvorschlag Alfred Dreggers bekannte, der mit Parität nichts mehr und mit Biedenkopfs Modell nur noch wenig zu tun hatte, sondern den Anteilseignern eine offen erkennbare Mehrheit von 7:5 sicherte. Biedenkopf erkannte zum ersten Mal, wie wankelmütig Helmut Kohl war. Dem Journalisten Klaus Dreher, der für eine Kanzlerbiografie recherchierte, sagte Biedenkopf, Kohl habe vermutlich bei der Mehrheit sein wollen.

Helmut Kohl nutzte sein Opportunismus einstweilen nichts. Die CDU entschied sich fürs wenig Bewährte, aber Vertraute. 344 Delegierte des Parteitags wählten Barzel zum Vorsitzenden. Kohl kam nur auf 174 Stimmen. Biedenkopf hatte für Helmut Kohl votiert und, so berichtet er lächelnd, »da hat man mir prophezeit, das wäre das Ende meiner politischen Karriere«.

Nach Barzels Niederlage gegen Willy Brandt bei den vorgezogenen Bundestagswahlen am 19. November 1972 durfte Kohl wieder hoffen. Er hatte allen Grund dazu, denn auch die Großindustrie unterstützte die Ambitionen von Franz Josef Strauß auf das höchste Regierungsamt nicht mehr – nicht etwa wegen mangelnder Qualitäten, die nicht nur Strauß-Fan Schleyer ihm weiterhin zubilligte, sondern weil Strauß seiner bis dahin unklaren Vergangenheit im Dritten Reich wegen als Kanzler »zu angreifbar« gewesen wäre. Bernt Engelmann zitierte in seinem Buch *Großes Verdienstkreuz mit*

Stern Hanns-Martin Schleyer, der ihm 1975 sagte: »Wir setzen auf das Tandem Kohl/Biedenkopf.«

»Wir« – das waren die Spitzenvertreter der deutschen Wirtschaft. Zu denen gehörte damals auch der schon erwähnte Fritz Karl Ries, den Kurt Biedenkopf schon als Junge kennen gelernt und dessen Tochter er damals das Puppenhaus repariert hatte. Biedenkopf stieß zu dem Kreis, »weil der Hanns-Martin Schleyer Helmut Kohl gut kannte und ein Corpsbruder von Fritz Ries war«, wie Biedenkopf die persönlichen Beziehungen beschreibt.[5] »Und Fritz Ries war ein Förderer von Helmut Kohl.«

Bernt Engelmann hat die Geschichte von Fritz Ries recherchiert. Er sei ein »branchenbeherrschender Präservativ-Hersteller« gewesen und galt während des Krieges in Polen als »Arisierungs-König«. Engelmann schrieb, Ries sei »in weniger als zwölf Jahren vom Habenichts zum Multimillionär aufgestiegen«. Ebenso wie Schleyer hatte Ries der SS angehört und war Mitglied der schlagenden Verbindung Suevia, der Heidelberger Schwaben, die zum Kösener Senioren-Convents-Verband gehörten. Sein »Fux« war der acht Jahre jüngere Hanns-Martin Schleyer.

Gleich nach dem Kriege, so Engelmann, sei Ries mit einem Koffer voller Bargeld und Schmuck auf der Nordseeinsel Borkum aufgetaucht und habe »Köhlers Strandhotel« gekauft. Wenig später gehörten ihm die Pegulan-Werke. An deren Tochterfirma, der Dyna-Plastik in Bergisch Gladbach, hielt Marianne Strauß, die Frau des CSU-Vorsitzenden, einen Anteil von 16 Prozent. Beteiligt war außerdem Ingrid Kuhbier, die Tochter Ries' aus erster Ehe, die der junge Biedenkopf damals so verehrt hatte. Im Beirat saß Biedenkopfs Vater. Hanns-Martin Schleyer war stellvertretender Aufsichtsratsvorsitzender des Pegulan-Konzerns. 1972 bekam er den Stern zum Großen Bundesverdienstkreuz von Helmut Kohl persönlich überreicht, »in Anerkennung seiner unternehmerischen Leistung und seines Engagements für die Gesellschaft«.

Die Gesellschaft, auf die Engelmanns publizistischer Angriff zielte, traf sich damals gern auf Schloss Pichlarn, der »Perle der Steiermark«. Dieses Schloss gehörte ebenfalls Fritz Ries. Schloss, Jagdrevier, Golfplatz – dorthin lud er illustre Gäste ein: Unionspolitiker wie Strauß und Richard Stücklen, Alfred Dregger und Friedrich Zimmermann, Männer aus der Wirtschaft wie Hanns-Martin Schleyer, aber auch einige FDP-Abgeordnete, die für eine Koalition mit der Union abgeworben werden sollten. Schleyer war nicht der Einzige in dieser Runde, der eine nationalsozialistische Vergangenheit aufwies, wie Bernt Engelmann enthüllte. Ries, so schrieb Engelmann in *Großes Verdienstkreuz mit Stern*, habe »auf unverfängliche Weise einige Hauptakteure der geplanten ›Wende‹ sich und seiner Familie ›verpflichtet‹«. Zum Beispiel Helmut Kohl. »Wenn ich den nachts um drei anrufe, muss er springen«, sagte Ries über den damaligen Ministerpräsidenten von Rheinland-Pfalz. Der umtriebige Unternehmer hat Kohl offenbar finanziell gefördert. Als sein Konzern 1975/76 kriselte, half ihm seinerseits eine Bürgschaft des Landes Rheinland-Pfalz über die Runden. 1977 nahm sich Ries das Leben.

Einer, der damals ebenfalls zur Familie stieß, war Kurt Biedenkopf, der junge Henkel-Manager und nachmalige Generalsekretär der CDU. Geworben hatte ihn Schleyer. Dem künftigen Kanzler Kohl sollte ein Denker zur Seite gestellt werden, so formulierte es einer der Hauptbeteiligten gegenüber Bernt Engelmann, ein »›Intelligenzbolzen‹, der Kohls erkennbares intellektuelles Defizit ausgleichen und in Wahrheit ›die Richtlinien der Politik‹ bestimmen sollte«. Das war zwar eine Fehleinschätzung in Bezug auf die etwas anders geartete, aber durchaus vorhandene Intelligenz Kohls, aber gemeinsam, so planten es die Industriekapitäne, sollten die beiden Hoffnungsträger die sozialliberale Koalition ablösen.

Kurt Biedenkopf zieht die Mundwinkel nach unten und erklärt: »Ich habe mich mit Herrn Engelmann nie auseinander gesetzt. Ich weiß, dass Hanns-Martin Schleyer da beschuldigt wurde, dass mein Schwiegervater aus der zweiten Ehe beschuldigt wurde, aber ich habe mich nie mit dem auseinander gesetzt. Ich fand das alles ziemlich primitiv. Engelmann hat eine in meinen Augen schon fast pervertierte Denkweise an den Tag gelegt. Der glaubte, alles was mit Industrie zusammenhing, sei spätnazistisch und deshalb böse. Das konnte ich nicht nachvollziehen. Es liefen ja viele solche Leute herum. Der Engelmann hat damit viel Geld verdient, andere nicht.« Von einer Entscheidung der Industrie, auf das Tandem Kohl/Biedenkopf zu setzen, habe er nichts gewusst. Immerhin aber sei das ja »eine vernünftige Entscheidung gewesen«.

Im Februar 1973, zwei Monate vor Barzels Rückzug, fragte der »schwarze Riese« Biedenkopf bei Kaffee und Kuchen in einem Koblenzer Café, ob er unter ihm als Vorsitzendem Generalsekretär der CDU werden wolle. Biedenkopf fand die Aufgabe verlockend, aber nach nur zwei Jahren »Lehrzeit« bei Henkel erschien ihm der Wechsel verfrüht. Es war Wilhelm Schulte zur Hausen, sein »väterlicher Freund«, der meinte, einer solchen Berufung dürfe man sich nicht entziehen – und zwar ausdrücklich auch wegen der politischen Lage und der Situation der Partei. Biedenkopf gab denn auch als Grund seiner Zusage den »Zustand der Partei« an. Die brauchte Erneuerung und Helmut Kohl träumte nicht nur von einem »Land aus der Retorte«, sondern hatte versprochen, die CDU »neu erfinden« zu wollen. Biedenkopf schien ihm geeignet dazu beizutragen: Er galt als hervorragender Analytiker und Wissenschaftler und hatte an der Hochschule und im Wirtschaftsmanagement Erfahrungen als Organisator gesammelt. Dass ihm Kenntnisse im innerparteilichen Machtkampf fehlten, betrachtete Kohl nicht als Hindernis. Wichtiger war: Der Kandidat teilte Kohls Ansicht, Partei- und Fraktionsvorsitz müssten getrennt werden – zumindest vertrat Kohl seinerzeit diese Meinung.

Zwei Tage nach seiner Unterredung mit Kohl beichtete Biedenkopf bei Konrad Henkel, der gar nicht anders konnte, als ihn freizugeben. Henkel habe ihm zugehört und auf Englisch gesagt: »This is a call to public duty, das müssen Sie machen.« Später äußerte der Konzernchef einmal, Biedenkopf sei »der teuerste Lehrling (gewesen), den das Haus Henkel je hatte«. Aber er blieb ihm verbunden, wie Biedenkopf 1985 stolz bemerkte: »Heute gehört das Unternehmen zu den Mandanten meiner Anwaltskanzlei.« Er wäre damals allerdings nicht gegangen, »wenn Konrad Henkel mich nicht dazu ermutigt hätte. Ich war sehr unsicher, ob ich das Angebot von Helmut Kohl annehmen soll, und habe ihn auch ziemlich lange warten lassen. Im April habe ich dann gesagt, ich mache das.«

II

Ein Politiker
auf der Achterbahn

I

Generalsekretär:

»Solche Entscheidungen bereut man nicht,
mit denen wird man fertig«

Kurt Biedenkopf war noch nicht zum Generalsekretär gewählt worden, als er sich dem Amt schon gewachsen zeigte. In der *Wirtschaftswoche* feuerte er eine Breitseite gegen die SPD ab, in der er eine »Volksfront« erkannt haben wollte. Peter Glotz entgegnete im *Vorwärts*, Biedenkopfs Analyse der SPD sei »intellektueller ›Bayernkurier‹«; wenn das die neue Linie Kohls signalisiere, habe sich Kohl an Strauß und Dregger verkauft. Zudem hatte Biedenkopf Horst Ehmke falsch zitiert und Glotz nannte dies ironisch »eine beachtliche Leistung an intellektueller Redlichkeit«. Aber was hatte Biedenkopf der SPD vorzuwerfen? Zwei in Programm und Prinzip unterschiedliche Gruppen sah er bei den Sozialdemokraten agieren: eine sozialistische und eine marxistische. Insgesamt tendiere diese »Volksfrontkoalition« zur »kollektivistischen Wirtschaft und zum totalen Staat«. Die Befürworter einer marktwirtschaftlichen Ordnung sah er in der SPD in der Minderheit. Als Ordnungspolitiker und Ökonom, der zum Wohle der Allgemeinheit den dritten Weg gefunden zu haben glaubte, konnte Biedenkopf da nur den Kopf schütteln. »Nur wer mit der marktwirtschaftlichen Ordnung nicht umzugehen versteht, weil er sie nicht versteht – oder weil sie ihm nicht die gewünschten Marktchancen vermittelt –, wird verlangen, sie selbst ›überwinden‹ zu müssen, um ihre Mängel zu beseitigen.«[1]

Da machte einer unmissverständlich klar, dass es mit ihm keine Annäherung zwischen den großen Volksparteien mehr geben würde, sondern dass er die Auseinandersetzung mit der SPD suchte. Dem Parteichef in spe gefiel das. Damals, kurz vor seiner Wahl zum Bundesvorsitzenden, pflegte Kohl noch Sätze zu sagen wie diesen: »Das Wechselverhältnis zwischen Intellektuellen und Politikern ist auf Spannung angelegt. Diese Spannung fruchtbar zu machen ist sinnvoller, als sie übersehen und abbauen zu wollen.« Kohl wollte damals, dass CDU und Intellektuelle beitrügen zu einer »realen Utopie« – gemeint war die Utopie einer »kritischen, offenen Gesellschaft, einer aktiven Demokratie« –, und er plädierte für einen »produktiven Konflikt«.[2]

Den Konflikt mit seinem intellektuellen Generalsekretär hatte er unerwartet schnell. Schon auf dem Parteitag in der Bonner Beethovenhalle am 11. und 12. Juni 1973 zogen erste Wolken auf. Helmut Kohl hatte seinen designierten Generalsekretär am Vorabend gebeten sein Redemanuskript noch einmal gegenzulesen. Als Biedenkopf die ersten zehn Seiten überflogen hatte, griff er sich an den Kopf: Das waren nicht die Vorstellungen, die er mit einem Neuanfang verband. Dem Kohl-Biografen Karl Hugo Pruys sagte er später, dass er in diesem Moment »am liebsten auf seine Kandidatur verzichtet hätte, wenn ich die Rede nur etwas eher als einen halben Tag zuvor im Weinkeller der Mainzer Staatskanzlei hätte durchsehen können«. Für einen Rückzieher war es aber zu spät. Kohl erhielt bei der Wahl des Parteivorsitzenden 520 von 600 Stimmen, zu Stellvertretern wurden der vormalige Krupp-Direktor Gerhard Stoltenberg, Heinrich Köppler, Hans Filbinger, Hans Katzer und Helga Wex gewählt. Biedenkopf bekam bei der Wahl zum Generalsekretär neun Jastimmen mehr als Kohl. Als »Sekretär« konnte sich der »kleine Professor«, wie ihn Kohl nannte, wohl auch deshalb nie verstehen.

Immerhin war Kohl damals beweglich genug, um zu erkennen, dass es »nicht damit getan (ist), einige Köpfe auszuwechseln und in

Abbildung 5
Der 21. Parteitag der CDU am 12. Juni 1973 wählt Helmut Kohl zum Parteichef.
Biedenkopf wird Generalsekretär. Links Ludwig Erhard.
Quelle: Bundesbildstelle Bonn

der Partei ansonsten alles beim alten zu lassen. Wer so denkt, täuscht sich über die wirkliche Lage der CDU in Deutschland hinweg.« Ein paar Köpfe im eben bezogenen Konrad-Adenauer-Haus, der Parteizentrale in der Friedrich-Ebert-Allee, wurden natürlich ausgetauscht. Kurt Biedenkopf seinerseits hatte sich längst darum gekümmert »zu vermeiden, daß Herr Dr. Barzel zu einem sozialen Fall wird«, wie er am 10. Mai 1973 an Kohl schrieb. Eine Kopie dieses Briefes fanden Staatsanwälte später in den Akten des Flick-Konzerns und so kam elf Jahre nach dem Parteitag heraus, wie Biedenkopf dafür gesorgt hat, dass Kohls Vorgänger nicht verarmte. Die Fraktionskasse zahlte ihm zwei Jahre lang die Hälfte der bisherigen Diäten. Außerdem sorgte ein Vertrag mit der Anwaltskanzlei Albert Paul dafür, dass Barzel jährlich 250000 Mark plus Mehrwertsteuer erhielt. Das Geld kam von Flick. 1,6 Millionen Mark empfing Barzel insgesamt. Nach Kohls Wahl zum Bundeskanzler im Oktober 1982 wurde der ungeliebte Vorgänger zunächst Minister, dann Bundestagspräsident.[3]

Nachdem Biedenkopf zum Generalsekretär der CDU gewählt worden war, beschäftigten sich die Medien mit dem Newcomer. Der *Spiegel* attestierte ihm »elitäre Arroganz«.[4] Die konservative Presse urteilte bemühter: »Wer mag, kann Biedenkopf als Konservativen hinstellen«, so Friedrich Graf von Westphalen im *Rheinischen Merkur*. »Wer es tut, sollte sich jedoch erinnern, das Wort in seiner nobelsten, zeitgemäßen Bedeutung zu verwenden: Neuen Ideen immer aufgeschlossen, sachlich richtigen und intellektuell bestechenden Argumenten stets offen, dennoch unverbrüchlich den Werten der christlich-humanistischen Tradition verhaftet.« Die *Zeit* stellte fest, dass Kohl und Biedenkopf im selben Jahr geboren worden waren, beide in Ludwigshafen, und dass beide als Katholiken eine evangelische Frau aus Sachsen geheiratet hätten. Das Wichtigste aber sei, entgegnete Biedenkopf selbst, »daß wir dieselbe Wellenlänge haben«. Die *Zeit* zeigte sich zuversichtlich: »Probleme dürften sich kaum im Verhältnis zu seinem Ziehvater Helmut Kohl ergeben.«

Auch als Generalsekretär blieb Biedenkopf in Düsseldorf wohnen. Sein Fahrer Rudolf Woidtke chauffierte ihn im selben Dienstwagen wie zuvor zu Henkel – nun eben ins Büro nach Bonn. Als der frisch gewählte Generalsekretär an seinem ersten Tag die Chefetage des Konrad-Adenauer-Hauses betrat, sah er die Flecken auf dem Teppich. »Da muß Henkel mal ran«, sagte er, dem ein ausgeprägtes Ordnungs- und Sauberkeitsbedürfnis attestiert wird. Biedenkopf brachte das Haus und die Partei auf Vordermann. Bald hingen Grafiken von Vasarély an der Wand, auf dem Schreibtisch stand neben einem Familienfoto ein Bild seines Vaters. Seine Frau Sabine und die vier Kinder, damals zwischen sechs und siebzehn Jahre alt, sahen ihn allerdings immer seltener. Der *Wirtschaftswoche* sagte Sabine Biedenkopf damals:»Ich sehe in der Hausarbeit und in der Erziehung der Kinder eine lohnende Aufgabe.«[5] Diese Aufgabenteilung war für Kurt Biedenkopf in Ordnung und entsprach seiner Idealvorstellung von einer Familie. Wenn er auf seinem Autotelefon die »1« drückte, klingelte es zu Hause. Unter »2« war das Büro gespeichert, unter »3« Helmut Kohls Nummer.

Kurt Biedenkopf schien der richtige Mann neben Kohl zu sein, der wenige Tage nach seiner Wahl zum Parteichef deutlich machte, dass er sich auch als Kanzlerkandidaten sah. Biedenkopf wollte der führungs- und programmlosen Partei wieder Ziele und Grundsätze geben, eine Art Geländer, an dem sich die Mitglieder auf dem Weg hinauf in Richtung Regierungsübernahme orientieren und festhalten konnte. Auch Biedenkopfs Handschrift als Organisator der Partei war schnell zu spüren. Um den Muff von mehr als zwanzig Jahren aus der Partei herauszublasen, gab er der Bundesgeschäftsstelle eine neue Struktur. Die Zahl der Hauptabteilungen verringerte er auf drei: Die für Verwaltung, Personal und Organisation übernahm Günter Meyer, die zweite für Politik, Dokumentation und Information leitete Dorothee Wilms, die Abteilung III (Presse- und Öffentlichkeitsarbeit) betreute Peter Radunski, der gelegentlich durch skurrile Ideen auffiel. Aber schließlich sollte die Abteilung III nun einmal für ein neues Image sorgen. In erster Linie sollte sie freilich der CDU bei vernachlässigten Themen wieder Kompetenz in den Augen der Wähler verschaffen. »Begriffe besetzen« hieß das damals. Biedenkopf hatte schon vor dem späteren Kohl-Berater und -Redenschreiber Michael Stürmer erkannt:»Sprache ist zu einem wichtigen strategischen Mittel geworden.« Direkt dem Generalsekretär unterstellt, leitete Warnfried Dettling die Planungsgruppe, die langfristige Konzepte entwickeln sollte.

Zum Chefstrategen machte Biedenkopf bald seinen neun Jahre jüngeren früheren Kommilitonen und Kollegen Meinhard Miegel, mit dem der Generalsekretär in Frankfurt und an der Georgetown University studiert hatte. Miegel war von 1970 bis 1971 Syndikusanwalt der Firma Henkel in Düsseldorf mit Schwerpunkt in Wirtschafts- und Kartellrecht gewesen, dann von 1971 bis 1973 Assistent der zentralen Geschäftsführung. Die zunächst zur Leiterin der politischen Abteilung berufene Dorothee Wilms schob Biedenkopf auf den Posten einer Bundesgeschäftsführerin ohne Geschäftsbereich ab. Aber auch die unteren Parteigremien sollten motiviert werden: Sie erhielten Schulungen in Spenden- und Mitgliederwerbung, für Diskussionen auf der Straße; die Partei zeigte ihnen, wie man Initiativen, etwa soziale Dienste in der Nachbarschaft, organisiert, und sogar, wie man kritisch fernsieht. Mitglieder und Stammwähler sollten nicht nur passiv wählen, sondern sich auf der Straße aktiv zur CDU bekennen und damit »die Gegenseite von der Bildfläche« vertreiben.

Bis hinunter zu den Kreisverbänden organisierte Biedenkopf die Partei um, vom Kanzlerwahlverein zur »Firma CDU«, wie er es nannte. Den Landesverbänden machte er klar, wie wichtig es sei, auf eine einheitliche Stimme zu achten, und wem diese Stimme gehören sollte, war eindeutig: dem Generalsekretär. »Das Konrad-Adenauer-Haus in Bonn ist der Platz, von dem aus die Partei geführt wird«, erklärte er. »Aber es muss zugleich Drehscheibe und Knotenpunkt der innerparteilichen Diskussion werden und damit die integrierende Kraft entfalten, ohne die eine große Volkspartei nicht lebensfähig ist.« Von hier aus wollte Biedenkopf aber auch offensiv Themen besetzen und den politischen Gegner damit in die Defensive drängen. Die SPD sollte sich wundern. Wulf Schönbohm umschrieb das in seiner Dissertation so: »Mit Kohl und Biedenkopf begann die ›eigentliche‹ Oppositionszeit der CDU.«

Doch bereits nach wenigen Monaten bekam das Verhältnis zwischen Kohl und Biedenkopf einen Knacks. Schon seit Wochen wurde in der Partei über Biedenkopfs leicht modifizierten Vorschlag zur Mitbestimmung diskutiert: Danach sollten Anteilseigner und Arbeitnehmer je sechs Vertreter in den Aufsichtsrat schicken, wobei einer der Angestelltenvertreter aus der Gruppe der leitenden Angestellten kommen und einer die Vermögensinteressen der Arbeitnehmer repräsentieren sollte. Bei der Vorstandswahl sollen die Eigentümer das Sagen haben. Dieser Vorschlag ging weit genug, damit die CDU in der umstrittenen Mitbestimmungsfrage nicht endgültig den Anschluss verlor, erhielt den Eigentümern aber noch immer ihre Machtbasis. Der Partei schien damit ein tragfähiger Kompromiss vorzuliegen und der FDP wurde signalisiert, dass auch ihre Vorstellungen in diesen Kompromiss eingebunden waren. Am Vorabend des Hamburger Parteitags diskutierte das CDU-Präsidium den Entwurf, den der Vorstand bereits akzeptiert hatte.

Die beiden Landesverbände aus Nordrhein-Westfalen verlangten allerdings die volle paritätische Mitbestimmung. Damit stellten sich die beiden größten Landesverbände gegen den Bundesvorstand. Und auch der Wirtschaftsrat der Union trat gegen den Kompromiss auf: Ihm gingen freilich Biedenkopfs Vorschläge schon viel zu weit. Dem Wirtschaftsrat galt die Mitbestimmung, selbst nach Biedenkopfs Modell, als »demokratischer Sozialismus«; der Vorschlag öffne die »Tür zur paritätischen Mitbestimmung« und zur »marxistischen Prämisse« von der Gleichheit von Kapital und Arbeit.

In dieser verfahrenen Situation hielten manche es für denkbar, dass die CDU über der Mitbestimmungsfrage zerbrechen würde. Ein Scheitern des Hamburger Parteitags hätte auch das Scheitern von Helmut Kohl bedeutet. Gerhard Stoltenberg bemühte sich um Vermittlung. Er schlug einen weiteren Kompromiss vor und Kohl schien in dieser wichtigen und umstrittenen Frage abermals zu wanken. Biedenkopf unterbrach daraufhin die Sitzung und zog sich mit Kohl ins Nebenzimmer zurück. Es wurde ein langes Gespräch unter vier Augen, in dem Biedenkopf seinem Vorsitzenden sagte, wenn dieser sich auf einen Kompromiss einlasse, werde er zurücktreten. »Das war eine Situation«, rekapituliert der Ex-Generalsekretär, »wo eine für Helmut Kohl sehr wichtige Frage, nämlich der Erfolg des Hamburger Parteitags, von der Richtigkeit meiner Entscheidung abhing.« Solche Situationen, in denen nicht er, sondern andere für ihn selbst wesentliche Entscheidungen trafen, hatte Kohl bis dahin und hat er auch später immer vermieden. Kurt Biedenkopf glaubt, dieses Gespräch habe zu einer Veränderung des Verhältnisses im Tandem geführt. »Ich kann das auch verstehen, wenn jemand den Willen hat, zu gestalten und die dafür notwendige Macht zu erringen, dann kann er den Erfolg dieses Weges nicht von Dritten abhängig machen.«

Allerdings gab es auch einen grundlegenden Unterschied: »Unser Verhältnis war immer ein schwieriges, weil wir völlig verschieden denken. Helmut Kohl denkt sehr stark in Machtstrukturen, und zwar personalisiert«, analysiert Biedenkopf. »Das kann ich nicht. Ich denke ganz anders. Für mich war eine Partei nie eine Heimat, sondern eine Organisation mit dem Ziel, Menschen handlungsfähig zu machen, die im gleichen Sinne politisch auf das Gemeinwesen einwirken wollen und auf seine Gestaltung. Ich habe aber nie eine tiefe sentimentale oder emotionale Bindung zur Partei gehabt. Ich fühle mich wohl in meiner Partei, aber in einer nüchterneren emotionalen Bindung. Wobei ich Helmut Kohl manchmal im Verdacht hatte, dass die Sache mit der Heimat nicht so weit her war, sondern dass es für ihn ein Sockel war, ein Fundament, auf dem er seine eigene politische Vorstellung aufbaute, eine Machtbasis.«

Im Dezember 1973 hatte Helmut Kohl wieder Grund, sich über seinen Generalsekretär zu ärgern. Allerdings konnte dieser nichts dafür, dass seine Rede vor der Katholischen Akademie in München so viel Beachtung fand. Biedenkopf sprach im Anschluss an Kohls Rede und machte mit seiner geschliffenen Argumentation unfreiwillig die intellektuellen Grenzen des Vorsitzenden deutlich. Schon damals handelten viele Biedenkopf als den kommenden Mann in der CDU, als denjenigen, der Kohl nach einer Wahlniederlage im Jahr 1976 beerben werde. Die Presse merkte süffisant an, dass in Biedenkopfs Arbeitszimmer im zehnten Stock des Konrad-Adenauer-Hauses ein Stehpult stehe. Wenn Biedenkopf daran arbeitete, fiel sein Blick auf das Palais Schaumburg, die Schaltzentrale der Regierung.

In der Katholischen Akademie hatte er nun seinen Vorsitzenden ausgestochen. Marion Gräfin Dönhoff tat Kohls Beitrag zu der Veranstaltung in der *Zeit* mit einem Nebensatz ab, der Rest ihrer Ausführungen galt Biedenkopf. Die *Süddeutsche Zeitung* nannte Kohls Beitrag »nur mäßig erhellend«, Biedenkopfs Referat dagegen den »einsamen, fast sensationellen Höhepunkt des Tages«. Kohls Berater sollen dem CDU-Vorsitzenden im Anschluss nahe gelegt haben nicht mehr gemeinsam mit dem Professor aufzutreten. Biedenkopf bestreitet das heute allerdings.

In seiner Rede befasste sich der CDU-Generalsekretär mit den beiden Grundströmungen in seiner Partei, dem Ordoliberalismus und der christlichen Soziallehre. Und er machte deutlich, wo die Unterschiede zwischen CDU und SPD lagen. Zwar sei es schon zutreffend, dass »die Tauben dorthin fliegen, wo Tauben sind«. Diese Chancenungleichheit müsse tatsächlich »teilweise korrigiert werden«. Der Unterschied zu den Sozialisten bestehe aber darin, dass diese nicht die Gleichheit der Chancen, sondern die Gleichheit der Resultate anstrebten. »Wenn die Ungleichheit des einzelnen zum anderen, die sich trotz Gleichheit der Chance ergibt, als legitim, als akzeptiertes, im Geiste der Solidarität auch toleriertes Ergebnis der gegebenen Ungleichheit angesehen wird, hat diese Ungleichheit auch bezogen auf die Selbsterfüllung des einzelnen einen völlig anderen Stellenwert, als wenn der einzelne sich gewissermaßen ständig seiner Talente und deren Konsequenzen zu schämen hat.« Das prinzipielle Misstrauen der Linken gegen private Initiative konnte und kann Biedenkopf nicht nachvollziehen. Private Initiative in der Wirtschaft gilt ihm als Beitrag zum Gemeinwohl. Dass die Sozialisten das nicht nachvollziehen wollen und stattdessen nach Verstaatlichung trachten, ist für ihn ein Anachronismus, denn Verstaatlichung engt die Freiheit ein. Die *Stuttgarter Nachrichten* stellten ihre Zusammenfassung von Biedenkopfs Rede unter die Überschrift:»Freiheit statt Sozialismus«.[6]

Bei den Landtagswahlen in Rheinland-Pfalz 1974 hatte Kurt Biedenkopf seinen Einstand als Wahlstratege. Nichts überließ er anderen, sogar die Fotos fürs Wahlplakat wählte er selbst aus. Die Situation ist in der *Wirtschaftswoche* vom 7. Juni 1974 wiedergegeben:

Biedenkopf:»Ich finde die Bilder nicht gut. Ich gucke viel zu sehr von oben herab und habe eine viel zu breite Gesichtspartie.«

Sein persönlicher Referent:»Sie sind schwer zu fotografieren.«

Biedenkopf:»Das ist nicht wahr. Ich habe zwar kein gutes Profil. Aber wenn man mich von vorne aufnimmt, kann man sogar sehr dicht rangehen.«

Sekretärin:»Ich finde Sie gut auf diesem Bild.«

Biedenkopf:»Da wirke ich viel zu arrogant. Ich bin nicht so. Wenn ich so werde, müßt ihr mich rausschmeißen.«[7]

In Speyer, Neustadt und bei Auftritten in anderen Städten sahen die Wähler den kleinen Professor mit der Kennedy-Frisur stets korrekt gekleidet – die Schlipsindustrie hatte ihn gerade zum Krawattenmann des Jahres gekürt –, die Hand in der linken Hosentasche, zwei Blätter mit Stichworten vor sich. Und sie hörten seine Botschaft: Erziehung, sagte er, brauche Autorität.»Antiautoritäre Erziehung ist wie das Pflanzen von Stangenbohnen, wenn man die Stangen weglässt.« Dass der Lehrling jetzt»Azubi« heiße, mache den Menschen zu einem unmündigen, namenlosen Etwas, das verwaltet werde. Die früheren Worte »Lehrling« und »Lehrherr« haben aus seiner Sicht nicht zwingend ein Herrschaftsverhältnis zementiert. »Azubi«, witzelte er, sei unaussprechlich und könne ebenso gut einen Zierfisch oder ein Waschmittel benennen. Die Zuhörer lachten.

Vor allem aber schoss Biedenkopf sich auf die Gewerkschaften ein. Nach den seiner Meinung viel zu hohen Tarifabschlüssen im öffentlichen Dienst wetterte zunächst Helmut Kohl im *Deutschland Union Dienst*: »Diese Regierung hat das Schicksal des Ganzen den Kompromissen der organisierten Gruppen überlassen und sich damit ihrer Verantwortung entzogen. Der Staat darf aber nicht zur Beute und unser aller Wohlstand nicht Opfer von Sonderinteressen werden.« Kurt Biedenkopf spann den Faden dann auf dem Wirtschaftstag der Union weiter. Er sprach von der »Übernahme der öffentlichen Verwaltungen, Universitäten, der Rundfunk- und Fernsehanstalten durch die Organisation der Beteiligten unter der Flagge der Demokratisierung«. Das komme einer »Besitznahme öffentlicher Institutionen« gleich, dem Staat würden »die Mittel legitimer Herrschaftsausübung entzogen«. Die CDU dagegen habe »den Willen und die Kraft, dem Staat und damit dem Ganzen das politische Mandat für das Allgemeinwohl zurückzugewinnen, das er an die gesellschaftlichen Gruppen verloren hat«.

Holger Börner sprach daraufhin von einer »Kriegserklärung«. Und Uwe-Karsten Heye, damals schon stellvertretender SPD-Sprecher, fragte: »Wie autoritär, ja ständisch organisiert, müßte der Staat aussehen, den Biedenkopf vor Augen hat?« Und weiter: Beinhalte der Begriff Solidarität, wie ihn Biedenkopf benutze, die »schlichte Unterwerfung der Bürger unter die Macht des nur ordnenden und normensetzenden Staates«? Und verlange Biedenkopf mit der von ihm geforderten »Erneuerung des Gleichgewichts« die »Unterwerfung unter ein Staatsmodell«, »in dem das Allgemeinwohl in Kooperation mit der sogenannten Wirtschaft festgelegt wird? Da allerdings hätte Tarifautonomie keinen Platz, sondern nur der Untertan, der gehorcht, aus ›Solidarität‹, versteht sich.«[8]

Kurt Biedenkopfs Angriff gegen die Gewerkschaften war seine Antwort auf die Frage, wie die sozialliberale Koalition aus der Regierungsverantwortung gedrängt werden sollte. Der Generalsekretär der CDU setzte auf die Angst vor dem Kommunismus und vermittelte immer wieder den Eindruck, die SPD und die Gewerkschaften seien bereits auf dem Weg dorthin. Als Willy Brandt nach der Enttarnung des Ostspions Günter Guillaume am 5. Mai 1974 zurücktrat, schien dies auch ein Rückschlag für die Ostpolitik der sozialliberalen Koalition zu sein. Biedenkopf erklärte damals in einem Radiointerview, ihn deprimiere »der Fall«. Darin komme nicht die Feindschaft der DDR zu Brandt zum Ausdruck, »sondern die Feindschaft der DDR zur freien Demokratie«. Der Fall Guillaume zeige die Absicht der DDR, »den ideologischen Krieg gegen uns mit allen Mitteln zu führen«.

Schon bei den Kommunal- und den Landtagswahlen des Jahres 1974 nahm Biedenkopf Anlauf für den Machtwechsel in Bonn. Er setzte nicht auf einen Seitenwechsel der FDP, sondern er wollte FDP-Wähler zur CDU herüberziehen. Nach dem Ölschock und den Folgen einer weltweiten Rezession schienen die Chancen der Union, die absolute Mehrheit zurückzugewinnen, nicht schlecht: annähernd eine Million Arbeitslose, mehr als sieben Prozent Inflation – die Unionisten sangen eine Persiflage auf Walter Scheels Lieblingslied: »Hoch auf dem roten Wagen, sitz’ ich beim Willy vorn, munter die Preise traben, Pleite schmettert das Horn, Deutschland, Europa und Nato treiben dem Abgrund zu, könnt’ ich doch einmal noch wählen, diesmal die CDU!«

Sein umfassendes politisches Glaubensbekenntnis stellte Biedenkopf im Oktober 1974 in der Bonner Buchhandlung Röhrscheid vor: Dem Verleger Klaus Piper war es gelungen, den Professor für ein

Buchprojekt zu gewinnen. Das Ergebnis hieß *Fortschritt in Freiheit*. Ein Gast bat den Autor um eine Widmung: Er solle als »Bundeskanzler i. R.« unterschreiben. Biedenkopf grinste und sagte: »Wenn Sie mit ›i. R.‹ ›in Ruhe‹ meinen, täuschen Sie sich. Sollte es ›in Reserve‹ heißen, stimmt es nicht. Das trifft eher auf Strauß zu. Bundeskanzlerkandidat o. c. – on call.« Und er übersetzte: »Der Kandidat, der gerufen werden will.«

Fortschritt sah und sieht Biedenkopf darin, »daß wir die Gesellschaft wieder in einer stabilen Wertordnung verankern und ihr damit einen Inhalt geben, der über Arbeit und Konsum hinausweist auf Ziele, die jenseits von Angebot und Nachfrage liegen«. In seinem Buch setzte er die Attacken auf Gewerkschaften und Sozialdemokraten fort. Ihm fiel auf, was außer ihm nur einige kaum ernst genommene »sensible« Gemüter wahrnehmen wollten: dass der Fortschritt anfing in wichtigen Bereichen des gesellschaftlichen und politischen Lebens »Amok zu laufen«. Damit kritisierte er das, was er den Verteilungsstaat nannte. Ihm schien die Freiheit der Einzelnen von bestimmten Gruppen und Organisationen bedroht. Und er ahnte einen Abbau der »gewachsene[n] Wertordnung« voraus, wodurch ein gefährliches Vakuum entstehen werde. Vor allem aber warnte Biedenkopf, dass die Sozialdemokratie auf dem Marsch in den Marxismus sei. Das Verhältnis der SPD zur Wirtschaft sei »irrational«. Anders als für die Sozialdemokraten ist die Wirtschaft für ihn, den Ordoliberalen, keine unkontrollierbare Macht. Biedenkopf, der gerade zwei Jahre im Vorstand des Henkel-Konzerns gesessen hatte, konnte oder wollte nicht sehen, dass Großunternehmen durchaus Einfluss auf Staat und Politik nahmen, ja dass sie die Staatsgewalt usurpieren und schließlich die politische Macht übernehmen und den Staat zu ihrem Instrument machen könnten. Den Sozialdemokraten schrieb er ins Stammbuch: »Man [die SPD] glaubt im Grunde nicht an die Regelfunktion des Wettbewerbs, an die Möglichkeit der Dezentralisation wirtschaftlicher Entscheidungen und der mittelbaren Steuerung der Wirtschaft durch den Staat [...]«

Um den Zusammenhalt unter den Lohnabhängigen zu schwächen, nutzte Biedenkopf einen Kniff: Er entdeckte eine »neue soziale Frage«. Alte, Mütter mit Kindern, nicht Arbeitsfähige – Biedenkopf stellte fest, dass die Gewerkschaften die nicht organisierten Gruppen ausgrenzten. Sozialpolitik ist immer ein Geben und Nehmen: Was einer Gruppe zugesprochen wird, muss zwangsläufig einer anderen genommen werden. Umschichten wird das heute genannt, aber Biedenkopf spricht es klar aus: »Jeder sozialpolitische Ausgleich einer bestehenden Ungerechtigkeit erzeugt neue Ungleichheiten.« Wer keine Interessenvertretung hat, muss Nachteile in Kauf nehmen; wer einer starken Organisation angehört, wird bevorzugt. Biedenkopf nennt die Einkommensinteressen die »vitalsten Interessen«, weshalb die stärksten Organisationen die Gewerkschaften, die Ärztevereinigungen und der Beamtenbund seien. Weil die Parteien ihre Wähler nicht verlieren wollten, seien sie gezwungen den Ansprüchen solcher Verbände gerecht zu werden. Friedrich A. von Hayek hat dies als einen »Prozeß der fortdauernden Korruption« bezeichnet und Biedenkopf stimmt ihm zu. Für ihn ist es eine »Entmündigung des Bürgers«, die Verteilungskonflikte an Repräsentanten zu übergeben. Biedenkopf kann da richtig zynisch werden, wenn er etwa sagt, die Funktionäre seien zwar davon »überzeugt, daß das Volk nicht weiß, was für es gut ist, aber entscheiden kann, wer weiß, was für es gut ist«.

Friedrich A. von Hayek (1899-1992) ist einer der Menschen, die Biedenkopf bewundert – wegen seines liberalen Gedankengebäudes. In einem Fragebogen der Hamburger Zeitung *Die Woche* nannte er ihn »einen der klügsten Köpfe der heutigen Zeit«. Das Londoner Adam Smith Institute kürte den österreichischen Nationalökonomen 1998 sogar zum »Mann des Jahrhunderts«. Von Hayek hatte im Jahre 1931 seine österreichische Heimat verlassen und bis 1950 an

Abbildung 6
Gemeinsames Vorbild: Friedrich A. von Hayek. Großbritanniens
»Eiserne Lady« Margaret Thatcher mit Kurt Biedenkopf
am 26. Mai 1976 auf dem Parteitag der CDU in Hannover.
Quelle: Sächsische Staatskanzlei Dresden, Rudi Meisel

der London School of Economics gelehrt. Von ihm ist der Ausspruch überliefert: »Soziale Marktwirtschaft ist keine Marktwirtschaft.«[9] Kurz vor dem Ende des Zweiten Weltkriegs erklärte von Hayek, es sei »notwendig, daß die Wirtschaftspartner zu jedem Preis kaufen und verkaufen dürfen, zu dem sie einen Kontrahenten finden. […] Jeder Versuch, die Preise oder die Mengen bestimmter Produkte zu regulieren, vereitelt eine befriedigende Abstimmung der Wirtschaftsakte der Individuen durch den Wettbewerb.«[10] Jede staatliche Einmischung sei von Übel, denn damit werde »der Weg zur Knechtschaft« beschritten. Für sein Buch mit ebendiesem Titel erhielt von Hayek 1974 den Nobelpreis für Wirtschaftswissenschaften. 1994 wurde dieses Buch in Deutschland mit einem Vorwort von Otto Graf Lambsdorff neu aufgelegt.

Diesem liberalen Ökonomen verdankte Biedenkopf die Erkenntnis, es habe – wie von Hayek es formulierte – »niemals eine schlimmere oder grausamere Ausbeutung der einen Klasse durch die andere gegeben als die der schwächeren und weniger glücklichen Angehörigen eines Produktionszweiges durch die, die fest im Sattel sitzen«. Von Hayek sah also eine Gegnerschaft zwischen Arbeitsplatz»besitzern« und solchen, die keinen Job haben. Die Ersten verteidigten diesen Besitzstand gegen den Zugriff der anderen. Von Hayek wollte da vermitteln. Es gehe nicht darum, erklärte er, dass die Bevorzugten ihre Stellungen aufgeben müssten, »sondern allein darum, daß sie sich an dem allgemeinen Mißgeschick dadurch beteiligen, daß sie eine gewisse Einkommensminderung auf sich nehmen, oder oft lediglich dadurch, daß sie auf einen Teil der möglichen Einkommenssteigerung verzichten« – und die vorhandene Arbeit teilen.[11]

Von Hayek war durchaus ein Verfechter liberaler Positionen, aber wie Biedenkopfs Lehrer setzte er daneben auf eine Kontrolle des Marktgeschehens, die sich gegen die Bildung von Kartellen richtete. Er forderte sogar eine »internationale politische Organisation«, deren Aufgabe es sein sollte, die Wirtschaftsinteressen in Schach zu halten und dafür zu sorgen, dass »nicht eine Steigerung der Macht in den Händen unverantwortlicher internationaler Wirtschaftsinstanzen« eintrat. Das Prinzip der Machtteilung und des Föderalismus befürwortete von Hayek auch in der Politik. Er zitierte Lord Acton: »Unter den Regulativen der Demokratie ist die Föderation das wirksamste und am meisten wesensverwandte […] Das Föderativsystem begrenzt und beschneidet die souveräne Macht dadurch, daß es sie aufteilt und der Regierung nur gewisse genau bezeichnete Rechte zuweist. Es ist das einzige Mittel, um nicht nur die Herrschaft der Mehrheit, sondern auch die Macht der Volksgesamtheit zu zügeln.«[12] Auch als »natürliche« Form einer internationalen Regierung schwebte ihm der Föderation vor. Nur sie könne »das tödliche Gift der Zentralisierung«[13] vermeiden helfen.

Biedenkopf verdankte von Hayek die Erkenntnis, dass nicht Kapital und Arbeit sich gegenüberstehen, sondern Arbeitsplatzinhaber und Arbeitslose. Ob sich die Wirtschaft um diese Gruppen kümmerte, damit befasste sich der Generalsekretär nicht. Aber mit der Entdeckung der »neuen Armen« ließ sich ein Keil treiben zwischen die Gruppen der Abhängigen. Biedenkopf mahnte eine Sozialpflichtigkeit der verschiedenen gesellschaftlichen Gruppen an, insbesondere eine Sozialpflichtigkeit der organisierten Gruppen gegenüber den Menschen, die im Verteilungskampf keine Lobby haben. Nicht nur die Eigentümer der Produktionsmittel seien mächtig. Kurt Biedenkopf zählte auch die Arbeitnehmer dazu, sofern sie in Verbänden organisiert sind. Auch aus ihrer Macht erwüchsen Pflichten. Die »Mannheimer Erklärung«, die er im Gegensatz zu vielen Kommentatoren ausdrücklich nicht als Öffnung zur linken Mitte verstanden wissen wollte, nahm den Gedanken auf. Mit einer ordnungspolitischen Diskussion der »neuen sozialen Frage« wollten Kurt Biedenkopf und die CDU sich bei der sozialpolitischen Thematik von der regierenden SPD abgrenzen. Die Sozialdemokraten erkannten darin einen Versuch, soziale Errungenschaften abzubauen. Ihr Parteiorgan *Vorwärts* attestierte Biedenkopf jedoch immerhin das Bemühen, die Strukturen statt durch eine spontane durch eine geplante Revolution zu verändern. Damit habe er eine sozialdemokratische Einsicht nachvollzogen.

Doch auch innerhalb der Partei hagelte es Kritik. Ludwig Erhard warnte Biedenkopf damals: Die »neue soziale Frage« werde nur zu neuen Forderungen an den Staat führen und zu weniger persönlicher Verantwortung; sie werde damit das »Gebirge von Sonderinteressen« noch höher auftürmen. Erhard, so erinnert sich Biedenkopf, wollte damals »nicht durch Schweigen mitschuldig werden an einer Entwicklung, die auch unsere Partei mehr zum Kollektivismus führt und ihr die Chance verbaut, durch überzeugende Alternativen zur SPD die Wähler zu veranlassen ihr wieder die Mehrheit im Deutschen Bundestag zu geben«. Stundenlang haben Biedenkopf, Meinhard Miegel und Erhard im Konrad-Adenauer-Haus diskutiert, am Schluss habe Erhard nur noch gegrummelt. Auch beim Abendessen im »Adler« sei Erhard bei seinem Standpunkt geblieben und heute bedauert Biedenkopf, nicht auf ihn gehört zu haben: »Die nachfolgende Entwicklung hat ihm Recht gegeben.«

Biedenkopf hat seine eigenen Erfahrungen, in denen er Erhards Mahnungen bestätigt sah, später in einem weiteren Buch, *Die neue Sicht der Dinge*, niedergeschrieben. Darin heißt es: »Was insbesondere der demokratische Staat einmal gewährt hat, kann er kaum je wieder zurücknehmen. Wo die direkte Ordnung der Gesellschaft durch den Staat zunimmt, wo die staatliche Zuteilung den Markt verdrängt, nimmt deshalb auch die Unbeweglichkeit zu. Das vereinbarte Recht dagegen ist so flexibel wie die Märkte, in denen es entsteht und geändert wird. Es begründet nur so lange und nur in dem Umfange Besitzstände, wie Beteiligte durch Vereinbarungen gebunden sind. Darüber hinaus kennt es, ebenso wie der Markt, keinen Schutz von Besitzständen.« Die Industrie werde nicht investieren, wenn sich die Rahmenbedingungen ständig änderten; selbst dann nicht, wenn Kapital zur Verfügung stehe. Das öffentliche Recht müsse sich deshalb »auf die dauerhaften Aufgaben des Staates konzentrieren: Frieden sichern, den Rechtsfrieden wahren, die staatliche Macht an Recht und Gesetz binden, die Gesetzmäßigkeiten der Verwaltung gewährleisten, die staatlichen Institutionen und Aufgaben ordnen, das Recht durchsetzen und den sozialen Auftrag der Verfassung im ursprünglichen Sinne erfüllen: im Sinne des Subsidiaritätsprinzips.«

Später, als Ministerpräsident in Sachsen, sagte Biedenkopf, die DDR-Bürger hätten gelernt mit weniger zurechtzukommen. Diese Eigenschaft zu erhalten hielt er für wichtig; den Deutschen im Westen müsse diese Fähigkeit erst wieder anerzogen werden. In den fünfziger Jahren hätten drei Viertel der Deutschen ihre Erfüllung noch in ihrer Arbeit gefunden; heute gelte dies nur noch für 30 bis 40 Prozent, bedauert Biedenkopf. Heutzutage suchten die Deutschen ihre Erfüllung in der arbeitsfreien Zeit, im Hobby. »Das führt dahin, dass die Leute nicht nur im Winter mit Skiern, sondern auch im Sommer mit Mountainbikes die Alpen kaputtmachen.« Das sei zwar auch Arbeit, »aber es ist eben nicht das, was man unter einem Beitrag zum volkswirtschaftlichen Gesamtgefüge versteht«. Wie hatte Kennedy gesagt? »Don't ask what your country can do for you, ask what you can do for your country.«

Das Land brauche mehr Bescheidenheit und weniger Ansprüche an den Staat. Biedenkopf warb schon für das Prinzip der Subsidiarität, bevor andere das Wort mühsam buchstabieren lernten. »Was die kleine Gemeinschaft aus eigener Kraft leisten kann, darf die größere ihr nicht nehmen.« Soll heißen: Kann die Familie die Pflege des Opas oder eines behinderten Kindes übernehmen, soll sie das leisten (und finanzieren). Solch eine Aufgabe, die »der Bürger allein, in der Familie und im freiwilligen Zusammenwirken mit anderen ebenso gut leisten kann, soll ihm vorbehalten bleiben«. Schließlich dürfe der Bürger weder in die Rolle eines »Bevormundeten« gedrängt noch zum »bloßen Empfänger staatlicher Leistungen erniedrigt werden«. Das ist vornehm formuliert, aber seinerzeit war der Gedanke neu und noch von niemandem so raffiniert ausgesprochen worden. Biedenkopfs Rhetorik zeichnete sich schon damals in zweierlei Hinsicht aus: Er vermochte, so Norbert Blüm, »über Sachen so intelligent zu reden, dass er den Partner oder Kontrahenten einzuschüchtern versucht«. Das sei seine »Masche«. Biedenkopf könne einfache Sachen so kompliziert ausdrücken, dass die Leute glaubten, sie hätten es nicht verstanden. Blüm dagegen sieht »in der Notwendigkeit zur Vereinfachung eine intellektuelle Anstrengung, die man nicht lächerlich machen darf. Wenn ich eine Sache einfacher darstellen kann, dann habe ich sie im Griff.« Auf der anderen Seite gelingt es Biedenkopf auch, seine Ziele, wenn sie wehtun, so zu verpacken, dass sie wie Wohltaten aussehen: Wenn er soziale Standards abbauen will, spricht er davon, dass die Bürger ihre Rechte wieder vom Staat zurückbekommen sollen. Neue Leistungen im sozialen System will er nur zubilligen, wenn »weniger dringende Leistungen« abgebaut werden.

Auch Heiner Geißler hatte gerade eine soziale Frage entdeckt, er nannte sie die neue Armut. Seine Sorge war allerdings eher auf die katholische Soziallehre gegründet, nicht auf ordoliberale Grundsätze. Geißler ging es tatsächlich darum, den sozial Schwachen mehr unter die Arme zu greifen; bei Biedenkopf konnte man da nicht so sicher sein. Letzterer glaubte schon damals fest, die soziale Frage sei in der Bundesrepublik »gelöst«. Er sah »alle sinnvollen sozialen Risiken« abgedeckt, »die existentiellen sozialen Bedürfnisse sind befriedigt«. Heute sei es doch so: »Der kleine Mann ist groß geworden.« Er könne seine Kinder auf weiterführende Schulen und auf Universitäten schicken, ein Auto fahren und sechs Wochen Jahresurlaub in fremden Ländern machen. Die Utopie sei Wirklichkeit geworden. Biedenkopf glaubt heute, die Gedankengänge, die er und Heiner Geißler seinerzeit äußerten, seien miteinander vermischt, seine ordnungspolitischen Zielsetzungen dabei weitgehend durch sozialpolitische verdrängt worden.

Dass sich seine Vorstellungen nicht durchsetzen konnten, dafür macht er die Gewerkschaften verantwortlich. Denn, so fragt er rhetorisch, »welcher Vormund sieht es gerne, dass sein Mündel volljährig wird, wenn seine Betreuung einträglich war?« Keine Gesellschaft, warnte Biedenkopf, könne es sich leisten, »ihre politische Kraft zu einem wesentlichen Teil für die Behandlung von Fragestellungen zu vergeuden, die historisch überholt sind«. Der Sozialismus war für ihn eine solche überholte Fragestellung; er habe seinen historischen Auftrag erfüllt.

Biedenkopf entdeckte damals auch ein Thema für sich, das in der Union bis dahin so gut wie gar keinen Stellenwert hatte: die

Umwelt. Es gelang ihm sogar, dieses in der Gesellschaft kontrovers diskutierte Thema mit seinen Plänen für einen Abbau der staatlichen Verantwortung für die soziale Sicherheit zu verbinden. Denn mehr Verteilung erfordert ständiges Wachstum, und ständiges Wachstum bedroht die Natur. Die Studie des Club of Rome über die »Grenzen des Wachstums« aus dem Jahr 1969 und die erste Ölkrise müssen ihn beeindruckt haben, vielleicht beförderte später der Parteiaustritt von Herbert Gruhl am 11. August 1978 seine Nachdenklichkeit, als Gruhl die »Grüne Aktion Zukunft« gründete. Biedenkopf war einer von denen, die nicht die Augen vor den Signalen verschlossen: Die Union kümmerte sich zu wenig um grüne Themen.

»Wir sind im Begriff, [...] die Grundlagen unserer eigenen Existenz zu zerstören.« Wer damals in der CDU solche Sätze aussprach, musste damit rechnen, ausgelacht zu werden. Der Glaube an den Fortschritt beruhte auf den erhofften Möglichkeiten der Technik. Dass Biedenkopf beim Umweltschutz nicht nur die Natur im Auge hatte, wird deutlich, wenn man sein Buch *Fortschritt in Freiheit* liest: Die Notwendigkeit, weniger Öl zu verbrauchen, wird darin mit der Preispolitik der OPEC-Staaten begründet. Ein befürchtetes weltweites Kartell der Kupferproduzenten würde die weltweiten Wirtschaftsabläufe ebenso verändern wie Rohstoffkartelle bei Zinn und Bauxit, Leder und Wolle. Es ging Biedenkopf auch nicht in erster Linie um die Afrikaner, wenn er sagte, Deutschland müsse den afrikanischen Staaten helfen, damit diese sich weiterentwickeln könnten. Festzuhalten bleibt aber: Das Problem der Nachhaltigkeit war ihm frühzeitig klar geworden.

Die badische Forstgesetzgebung von 1833 ist für Kurt Biedenkopf so etwas wie ein historisches Vorbild, wenn es darum geht, die Natur zu erhalten. Irgendwann um diese Zeit herum muss es gewesen sein, dass sich das Verhältnis zwischen Mensch und Natur zu wandeln begann, erst langsam, dann immer schneller. Während die Natur früher den Menschen bedrohte, ist es heute umgekehrt. Der Mensch hat die Natur besiegt – weitgehend. Kurt Biedenkopf hat das längst erkannt, so wie es, bezogen auf den Wald, auch die badischen Beamten und Politiker erkannt haben müssen. Um den Kahlschlag zu verhindern, so Biedenkopf, sei im Schwarzwald schon vor mehr als 160 Jahren verfügt worden, dass nicht mehr Bäume geschlagen werden durften als nachwachsen. Dieses Prinzip, das Biedenkopf heute auch auf andere Bereiche angewendet wissen möchte, ist eben das Prinzip der Nachhaltigkeit.

Wenn es um die Erhaltung der Natur geht, zitiert Biedenkopf gern auch das »Prinzip Verantwortung« von Hans Jonas und nennt »Greenpeace« eine »freie Initiative an der Spitze der Liste sympathischer Institutionen und Aktivitäten«. In Sachen Umwelt hat sich Biedenkopf als lernfähiger Politiker erwiesen. Zwar sagte er noch im Oktober 1975: »Natürlich bin ich für wirtschaftliches Wachstum«, und warf der SPD »wachstumsfeindliche Politik« vor.[14] Aber Biedenkopf hat mit der Zeit angefangen das Wachstumsdogma zu hinterfragen. Die meisten taten das nicht. Noch immer wundert sich der Politiker: »Der Gleichmut, mit dem wir unsere Tagesfragen lösen, ohne über unsere Zukunft zu entscheiden, ist in der Tat erstaunlich. Dabei lehrt uns die Geschichte, dass sich die Krisen im Leben der Völker langfristig entwickeln und häufig abgewendet werden könnten, würde ihre Entwicklung nur frühzeitig beachtet.« Doch die Menschheit plündere diese Erde weiter aus; genauer: Ein kleiner Teil lebe im Überfluss, weil er sich rechtzeitig den Zugang zu billigen Rohstoffen gesichert habe. Der größere Teil der Menschheit hungere jedoch. Wenn die Entstehungszeit von Kohlenwasserstoffen und ihr derzeitiger Verbrauch in Relation zur Dauer des menschlichen Lebens gesetzt würden, so rechnete er vor, dann sei in einer halben Stunde verbraucht, was in achtzig Jahren entstanden ist. Biedenkopfs Vernunft im Umgang mit der Natur hat zur Konsequenz, dass wir »nicht mehr alles tun dürfen, was wir tun können«. Wenn die Forschung wegen steigender Aufgaben immer teurer werde, müsse in gesellschaftlichem Konsens darüber entschieden werden, ob es im Interesse der Bundesrepublik liege, »die Milliardenbeträge für die Entwicklung von schnelleren Zügen, technologisch hochkomplizierten Kabinenbahnsystemen und Kernreaktoren« zu verwenden oder aber »neue einfache technologische Systeme für Entwicklungsländer bereitzustellen«. Biedenkopfs Partei entscheidet sich in diesen Fragen bis heute stets für die erste Alternative.

Gelänge es, gesellschaftliche Begrenzungen des Umwelt»verbrauchs« durchzusetzen, wäre dies für Biedenkopf eine große kulturelle Leistung. Doch die Zeiten sind auch heute noch nicht danach: Soeben hat auch die Sozialdemokratie unter ihrem Kanzler Gerhard Schröder Wachstum als unverzichtbar bezeichnet. Kurt Biedenkopf erinnert dagegen heute daran, dass einer der wichtigsten Gründe für die Verankerung des Wachstums als wirtschaftspolitisches Ziel im Gesetz zur Förderung der Stabilität und des Wachstums der Wirtschaft von 1967, kurz Stabilitätsgesetz genannt, der Wettbewerb mit dem Osten gewesen sei. Der sozialdemokratische Abgeordnete Adolf Arndt habe der Regierung seinerzeit bei den Beratungen vorgeworfen, mit drei Prozent Wachstum im Jahr »krabbele« sie nur dahin; die »Ostzone« dagegen schaffe das spielend. Franz Josef Strauß, so schrieb Biedenkopf 1985, sei der Einzige gewesen, der dem widersprochen habe: Es gebe »Grenzen des Möglichen und Grenzen des Wünschbaren« und es sei Zeit für ein »Zurückschrauben der Erwartungen und Ansprüche sowohl der öffentlichen Hand als auch des einzelnen«.

Auch Kurt Biedenkopf weiß, was der ehemalige Bundestagsabgeordnete Hans Dichgans längst erkannt hatte: »Reformieren kann nur, wer die Möglichkeit hat, zunächst jedem Betroffenen den Besitzstand zu garantieren.« Wie schwer das ist, wenn man einen Konsens aller anstrebt, muss die rot-grüne Bundesregierung seit ihrem Antritt im Herbst 1998 schmerzhaft erkennen. Das andere Extrem besteht freilich in einem konsequenten, kompromisslosen

Handeln des Staates. Die Schwarzwälder Waldbauern haben den Verwaltungsakt seinerzeit als ebenso unfreundlichen Akt empfunden wie heutzutage Unternehmer, die teure Rauchgasentschwefelungsanlagen vor ihre Schornsteine bauen müssen, oder wie Autofahrer, die jammern, wenn von fünf Mark für einen Liter Benzin die Rede ist, oder wie Arbeiter, die auf einen Teil ihres Lohnzuwachses verzichten sollen, damit neue Arbeitsplätze für jene geschaffen werden können, die keinen haben. Dass der »Shareholder value« heute zu einem Besitzstand mit Anspruch auf ständiges Wachstum geworden ist, kann ebenso wenig bestritten werden. Die Schwarzwaldbauern entschieden sich damals in ihrem Protest für ihr aktuelles Einkommen, das durch den Erlass geschmälert worden war. Sie entschieden sich aber gegen die Zukunft ihrer Kinder. Wäre die Staatsmacht nicht eingeschritten, der Schwarzwald wäre 50 Jahre später kein Wald mehr gewesen.

Kurt Biedenkopf fragt: Und wofür entscheiden sich die Menschen heute Tag für Tag? Er stellt sich einen fiktiven Förster vor, der im Wald Setzlinge pflanzt. Ein Städter kommt vorbei und fragt ihn, warum er das tue, er habe doch nichts davon. Wenn der Förster sterbe, seien die Setzlinge kleine Bäumchen, aber noch nicht verwertbar. Ob denn sein Sohn etwas davon hätte? Der Förster verneint: frühestens sein Enkel. Kopfschüttelnd geht der Städter davon, weil er nicht verstehen kann, warum jemand in so langen Zeiträumen plant und handelt. »Die Generation unserer Kinder verhält sich auch in ihrem praktischen Leben so, indem sie nämlich die wichtigste Leistung, die man zur Zukunftssicherung erbringen muss, nämlich eine ausreichende Geburtenrate sicherzustellen, auch nicht erbringt.« Das sei eine Verletzung des Nachhaltigkeitsprinzips. Biedenkopf denkt hier in nationalem Rahmen. Die Weltbevölkerung wächst bekanntlich stetig und nimmt schon bedrohliche Größenordnungen an.

Indem er staatliche Ordnungsmaßnahmen fordert, gibt Biedenkopf zu erkennen, dass er das Wesen des Menschen durchschaut habe. In Sachen Umwelt»verbrauch« allerdings setzt er auf Wissenschaft und Technik und – wie es auch Helmut Kohl stets tat – auf »freiwillige, auf Einsicht und moralischen Bindungen beruhende Entscheidungen, die Natur nicht länger zu zerstören«, auf »die Freiheit des Menschen, zu entscheiden. Wir haben diese Entscheidungsfreiheit.«

Zusammengefasst und im Klartext heißt all das: Ordnungspolitische Maßnahmen sollen den Appetit der Massen auf immer größere Kuchenstücke bremsen, die Unternehmen hingegen sollen auch weiterhin in ihren Entscheidungen frei bleiben.

Ein Biedenkopf reichte in den siebziger Jahren freilich nicht aus, um die FDP zum Koalitionspartner zu gewinnen, nicht einmal deren wirtschaftsliberalen Flügel. Wie der CDU-Generalsekretär hielt deshalb auch die bayerische Schwesterpartei die Ehe zwischen SPD und FDP offenbar für glücklich genug, dass sie so lange halten würde, wie Ehen nach christlichem Verständnis zu halten haben: bis dass der Tod euch scheidet.

Franz Josef Strauß sah nur zwei mögliche Strategien für die Union: Erstens könnte eine bundesweite vierte Partei, die stark an die CSU angelehnt sein sollte, weitere Wählerkreise für die Union erschließen. Zweitens müsste die regierende Koalition desavouiert werden. Es war der entscheidende Fehler des Bayern, dass er das zu laut sagte.

Biedenkopf und Strauß: »Persona non gratissima«

Im Hochzeitszimmer des Sonthofener Hotels »Sonnenalp« breitete Franz Josef Strauß am 19. November 1974 seine Strategie aus, wie die Union bald wieder an die Macht kommen könnte. Die Bevölkerung, sagte Strauß vor den Mitgliedern der CSU-Landesgruppe, sei von Brandts und Schmidts Politik »noch nicht so stark schockiert, daß sie bereit wäre, die Rezepte, die wir zur langsamen Heilung der

Krise für notwendig halten, in Kauf zu nehmen«. Statt den Wählern also diese Rezepte anzubieten, schlug Strauß eine andere Richtung vor:»Lieber eine weitere Inflationierung, weitere Steigerung der Arbeitslosigkeit, weitere Zerrüttung der Staatsfinanzen in Kauf nehmen.« Wenn man jetzt vorpresche, ermögliche man damit nur den Sozialdemokraten, zu sagen, mit der Union werde eine Rosskur auf das Land zukommen und alles noch viel schlimmer. Strauß sah nur eine Alternative:»Es muss wesentlich tiefer sinken, bis wir Aussicht haben, politisch mit unseren Vorstellungen, Warnungen, Vorschlägen gehört zu werden.« Es müsse zu einem Offenbarungseid der Regierung kommen, zu einem Schock im öffentlichen Bewusstsein.

Nachdem das Protokoll der Strauß-Rede dem *Spiegel* zugeleitet worden war und das Nachrichtenmagazin im März 1975 Auszüge daraus gedruckt hatte, war Strauß als Kanzlerkandidat erledigt. Ein Mann, der das Land in den Abgrund stürzen lassen würde, nur um an die Macht zu kommen, hatte sich selbst disqualifiziert. Nachdem Helmut Kohl die Landtagswahlen in Rheinland-Pfalz Anfang März 1975 mit überragenden 53,9 Prozent der Stimmen gewonnen hatte, nutzte Biedenkopf den Fehler des Bayern, der in Sonthofen übrigens ein Papier Biedenkopfs kritisiert hatte, das bei der Tagung zur Beratung vorgelegen war. Biedenkopf und auch andere hätten sich »in ordnungspolitische Grundsatzbegriffe geflüchtet, mit denen man ja alles vertreten kann«; sie hätten »die Argumente so vertreten, wie sich manche die Füße vertreten«.

Jetzt ging Biedenkopf zum Gegenangriff über. Als der Text der Sonthofener Rede in die Öffentlichkeit geriet, war für ihn die Kanzlerkandidatenfrage nicht mehr »offen«, wie CSU-Generalsekretär Gerold Tandler immer noch meinte. Während der Präsidiumssitzung der CDU in Saarbrücken am 21. April 1975 entwickelten Biedenkopf und Hans Katzer die Idee, schnell Klarheit zu schaffen und Kohl zu nominieren. »Die Unklarheiten drohen die Wahlen in Nordrhein-Westfalen zu gefährden«, führte Biedenkopf ein weiteres

Argument an. Heinrich Köppler wollte dort für die CDU die Mehrheit der Mandate gewinnen. Und auch im Saarland standen Landtagswahlen bevor. Deshalb sollte eine Entscheidung her. Nicht einmal die Mitarbeiter durften im Raum bleiben, als das Präsidium darüber diskutierte, ob es dem Bundesvorstand Helmut Kohl als Kandidaten empfehlen sollte. Der saß dabei, sagte aber kein einziges Wort.

Weil Karl Carstens als Fraktionsvorsitzender den Konsens auch mit der Schwesterpartei pflegen musste, konnte er es nicht sein, der den Vorschlag präsentierte. Deshalb musste der Generalsekretär dies tun. Zunächst reiste Biedenkopf am 21. April 1975 nach München und führte dort ein »gutes und offenes Gespräch« mit Strauß. Dessen Segen für eine frühzeitige öffentliche Nominierung Kohls als gemeinsamen Kandidaten bekam er aber nicht. Auf dem Düsseldorfer Flughafen traf er am nächsten Tag mit Gerhard Stoltenberg zusammen. Auch Stoltenberg wollte Kanzler werden und die britische Wochenzeitung *The Economist* räumte ihm immerhin eine 50:50-Chance ein. Aber Stoltenberg beugte sich dem Willen des CDU-Präsidiums und machte damit den Weg für Kohl frei. »Hätte er anders entschieden«, meint Biedenkopf, »wäre es nicht dazu gekommen.«

Eine Woche vor den Landtagswahlen in Nordrhein-Westfalen benannte die CDU dann ihren Kanzlerkandidaten. Heinrich Köppler hat es trotzdem nichts genutzt: Er verfehlte die absolute Mehrheit. Biedenkopf meint, verantwortlich für den Wahlausgang sei die »eindrucksvolle Art« gewesen, mit der Helmut Schmidt die Besetzung der Stockholmer Botschaft durch Terroristen gelöst hatte. Mit der schnellen Entscheidung für Kohl hatte sich Biedenkopf allerdings eine Menge Ärger eingehandelt. In der CSU ging damals das Gerücht um von »ganz ungewöhnlich vorkommenden Schmeicheleien durch Biedenkopf«, der Strauß zunächst sogar die Kandidatur »nahe gelegt« habe. In der CDU wurde deshalb gemunkelt, Biedenkopf habe Strauß zur Kandidatur ermuntert und suche nun seine Haut zu retten, indem er »seinen Helmut hochleben läßt«, wie der ehemalige Parteisprecher Karl Hugo Pruys es ausdrückte. Biedenkopf nennt das »Unsinn«. Mit dem Gedanken, Strauß zu küren, hatte er allenfalls kurzfristig geliebäugelt. Nach Biedenkopfs forschem Vorpreschen nannte Erich Kiesl den CDU-Generalsekretär eine »persona non gratissima«. Strauß war ihm gram, weil Biedenkopf alles zu schnell durchgezogen habe. Er nannte ihn einen »gelehrten Wichtigtuer« und spottete über seine Körpergröße: »Dem Bürscherl hätte man rechtzeitig Kunstdünger in die Schuhe schütten müssen.«

Die Union war also zerstritten, was sich in der Art der Zustimmung zu Kohls Kandidatur deutlich äußerte: »Die CDU hat Helmut Kohl als Kandidaten für das Amt des Bundeskanzlers vorgeschlagen. Die CSU hat davon Kenntnis genommen, daß die CDU als die größere Partei den Anspruch erhebt, den Kanzlerkandidaten zu stellen. Die CSU hält an ihrer Bewertung fest, daß ihr Vorsitzender der geeignete Kandidat ist.«

Kaum war die Kandidatenfrage geklärt, stritten die beiden Schwesterparteien um das Wahlkampfmotto. »Freiheit *statt* Sozialismus« hatte sich Biedenkopfs Team ausgedacht, die CSU wollte das »statt« durch eine, wie sie meinte, schärfere Betonung der Alternativen ersetzen: »Freiheit *oder* Sozialismus«. Der Kompromiss – »Freiheit *oder/statt* Sozialismus« – trug der Union eine Menge Spott ein. Und die Linke griff mit beiden Händen zu, konnte sie an diesem Slogan doch zeigen, wie sich das alte Denken aus der Zeit des Faschismus in der Bundesrepublik fortsetzte. Bernt Engelmann suchte nach dem eigentlichen Erfinder des Slogans »Freiheit oder Sozialismus« und wurde fündig: Es war der damalige CDU-Bundestagsabgeordnete Artur Missbach. Vor 1945, so Engelmann, als Missbach Mitglied der NSDAP war und für Fritz Ries die Verlagerung »seiner« Vermögenswerte in den Westen betrieb, habe die Parole allerdings noch »Freiheit oder Bolschewismus« gelautet. Inzwischen war Missbach zusammen mit anderen Ex-Nazis wie dem Volksgerichtshofs-Richter und Goebbels-Propagandisten Eberhard Taubert (»Der ewige Jude« – Idee und Text: Dr. Eberhard Taubert) bemüht das »Monopol der Linken in den Massenmedien zu brechen«. Taubert leitete zu dieser Zeit die Rechtsabteilung der Pegulan AG des Fritz Ries, und zusammen mit Missbach gab er die Zeitung *Das Deutsche Wort* heraus, die bis zur Zeit der großen Koalition aus dem Kanzleramt gefördert worden war und später, nachdem die Union die Mehrheit verloren hatte, aus den bekannten Kreisen der Industrie, unter anderem durch Ries. Was Engelmann daran störte, sagte er sehr deutlich: Die Union lasse sich ihren Wahlkampf von Leuten besorgen, »die ihr Vermögen in und um Auschwitz gemacht oder noch auf dem Höhepunkt des Holocaust der SS-Führung enorme Summen zur Verfügung gestellt haben«. 1972 hatte Missbach gewarnt: »Spätestens 1976 steht die Konföderation der DDR mit der Bundesrepublik, also der sozialistische deutsche Einheitsstaat!« Seine Alternative hieß deshalb damals: »Freiheit oder Sozialismus.«

Engelmanns Recherchen zeigten mit aller Deutlichkeit, dass es die mythenumwobene »Stunde Null« in Deutschland nie gegeben hatte. Und sie offenbarten die engen Beziehungen zwischen Wirtschaft und Politik. Engelmann beschwor diese Beziehungen gar als Herrschaft einer Klasse. Auch Kurt Biedenkopf hatte Zugang zu diesen Kreisen und war früh in eine hervorragende Stellung in der CDU eingetreten. Engelmann präsentierte auch Biedenkopf als Lobbyisten. Norbert Blüm, in der Partei in Sachfragen meist erbitterter Gegner Biedenkopfs, verteidigt ihn: »Es ist richtig: Er kommt aus einem Milieu. Jeder kommt irgendwo her. Aber ich würde den Biedenkopf zu jenen Politikern rechnen, die nicht einen gruppenspezifischen Ansatz haben. Es ist immer seine Hauptfrage gewesen, wie man im Pluralismus Kartelle verhindert.«

Biedenkopf und Kohl: »Das mußt du ausräumen, Kurt«

Mitten in die Kampagne um den Slogan »Freiheit oder/statt Sozialismus« hinein platzte eine Nachricht, die Kurt Biedenkopf außer Fassung brachte: Vor ihm, in seinem Büro im Adenauer-Haus, standen die *Stern*-Redakteure Werner P. D'hein und Peter Koch. Sie legten ihm vier Textseiten vor, und als Biedenkopf sie las, wurde er aschfahl. Die vier Seiten enthielten die Abschrift eines Telefonats, das er am 3. Oktober 1974 mit Helmut Kohl geführt hatte. Für Kurt Biedenkopf war das ein unangenehmes Gespräch gewesen. Er beichtete Kohl damals, dass im *Stern* ein Artikel erscheinen solle, der Helmut Kohl der Feigheit vor dem Feind, sprich: Franz Josef Strauß, bezichtige. Überschrieben war dieser Artikel mit »Mann ohne Mumm«. Es hatte darin geheißen, Biedenkopf werfe seinem Chef »Mangel an Konzeption, Stehvermögen, Disziplin und Willenskraft« vor. Er habe Kohl geraten in der Kandidatenfrage endlich durchzustarten. Der Artikel könnte sogar glauben machen, in der CDU gelte Gerhard Stoltenberg als der bessere Mann. Schlimm für Biedenkopf war aber vor allem, dass der Eindruck vermittelt werden könnte, auch er selbst denke daran zu kandidieren. In dem Telefonat sagte Kohl: »Ja, Kurt, das mußt du ausräumen.«

Helmut Kohl hatte für Männer, die seinen Platz beanspruchten, immer eine gute Nase – wahrscheinlich auch in diesem Fall. Biedenkopf schwört indessen: »Ich wollte ihn nie beerben. Selbst wenn ich gewollt hätte, wär's nicht gegangen. Aber ich wollte nicht, es war nicht mein primäres Interesse. Und dieser Verdacht hat uns ja auch immer weiter auseinander getrieben. Helmut Kohl glaubte nach meiner persönlichen Überzeugung fest daran. Ich habe nie mit ihm darüber geredet, dass ich diese Absicht hätte.« Kurt Biedenkopf hat immer bestritten Kanzler werden zu wollen. Aber als er sich 25 Jahre nach dem Abitur, im Herbst 1974, mit seinen ehemaligen Klassenkameraden traf, sagte er zu Hermann Rösch: »Wenn ich deine Größe hätte, wäre ich schon Bundeskanzler.« Rösch ist zwei Meter groß.

Biedenkopf bat den *Stern* das Gespräch geheim zu halten, um Zeit für eigene Recherchen zu haben. Die Illustriertenmacher kamen der Bitte zunächst nach. Als aber eine zweite Abschrift des Telefonats auftauchte, befürchteten die Hamburger die Geschichte zu verlieren. *Stern*-Chefredakteur Henri Nannen erklärte, Biedenkopf habe »darauf gedrängt, daß der *Stern* die Sache herausbringt, und zwar so schnell wie möglich«. Biedenkopf erwiderte: »Herr Nannen lügt!« Dem CDU-Generalsekretär war zwar daran gelegen, dass die Tatsache gemeldet wurde, dass er abgehört worden war, nicht jedoch daran, dass der Inhalt des Gesprächs öffentlich gemacht wurde. Mit einer einstweiligen Verfügung versuchte Kurt Biedenkopf den Abdruck zu verhindern. Er sah seine Privatsphäre verletzt. Doch der *Stern* wurde bereits gedruckt und einen Tag früher als sonst verkauft. In dieser Ausgabe war auch ein Interview mit Kurt Biedenkopf zu lesen, in dem dieser unmissverständlich klarstellte: »Wenn Helmut Kohl Kanzler einer CDU/CSU-geführten Regierung wird, dann wird er die Richtlinien der Politik bestimmen, so, wie das die Verfassung vorsieht. Ein Bundeskanzler Kohl wird dieses Recht voll in Anspruch nehmen.«[15]

Der *Spiegel* nahm die Abhöraffäre zum Anlass, den Rücktritt der beiden Spitzenpolitiker der Union zu fordern: »Fortan müssen der CDU-Vorsitzende und sein Parteisekretär mit dem Risiko leben, aus der Anonymität heraus jederzeit mit heiklen Details aus Dienst- und Privatgesprächen belastet zu werden.« An welche »heiklen Details« der *Spiegel* damals gedacht haben mag, kann nur gemutmaßt werden. Kurt Biedenkopf hatte zu dieser Zeit ein »Verhältnis«, wie man das damals noch nannte, und das war nicht nur den »Freunden« in der Politik aufgefallen. Auch die Monatszeitschrift *konkret* hatte wenige Wochen zuvor schon berichtet: »Biedenkopf geht nämlich – wie man unter Katholiken sagt – ›fremd‹.«[16] Biedenkopf betrachtete dergleichen immer als seine Privatsache. Und so nahm die »Neue« an der Seite Biedenkopfs, der zu dieser Zeit noch mit seiner ersten Frau verheiratet war, sogar am 25-jährigen Abiturtreffen teil. Hermann Neff erinnert sich, dass die Frau frühmorgens im Frühstücksraum aufgetaucht war. Am Vorabend hatten alle »heftig gezecht« und Biedenkopf war noch nicht anwesend. Die Frau stellte sich als Mitglied des Wahlkampfteams vor. »Das war eine interessante Frau«, erinnert sich Neff. Ohne Hemmungen habe sie sich in die Runde gesetzt und sich mit ihm unterhalten. Sie hieß Ingrid Kuhbier, geborene Ries.

Ingrid Ries und Kurt Biedenkopf waren sich schon als Kinder nahe gewesen. Wieder getroffen haben sie sich im Schlosshotel ihres Vaters in Österreich. »Ich war da viel gewesen, auch mit den Kindern«, erinnert sich die Mutter eines Sohnes und einer Tochter aus erster Ehe. »Und da hat Herr Kohl uns besucht und gesagt, dass sein Generalsekretär, also Kurt Biedenkopf, so viel von mir erzählen würde. Damals ist alles wieder wach geworden. Ich habe Herrn Kohl nicht sonderlich geschätzt, aber in diesem Moment mochte ich ihn.« Kurt Biedenkopf war mehrfach ins Schlosshotel eingeladen gewesen, konnte aber nie kommen. »Und wenn mein Vater jemand dreimal eingeladen hatte und er hat dreimal abgesagt, wurde er nicht mehr eingeladen.« Kurt Biedenkopf habe Kohl daraufhin aufgefordert ihm noch einmal eine Einladung bei Ries zu verschaffen, er würde seine frühere Leipziger Freundin so gern mal wieder sehen. Ingrid Kuhbier führte zu der Zeit den Haushalt ihres Vaters. »Zu dem Zeitpunkt, als mein späterer Mann sich angesagt hatte«, erzählt sie heute, »wollte ich eigentlich nicht dort sein. Ich bin dann aber extra nach Frankenthal gefahren, um ihn zu treffen. Ich habe überhaupt nicht daran gedacht, ob der vielleicht seine Frau mitbringen würde oder ob er überhaupt verheiratet ist. Hat mich alles überhaupt nicht interessiert. Und er kam auch allein. Auch weil er mich sehen wollte. Ja, und dann sind wir eigentlich nicht mehr auseinander.«

Waren dies die »heiklen Details«, von denen der *Spiegel* raunte? Jedenfalls konstruierte das Nachrichtenmagazin daraus eine Gefahr für die Republik:»Führungspersonen aber, die mit solchem Handicap agieren müssen, sind auf die Dauer in ihrer politischen Handlungsfähigkeit beeinträchtigt«, schrieb das Blatt und ging auch Helmut Kohl an.»Ein Kanzlerkandidat gar, dem jederzeit Bloßstellung droht, muß sich fragen lassen, ob er nicht klüger daran täte, im Interesse seiner Partei jeglichen Pressionsversuchen durch Verzicht zuvorzukommen – nach dem Vorbild Willy Brandts.« Wer die Anspielungen verstehen wollte, konnte das ohne große Mühe. Die Frage, wer das Telefongespräch mitgeschnitten haben könnte, beherrschte die Medien. Die CIA, Moskau, eigene Parteifreunde? Ein Jahr später sollte jemand eine überraschende Deutung der Ereignisse geben. Mitten im Wahlkampf stellte Bernt Engelmann ein neues Buch vor, das *Schwarzbuch Strauß und Kohl*. Die Abhöraffäre, erklärte der Autor, habe einen ausschließlich privaten Hintergrund.»Die sonderbare Eile, mit der die in ihren Rechten so schwer verletzten Herren Biedenkopf und Kohl die Sache dann ruhen ließen, [...] spricht dafür, daß es sich bei den Lauschern am Telefon nicht [...] um Agenten [...] gehandelt hat, sondern daß es dabei nur um Liebe und Eifersucht ging.« Biedenkopf, so Engelmann, unterhalte enge Kontakte zur Tochter eines Linoleumfabrikanten.»Biedenkopfs Ehefrau beauftragte einen Privatdetektiv mit der Bewachung ihres Mannes. Dabei geriet er in das Telefongespräch Kohl-Biedenkopf. Er gab es an die Presse weiter.« Sabine Biedenkopf schwört heute:»Das hätte ich nie getan.« CDU-Sprecher Pruys nannte das Buch Engelmanns»ein Stück politischer Pornografie«, die Behauptungen»Quatsch aus der Gerüchteküche«. Die Bonner Zeitungen schwiegen Engelmanns Buchpremiere tot und auch in der CDU kehrte man das Thema unter den Teppich. Doch es sollte noch einmal auf den Tisch kommen.

Zwei Wochen nach dieser unappetitlichen Attacke stellte Kurt Biedenkopf auf dem Mannheimer Parteitag eine mittelfristige Strategie vor, die er zusammen mit Richard von Weizsäcker, Ernst Albrecht, Alfred Dregger, Heiner Geißler und Matthias Wissmann erarbeitet hatte. In seiner »Mannheimer Erklärung« präsentierte er neue Ziele der Außenpolitik und nochmals seine Gedanken zur »neuen sozialen Frage«. Von den großen Verbänden ausgegrenzte Wählerschichten – Alte, Behinderte, Mütter mit Kindern, nun auch Schüler und Studenten – sollten damit für die Partei gewonnen werden. Auch die Gleichstellung zwischen Mann und Frau machte Biedenkopf zum Thema. Wie sich der Vater von vier Kindern das vorstellte, verdeutlichte er unmittelbar nach dem Parteitag: »Die Gleichstellung der Frau ist nicht allein damit erreicht, daß die Frau ebenso wie der Mann berufstätig sein kann. Es muß vielmehr eine echte Chance bestehen zur freien Wahl zwischen Beruf auf der einen Seite und Familie und Kindererziehung auf der anderen Seite, ohne daß die Frau Belastungen oder Nachteilen ausgesetzt wird, die die Freiheit der Entscheidung auf Dauer beseitigen.« Besonders viel lag Biedenkopf aber an der Erhaltung der Familie. Dass gerade die Frauen, die sich für die Rolle als Ehefrau und Mutter entschieden hätten, Nachteile in Kauf nehmen müssten, trage »zur Auflösung der engsten menschlichen Bindung bei. Eine freiheitliche Gesellschaft jedoch ist auf Dauer nur dann lebensfähig, wenn die Familie als kleinste Einheit menschlichen Miteinanders erhalten und gesichert werden kann.« Die Bundestagsfraktion der Union legte deshalb Modellentwürfe für ein Bundeserziehungsgeldgesetz und eine Partnerrente vor. Um die wirtschaftlichen Probleme von berufstätigen Frauen zu lösen, so Biedenkopf damals, seien »die Tarifpartner dazu aufgefordert, endlich die Leichtlohngruppen zu beseitigen«. Der CDU-Generalsekretär fragte weiter, warum es nicht möglich sei, den Notwendigkeiten zu entsprechen, »die sich aus der besonderen

Belastung der Frau ergeben: der Frauen, die nebenher – wie selbstverständlich – noch Aufgaben im familiären und sozialen Bereich erfüllen«. Zu dieser Zeit war das innerhalb der CDU zweifellos eine neue, fortschrittliche Einstellung.

Später schrieb Biedenkopf, die Frauen würden unterdrückt, wenn sie bestimmte Berufe nicht ergreifen dürften, und die Männer müssten ihre Gefühle unterdrücken, nur weil sie Männer seien. Kurt Biedenkopf wollte mit einer »neuen Sicht der Dinge« diese Verkrustungen aufbrechen. »Emanzipation heißt [...] die Wiedergewinnung der natürlichen Rolle der Frau. Aber nicht ›natürlich‹ im Sinne vorgeprägter ›Natürlichkeit‹ durch überholte Denkweisen; sondern als ordnende Kraft der Gesellschaft, vor allem der kleinen Lebenskreise.« Und weil es so offenkundig schwer fiel, das zu formulieren, hatte Kurt Biedenkopf ein Beispiel parat: Die »Befreiung beider Geschlechter« sah er in einem Paar repräsentiert, das er auf dem Evangelischen Kirchentag in Düsseldorf beobachtet hatte: »Er trug das Baby in einem Tuch auf der Brust, beide gingen Hand in Hand durch das Freigelände, und sie hielt mit der freien Hand den Kirchentagsführer, um ihm den Weg zu zeigen.«

Ein idyllisches Bild. Die Familie nannte Biedenkopf stets eine Institution, die ihm Kraft gebe. Die »kleinen Lebenskreise« sollten entgegen dem Trend zu weiterer Individualisierung wieder mehr an Bedeutung gewinnen und auch mehr Verantwortung übernehmen, insbesondere auch bei der sozialen Absicherung. Helmut Coing hatte davon gesprochen, die »Lebensverhältnisse durch die Nächstbeteiligten zu organisieren«. Dieser Gedanke wurde zu einem Schwerpunkt der »Mannheimer Erklärung« und Biedenkopf ließ jedem Parteimitglied ein Exemplar zuschicken, »damit es jedem Mitglied ermöglicht wird, sich diese politische Aussage anzueignen und zu vertreten«. Eine Diskussion dieser Grundsatzfragen innerhalb der Partei, wie sie sich Biedenkopf gewünscht hätte, kam nicht zu Stande. Wieder einmal standen Wahlen vor der Tür und die Partei stritt sich um andere Themen. Zwar ging die »neue soziale Frage« in das drei Jahre später in Ludwigshafen verabschiedete Grundsatzprogramm der Partei ein, erarbeitet von Richard von Weizsäcker, Heiner Geißler und Kurt Biedenkopf. Warnfried Dettling billigt diesem Programm allerdings keine große Wirkung zu: »Helmut Kohl und große Teile der Partei haben es innerlich nie so recht angenommen. Allerdings fand das konservative und deutschnationale Milieu damals keine Sprache, die Revisionen sollten erst später kommen.« Weizsäcker, so Dettling, sei Kohl schon damals zu selbstständig gewesen und diese Einschätzung kann gewiss auch auf Biedenkopf angewandt werden.

Abbildung 7
Heile Welt: Fraktionsführer Karl Carstens und Kurt Biedenkopf feiern
auf dem Parteitag vom 26. Mai 1976 in Hannover den vom Generalsekretär
durchgesetzten Kanzlerkandidaten Helmut Kohl.
Quelle: Bundesbildstelle Bonn

Kurt Biedenkopf war noch kein Jahr Generalsekretär der CDU, als er schrieb:»Wer aus der Reihe tanzt, wer über ungewöhnliche Fähigkeiten verfügt, wer neue Ideen hat und damit Unruhe verbreitet, ist in Systemen unerwünscht, denen die Wahrung der gruppenegoistischen Besitzstände und die Stabilisierung erlangter Positionen wichtiger ist als die Freisetzung von Initiative und die Bewirkung von Veränderungen.« Damit meinte er die um sich greifende Gremienpolitik, die sich aus den Universitäten heraus auch in anderen Bereichen von Gesellschaft und Staat ausbreitete. Er sah darin eine verhängnisvolle Entwicklung, weil mittelmäßige Führungsgremien die Leistungsfähigkeit der Gesellschaft bedrohten. Biedenkopf verlangte klare Führung – und forderte die Bereitschaft ein, Führungsaufgaben im gesellschaftlichen und öffentlichen Bereich zu übernehmen. Allerdings sagte er auch:»Die Besten unseres Landes sind für öffentliche Aufgaben nur zu gewinnen, wenn es ihnen lohnend erscheint, sie anzustreben.«

Immerhin – Biedenkopfs Arbeit als Generalsekretär zahlte sich für die CDU aus: Bis 1977 gewann die Partei mehr als 200 000 neue Mitglieder hinzu, ihre Zahl stieg von 444 635 auf 652 754. Der Anteil der Abiturienten und Angestellten unter ihnen sowie der Mitglieder zwischen 35 und 44 Jahren stieg. Und die CDU konnte auch dank der erhöhten Mitgliedsbeiträge endlich ihre Schulden abbauen. Im Ruhrgebiet allerdings hatte Biedenkopf keinen Erfolg: Dort initiierte er eine Kampagne gegen die Verfilzung von SPD und Gewerkschaften, verbunden mit einer Mitgliederwerbeaktion. Wulf Schönbohm begründete den geringen Effekt damit, dass die Aktion in den Kreisverbänden, in denen die Christlich-Demokratischen Arbeitnehmerverbände traditionell stark vertreten waren, auf Unverständnis und Ablehnung stieß. Trotz dieses Misserfolgs sollte Biedenkopf das Thema später wieder aufgreifen.

Mit ihrem Kanzlerkandidaten Helmut Kohl ging die CDU 1976 optimistisch in den Wahlkampf. Als aber das Schattenkabinett Formen annahm und die Namen derer durchsickerten, die Kohl mit einem Ministeramt zu beglücken gedachte, war Kurt Biedenkopf nicht dabei. Irgendwie hatten alle einen Grund, ihm böse zu sein: Strauß wollte ihn nicht dabeihaben, Rainer Barzel wollte Innenminister werden oder den Fraktionsvorsitz übernehmen, wenn ihm der Professor schon seinen Spitzenplatz auf der Landesliste Nordrhein-Westfalen streitig machte. »So kann man mit mir nicht umgehen«, echauffierte sich Barzel, als er erfuhr, dass Heinrich Windelen und Heinrich Köppler schon Monate zuvor mit Biedenkopf gesprochen hatten, ohne ihn hinzuzuziehen. Norbert Blüm und der soziale Flügel der CDU nahmen Anstoß an Biedenkopfs als einseitig arbeitgeberfreundlich angesehenen Positionen: »Was haben wir nach 1976 anzubieten, wenn bereits heute das Heil der Union hinter ihr statt vor ihr liegt?« Und Gerhard Stoltenberg sollte Wirtschaftsminister werden und damit das Amt übernehmen, das für Biedenkopf so gut wie reserviert zu sein schien. Aber Helmut Kohl hatte Stoltenberg fest zugesagt, ohne den Namen seines Generalsekretärs auch nur zu erwähnen. Viele Freunde waren Kurt Biedenkopf nicht geblieben, aus dem Wunderknaben, so hieß es in der CDU, sei ein »wunder Knabe« geworden. Trotzig aber glaubte Biedenkopf immer noch, zur Kernmannschaft Kohls zu gehören: »Wenn ich dann noch lebe, werde ich dabeisein.«[17]

Er wäre wohl nicht dabei gewesen. Eine Ursache dafür, dass Kohl sich von seinem Generalsekretär absetzte, war auch der noch immer schwelende Verdacht, Biedenkopf strebe selbst die Kanzlerkandidatur an. Sogar internationale Zeitungen wie der britische *Economist* schrieben, Biedenkopf sei »der Mann, auf den aufgepasst werden muss«. Helmut Kohl passte gut auf – und Biedenkopf zeigte sich loyal. In einem Interview mit dem *Spiegel* machte er deutlich, dass allein Kohl der Oppositionschef sei. »Entscheidend für die Glaubwürdigkeit ist nach meiner Meinung: Wer steht im Hauptquartier, wer erteilt dort letztlich die strategischen Richtlinien – und ist dieser Mann als politische Persönlichkeit glaubwürdig mit einer politischen Alternative verbunden? Die Frage bejahe ich eindeutig für den Kanzlerkandidaten der Unionsparteien.«[18] Dass Biedenkopf das Ahlener Programm ausdrücklich als »wesentliche Grundlage der CDU-Politik« bezeichnet und es mit der Einschätzung »kein Irrtum« verteidigt hatte, regte insbesondere die CSU auf. Deren Landesgruppenchef im Bundestag, Richard Stücklen, tobte über das Interview in der »Kampfpresse«. Danach hieß es in der CSU, wie Alexander Wendt in seinem politischen Portrait Biedenkopfs schreibt, der CDU-Generalsekretär sei zu dem Interview genötigt worden; der *Spiegel* habe gedroht andernfalls eine Enthüllungsgeschichte zu bringen. Biedenkopf selbst nennt das »Unsinn«.

Franz Josef Strauß erwähnt Kurt Biedenkopf in seinen Memoiren nur ein einziges Mal und kritisiert ihn dafür, dass er das Ahlener Programm als Grundlage für eine christlich-soziale Gesellschaftspolitik wieder habe ausgraben wollen. Für Strauß klangen Biedenkopfs Thesen zur Mitbestimmung und seine Worte zur »neuen Armut« offenbar wie sozialistische Parolen – ein grotekes Missverständnis.

Rücktrittsforderungen widerstand Biedenkopf, seinen Anspruch auf einen Platz in der Kernmannschaft aber zog er zurück. Er wolle auch nicht die Vergesellschaftung von Schlüsselindustrien, wie sie das Ahlener Programm ja gefordert hatte. Dieses Programm sei vielmehr durch die Düsseldorfer Leitsätze überholt. An eine Aufgabe der sozialen Marktwirtschaft, wie sie die CDU verstand und um deren Bestehen sich sogar Ludwig Erhard sorgte, habe er ebenso wenig gedacht wie an eine Öffnung der CDU nach links. Doch erstmals tauchte jetzt der Vorwurf auf, Biedenkopf neige dazu, rasch vorzupreschen und sich bei Widerstand zurückzuziehen. Hans Mundorf urteil so: »Biedenkopfs Problem ist seine Arroganz. Damit ist er auch überall angestoßen. Aber zuletzt knickt er dann doch ein. Er löckt gern gegen den Stachel, kündigt Opposition an, die dann nachher vom Winde verweht wird.«[19]

Biedenkopf fürs Revier: »Werden Sie kämpferisch«

Anerkennung fand Kurt Biedenkopf in diesen schweren Monaten allein bei seinen Parteifreunden im Kohlenpott. An seinem Geburtstag hatten ihn die Bochumer Parteifreunde mit 55 von 57 Stimmen für den Wahlkreis 117 (Bochum-Süd) für die Bundestagswahl nominiert. Auf dem Landesparteitag sprangen die Delegierten sogar von den Sitzen auf. So wie Biedenkopf hatte schon lange keiner mehr geredet: Schluss mit der Anpassung, forderte die Nummer eins der Landesliste, Kampf sei angesagt, Kampf gegen die linken Systemveränderer, »gegen eine Übermacht von Sozialdemokraten in unheiliger Allianz mit den Gewerkschaften«. Biedenkopf wollte die roten Hochburgen im Ruhrgebiet schleifen, die fest in SPD-Hand waren. Er wollte die Zaghaften und Resignierten aus den Kolpinghäusern und Parteibüros hinaustreiben auf die Straße. »Werden Sie kämpferisch!«, rief er Vertretern der Christlich-Sozialen Betriebsgruppen zu. »Greifen Sie an! Auch eine Minderheit kann angreifen und zuschlagen! Zeigen Sie Stolz! Haben Sie keine Angst davor, einen CDU-Aufkleber an Ihrem Auto anzubringen und irgendwann mal zerstochene Reifen vorzufinden.« Im Bochumer Süden, rund um Querenburg und die Universität mit ihren 5000 Angestellten, trat er trotzig gegen Karl Liedtke an, der einen 64:31-Vorsprung verteidigen wollte. Und er trat an gegen Willy Brandt, der die SPD-Landesliste anführte.

Das Stimmungshoch verführte Biedenkopf erneut zu recht sibyllinischen Äußerungen. Zu Frühlingsanfang 1976 hatte er sich angesagt bei den 390 Delegierten der CDU, die im Zigarrenstädtchen Bünde über neue Wege in der Sozial- und Jugendpolitik diskutierten. Der Professor hatte anderes im Kopf: »Wenn ich in meiner Heimatstadt Bochum im Ruhrgebiet für den Bundestag kandidiere, und wenn ich [...] die Reserveliste dieses Landes in der kommenden Bundestagswahl anführe, so beides in der Entschlossenheit, auch an der Gestaltung einer neuen Politik für dieses Land mitzuwirken.« Da meldete einer Ansprüche an auf die Führung im Land Nordrhein-Westfalen, wenn nicht mehr. Und galt damals nicht die Parole: Die Macht in Bonn kann nur über die Macht in Düsseldorf gewonnen werden?

Für den Wahlkampf opferte der Kandidat sogar seinen Urlaub. 180 Veranstaltungen absolvierte er, um das »Entwicklungsland« Nordrhein-Westfalen wieder nach oben zu bringen, das »Kartell der Mittelmäßigkeit« zu brechen. Vor der Kommunalpolitischen Vereinigung der CDU sagte er am 4. Juli 1976: »Wir müssen die Fenster des Ruhrgebiets aufstoßen, den Mief der Mittelmäßigkeit herauslassen und frische Luft hineinblasen.« 40 Prozent der Stimmen wollte er bei den Bundestagswahlen im Ruhrgebiet holen. Die Stadt Bochum zierten am 27. August bereits tausende Biedenköpfe, bevor die SPD überhaupt ihr erstes Plakat klebte. Der ehemalige Henkel-Mann warb wieder mit den Henkelmännern, orthografisch nicht ganz korrekt: »Biedenkopf für's Revier«. 1000 Stück dieser Blechdosen, in denen die Arbeiter ihr Mittagessen in die Zeche mitnahmen, verteilte er in diesem Wahlkampf. Dazu gab es Kochrezepte, etwa für Wirsingeintopf: 1 kg Wirsing, 500 g Rindfleisch, 1 kg Kartoffeln, Salz, Muskat, Pfeffer, und ein Mettwürstchen dürfe man auch mitkochen. »Gut geeignet für den Henkelmann.« Biedenkopf schaute beim Schützenfest in Bottrop vorbei und beim Sommerfest im Freizeitpark von Nienhausen. Sogar die Einweihung der Gegentribüne beim Fußballspiel VfL Bochum gegen MSV Duisburg im Ruhrstadion war dem Fußballmuffel einen Termin wert. Und selbst

Bundesligaspiele des VfL Bochum kommentierte er, obwohl er von Fußball nichts verstand:»Wichtig ist für den VfL, daß Jupp Kaczor spielen kann.«Später, im November 1978, sollte Biedenkopf sogar Mitglied beim VfL Bochum werden.

Im Adenauer-Haus hieß all das»Teilnahme am Leben der Region«. Gegen den sachverständigen Konkurrenten, Karl Liedtke, kam Biedenkopf allerdings nicht an im Stadion. Liedtke fuhr sogar regelmäßig zu Auswärtsspielen der Bochumer Fußballmannschaft mit. Dennoch lobte die *Frankfurter Allgemeine*, Biedenkopf habe »das professorale Gehabe neuerdings abgelegt, versteht es, als zornig-empörter Wahlkämpfer aufzutreten und den politischen Gegner in Grund und Boden zu reden«.[20] Da hatte sich die Studie offenbar gelohnt, die Biedenkopf über den Gebrauch der politischen Sprache im Ruhrgebiet hatte anfertigen lassen: Keine Fremdworte, hieß die Devise, oder diese übersetzen. Biedenkopfs Fahrer Rudolf Woidtke musste vor Wahlkampfveranstaltungen immer das Manuskript auf Verständlichkeit gegenlesen. Rhetorisch errang der CDU-»General« allerdings einen Sieg auf gewohntem Boden: am 31. August 1976 im voll besetzten Düsseldorfer Schumann-Saal bei einer Diskussion mit Herbert Marcuse vor 1 500 Zuhörern. Marcuses Utopien von einer besseren Welt nannte er ein»Wunschbild, das in der Praxis keine Chance«habe.

Biedenkopf unternahm einen Kraftakt, um in Bochum auch einen persönlichen Erfolg einzufahren. Die Bergarbeiter, die»Tegtmeiers, die nachts mit der Grubenlampe hinterm Siedlungshäuschen Kaninchen und Tauben füttern«, wollte er der SPD gern überlassen. Bergarbeiter waren eine aussterbende Gattung, damals noch 170 000 Mann. Biedenkopf richtete seine Appelle an die 2,5 Millionen Arbeitnehmer im Handwerk, im Einzelhandel und in klein- und mittelständischen Betrieben. Diese, glaubte er, hätten die»Filzokratie« in Nordrhein-Westfalen satt. Er präsentierte eine Dokumentation (»Der Mißbrauch gewerkschaftlicher und politischer Macht durch SPD- und Gewerkschaftsfunktionäre«) mit schwer wiegenden Vorwürfen:»In manchen Unternehmen kann man praktisch keinen Arbeitsplatz bekommen, wenn man nicht vorher einer DGB-Gewerkschaft beigetreten ist: Im Werk ›Union‹ der Hösch Hüttenwerke AG in Dortmund muß jeder, der in diesem Werk eingestellt werden will, zunächst eine Runde mit einem Laufzettel machen. Neben dem Lohnbüro und anderen Stellen müssen auch der Betriebsrat und das Gewerkschaftsbüro im Betrieb einen Erledigungsvermerk auf dem Laufzettel vornehmen. Dieser Erledigungsvermerk wird nur nach dem Eintritt des Bewerbers in die IG Metall gegeben. Erst wenn alle zu durchlaufenden Stellen den Laufzettel abgezeichnet haben, wird der Betreffende eingestellt.« In den Großbetrieben an der Ruhr habe kaum ein Arbeitnehmer eine Chance, einen Kindergartenplatz für den Familiennachwuchs, eine Werkswohnung für sich oder einen Altenheimplatz für die Eltern zu ergattern, wenn er nicht zuvor der SPD oder einer Gewerkschaft beigetreten sei. Zu DGB-Veranstaltungen, klagte Biedenkopf, würden nur SPD-Politiker eingeladen, Gewerkschafter verteilten in den Betrieben SPD-Wahlpropaganda und Rentner würden gegen Erstattung von fünf Mark aus der IG-Metall-Kasse zu Wahlkampfveranstaltungen gefahren. Einen weiteren Beleg für den Filz sah er darin, dass das sozialdemokratische Wahlkampfblatt *Zeitung am Sonntag* mit Anzeigen von Gewerkschaftsorganisationen im Wert von 300 000 Mark gesponsert werde.

Doch Biedenkopf musste den größten Teil seiner Vorwürfe zurücknehmen und nicht wenige im Revier sagten hinter vorgehaltener Hand: Filzokratie gibt es, aber wer das laut ausspricht, ist ein Störenfried. Gestört werden wollte aber niemand, auch so mancher nicht, der ein CDU-Parteibuch in der Tasche trug. Überraschenderweise erhielt Biedenkopf Zustimmung von einem, der sonst immer auf der anderen Seite gestanden hatte, Norbert Blüm:»Ich war einer seiner einsamen Treuen, als es an die Festungen und Bastionen ging, auch in der CDU. Meine Sozialausschüsse haben das auch als Angriff gesehen, während ich gesagt habe: Was stimmt, stimmt.« Immerhin erhielt Biedenkopf als Anerkennung für seine Kompromisslosigkeit das Wappen gegen das parlamentarische Radfahren, gestiftet vom Bonner Rad- und Rollsportverein. Aber seine Partei hätte wohl manchmal lieber mehr diplomatisches Vorgehen gesehen, der Parteivorsitzende gar bedingungslose Loyalität.

Im November 1976 siegte dann zwar die Freiheit über den Sozialismus; Bundeskanzler blieb jedoch Helmut Schmidt. Nach der knappen Niederlage mit dem zweitbesten Ergebnis, das die Union je eingefahren hatte – 48,6 Prozent der Wählerstimmen –, hatte Kohl sich in der Union durchgesetzt. Es reichte nicht ganz zur Übernahme der Regierungsverantwortung. Dennoch wollte Kurt Biedenkopf das Wahlergebnis als Votum für die Union sehen, »die politischen Geschicke der Bundesrepublik in die Hand zu nehmen«. Doch SPD und FDP bildeten, wie vor der Wahl angekündigt, erneut eine Koalition und Biedenkopf machte die Sezessionsstrategie von Franz Josef Strauß für die wenigen fehlenden Zehntelprozent verantwortlich.

Aber auch der CDU-Generalsekretär hatte sein persönliches Wahlziel, die anvisierten 40 Prozent, in Westfalen nicht erreicht. Er verstrickte sich daraufhin, gestützt auf Forschungsergebnisse aus Elisabeth Noelle-Neumanns Institut für Demoskopie in Allensbach, in einen Disput mit der Deutschen Presse-Agentur und dem Westdeutschen Rundfunk, denen er Verfälschung vorwarf: »Die Parteien erreichen nicht mehr das Ohr des Volkes, weil ihre Botschaft auf dem Umweg über die Medien verkürzt, entstellt, in eine andere Sprache umgegossen wird.« Das waren Nachhutgefechte, die am Wahlergebnis nichts ändern konnten.

In Bayern dagegen explodierte ein Vulkan. Franz Josef Strauß machte Biedenkopf und natürlich den Kanzlerkandidaten für die Wahlschlappe verantwortlich. Die 30-köpfige CSU-Landesgruppe kündigte am 19. November 1976 in Wildbad Kreuth die Fraktionsgemeinschaft mit der CDU im Bundestag auf. Auch die Ausdehnung der CSU auf ganz Deutschland stand erneut zur Debatte. Auf dem Deutschlandtag der Jungen Union in Offenburg wies Biedenkopf Strauß und dessen Politik mit schneidender Stimme zurecht. Das wahre Motiv der Bayern sei der Versuch, sich zum Leuchtturm aller denkbaren rechten Sammlungsparteien zu machen, ohne dabei auf die Vorteile des »Naturschutzparks Bayern« verzichten zu wollen, den die CDU bisher nicht angetastet habe. Zu solchen Ambitionen könne die CDU ihre Hand nicht reichen, sondern müsse dann ihrerseits »nach Bayern gehen«. Und weil er schon einmal im Zuge war, rechnete Biedenkopf auch gleich mit Strauß persönlich ab: Dass der »Herr Doktor Strauß« nach der Nominierung Helmut Kohls den gemeinsamen Kandidaten der Union als »Zweitbesten« bezeichnet und mit einer Flut hämischer Bemerkungen dessen Ansehen zu untergraben versucht habe, sei gar nicht gut gewesen. Angesichts dieses Gewitters steckte der CSU-Nachwuchs die Köpfe zusammen und Strauß' persönlicher Referent, der Landesvorsitzende der Jungen Union Bayerns, Otto Wiesheu, gestikulierte drohend. Es hätte nicht viel gefehlt und die jungen Bayern wären ausgezogen. Schließlich blieb es doch bei der vor Biedenkopfs Rede verfassten Resolution, in der es hieß, von Offenburg müssten »Impulse zur Einheit der Union« ausgehen.

Biedenkopf wurde bei seiner Philippika von der Sorge um die innerparteiliche Einheit der CDU/CSU umgetrieben. Die Vereinigung christlich-sozialer, konservativer und liberaler Strömungen betrachtete er als »eine der größten politischen Errungenschaften unserer modernen Geschichte«. Die Einheit der Union sei Garant dafür, dass »Bonn« nicht »Weimar« werde. Zwei Wochen später, am 12. Dezember 1976, zog die CSU-Landesgruppe ihren Beschluss zurück. Der Gedanke an eine vierte Partei im Kampf um die Mehrheit gegen die Partner SPD und FDP scheiterte schließlich am Widerstand aus beiden Unionsparteien. Das Gespenst geisterte noch einige Jahre durch die Republik – bis die Union Strauß als Kanzlerkandidaten nominierte.

Noch einmal hatte Kurt Biedenkopf seinem Parteivorsitzenden die Stange gehalten, doch das Verhältnis zwischen den beiden war längst gestört. Biedenkopf dachte über neue Aufgaben nach. Gleich in seiner ersten Rede im Bundestag – das Mandat hatte er als Nummer eins der Landesliste erhalten – griff Biedenkopf die SPD und Kanzler Schmidt heftig an und zeigte damit, wer – in seinen Augen – heimlicher Oppositionsführer war. Helmut Schmidt nannte er einen »ökonomischen Positivisten«. Investitionen in der Wirtschaft ließen sich nicht verordnen. »Auch Pferde saufen an der Theke nur, wenn sie dem Gebräu trauen.« In der SPD-Fraktion säßen überwiegend Funktionäre, kritisierte Biedenkopf, was deren »Weltferne« erkläre. So selbstbewusst trat der Generalsekretär auf, dass er Herbert Wehner dazu verleitete, seinen Genossen zuzurufen: »Nicht provozieren lassen von diesem Gauch!«

Vorsitzender des Wirtschaftsausschusses wollte Biedenkopf damals werden, doch Kohl misstraute ihm. Der Posten war schon vergeben. Stattdessen bedachte Kohl den Konkurrenten mit dem neu geschaffenen Amt eines wirtschaftspolitischen Sprechers der Fraktion und Biedenkopf wurde einer von sieben stellvertretenden Fraktionschefs. Spätestens damals muss ihm klar geworden sein: Kanzlerkandidat wird man nicht als Generalsekretär Kohls, auch nicht an seiner Seite, sondern nur gegen ihn.

Am 27. Januar 1977 ließ Biedenkopf die »lieben Freunde« wissen, »daß ich auf dem bevorstehenden Parteitag im März 1977 in Düsseldorf nicht wieder für das Amt des Generalsekretärs kandidiere. Ich habe diese Entscheidung einvernehmlich mit unserem Parteivorsitzenden, Helmut Kohl, getroffen, nachdem mich dieser zunächst gebeten hatte, mich erneut für die Wahl des Generalsekretärs zur Verfügung zu stellen.« Diese Mitteilung war für die Öffentlichkeit bestimmt und entsprach nicht ganz der Wahrheit.

Abbildung 8
Freie Zeit: Nach vier Jahren als Generalsekretär findet Kurt Biedenkopf
wieder Zeit für sein Hobby – Segeln am Chiemsee.
Quelle: Sächsische Staatskanzlei Dresden

Nach den Bundestagswahlen war immer häufiger Heiner Geißler
als künftiger Generalsekretär der CDU ins Spiel gebracht worden.
Noch hatte der Kanzler, wie es seine Art war, Biedenkopf nicht
gesagt, dass er sich von ihm trennen wollte. »Der läßt einen so lange
hängen oder am ausgestreckten Arm verhungern«, bemerkte der
enttäuschte Biedenkopf damals, »bis man kapiert hat, daß es besser
ist, freiwillig das Feld zu räumen.« Heute besteht Biedenkopf mit
Nachdruck darauf: »Ich habe immer für mich gesagt, vier Jahre.
Punkt.« Im Dezember 1976 habe Helmut Kohl ihn gefragt, ob er
noch einmal mitmachen würde. Biedenkopf habe erwidert: »Keine
vier Jahre mehr; wenn überhaupt, dann zwei.« Daraufhin habe Kohl
entschieden: »Zwei Jahre ist nicht so gut, dann machen wir eine
Zäsur.«

Am meisten enttäuscht über diese Wendung war ein anderer: Egon Bahr. Gerade hatte er Holger Börner als Bundesgeschäftsführer der SPD abgelöst, da nahm Biedenkopf seinen Hut. Hätte er das vorher gewusst, bemerkte Bahr, so hätte er »den Job des Geschäftsführers niemals angenommen«. Er habe sich so auf die intellektuellen Duelle mit dem »brillanten« Biedenkopf gefreut.

Sein Schulfreund Hermann Rösch traf Biedenkopf in dieser Zeit einmal und fragte ihn, warum er das überhaupt mache. »Du warst doch Universitätsrektor und könntest dir ein schönes Leben machen.« Biedenkopf habe geantwortet: »Für Deutschland.« Er konnte solche Entscheidungen so frei treffen, weil er wirtschaftlich unabhängig war, glaubt Rösch. Aber bewundert hat er ihn trotzdem, »diese innere Unabhängigkeit, dass einer das aus Idealismus machte, und nicht, um seine Pfründe zu sichern«. Hat Kurt Biedenkopf die Entscheidung, Generalsekretär der CDU zu werden, jemals bereut? »Nein! Entscheidungen dieser Art bereut man nicht, mit denen wird man fertig.«

2

Nordrhein-Westfalen:
»Nur wer auf Sieg spielt, kommt ins Finale«

Damit war eine politische Karriere beendet, doch Biedenkopf setzte umgehend zur nächsten an. Bonn behielt er dabei immer fest im Auge. Kohl hatte Biedenkopf zwar zurechtgestutzt, doch der geschasste Generalsekretär suchte nun nach anderen Wegen: Er strebte den Vorsitz im CDU-Landesverband Westfalen-Lippe an. Biedenkopfs Eifer im zweitgrößten Verband der CDU setzte sich in den Monaten nach den Bundestagswahlen fort und fiel auch Helmut Kohl auf. Nicht nur dieser mutmaßte, sein abgesprungener »General« wolle zuerst Ministerpräsident im größten Bundesland werden und dann zum kurzen Sprung nach Bonn ansetzen.

Biedenkopfs Chancen in Westfalen standen gut. Die *Rheinische Post* merkte an, er müsse sich nicht für eine »Schlacht gegen Landesfürsten und Ämterbastionen« rüsten, sondern dürfe »sich mit dem Gedanken an einen Blumenfeldzug vertraut machen« – zumal er darauf achtete, die Führungsriege der Partei im größten Bundesland nicht zu verschrecken. Heinrich Windelen wurde etwas rüde beiseite gestoßen, aber es ging um höhere Ziele: Die Westfalen wollten endlich einmal wieder den Spitzenkandidaten für die nächste Landtagswahl stellen. Das war ihnen bisher nur einmal gelungen: 1967/68 mit Hermann Josef Dufhues. Allerdings musste das Projekt mittelfristig geplant werden und dergleichen ist mit einem so ungeduldigen Mann, wie Kurt Biedenkopf es nun einmal ist, nicht eben einfach. Ihm selbst ist dieser Charakterzug durchaus bewusst: Im Oktober 1975 fragte ihn die *Bild*-Zeitung nach seiner größten Schwäche. Biedenkopf antwortete:»Ich bin oft zu ungeduldig.« – Im Juni des folgenden Jahres sprach er im Godesberger Weinhaus Maternus mit Rolf R. Bigler von der *Welt am Sonntag*. Bigler schrieb: »Alles an ihm hat es ein bißchen eilig, vor allem sein Verstand. Ob er ungeduldig sei? ›Aber keine Spur. Die wichtigste Qualität eines Lehrers ist die Geduld, und die habe ich.‹«[1]

Kein Zweifel: Kurt Biedenkopf *ist* ein ungeduldiger Mensch. Eine Frage zweimal beantworten zu müssen macht ihn zappelig wie ein hochgezüchtetes Rennpferd vor Gewitter. Diesmal aber wollte er sich im Zaum halten. Immerhin sicherte er Heinrich Köppler zu, dass dieser bis 1980 die Nummer eins bleiben dürfe und für den Fall eines unplanmäßigen Regierungswechsels in Nordrhein-Westfalen Ministerpräsident werden würde. Doch es wird Biedenkopf nicht schwer gefallen sein, dieses Versprechen abzugeben: Nach den Bestimmungen der Landesverfassung konnte er nämlich ohne Mandat im Landtag gar keine Ansprüche auf den Posten des Regierungschefs stellen, und eine erneute Umorientierung der FDP stand auch nicht zu erwarten.

Am 3. Juni 1977 konnte Kurt Biedenkopf hoffen, den ersten Schritt für einen neuen Sturm an die Spitze gemeistert zu haben: Die Delegierten des Parteitages wählten ihn zum Vorsitzenden des Landesverbandes Westfalen-Lippe. Kurt Biedenkopf schien, trotz aller Widerstände Kohls, wieder auf dem Weg nach oben zu sein.

Christa Thoben erinnert sich, wie der neue Landeschef das alte Günstlingssystem demontierte:»Einige Zaunkönige und Bezirksfürsten glauben damals, sehr wichtig zu sein. Aber den Zahn hat er ihnen schnell gezogen. Er hat eine Umfrage in Auftrag gegeben, um den Bekanntheitsgrad messen zu lassen. Das Ergebnis hat er dann verteilen lassen. Bei einigen war das kaum messbar. Das lag denen natürlich quer, aber einmal musste man das glatt ziehen.« Doch Biedenkopf trug noch immer eine Hypothek mit sich: seine Beziehung zu Ingrid Kuhbier. Die Parteifreunde im katholischen Westfalen hatten ihn mehrfach aufgefordert das Verhältnis zu klären oder es verdeckter zu leben. Doch Biedenkopf schaffte es sogar, beiden Frauen in einem Zeitungsinterview ein Kompliment zu machen. In der *Bild*-Zeitung vom 16. Oktober 1975 hatte er als seinen glücklichsten Tag den bezeichnet, an dem er im Jahre 1952 seine Frau kennen gelernt hatte. Auf die Frage, wann er zum ersten Mal richtig verliebt gewesen sei, antwortete er: »Verehrt habe ich ein Mädchen zum erstenmal, als ich zehn Jahre alt war. Ich bin mit dem Fahrrad zu ihr nach Leipzig gefahren – das waren 66 Kilometer hin und zurück. Wir sind zusammen spazieren gegangen. Viele enge Bindungen bin ich nicht eingegangen. Das liegt mir nicht. Ich bin sehr zurückhaltend beim Knüpfen neuer Beziehungen.«

Zu diesem Zeitpunkt wussten längst alle in Nordrhein-Westfalen von der Geschichte. Christa Thoben erinnert sich: »Für manche in der Partei war dies willkommener Anlass, sich von einem Unbequemen abzusetzen.« Unter der Hand sei damals im Wirtschaftsrat der Partei ein Buch verteilt worden, von dem es hieß, darin würde das Privatleben der Biedenkopfs erzählt: *Ich bin ich*, erschienen unter dem Pseudonym Judith Jannberg. Tatsächlich handelt dieses Buch von einem Politiker und Professor, der in seinen öffentlichen Reden familiäre Werte predigt, aber heimlich fremdgeht. Autorin war nicht Sabine Biedenkopf, sondern eine Verlagslektorin, die sich von einem österreichischen Politiker getrennt hatte. Dem damaligen Geschäftsführer des Wirtschaftsrats der CDU, Jürgen Weber, wurde später in einem gerichtlichen Vergleich verboten seine früheren Behauptungen zu wiederholen, das Buch beschreibe Biedenkopfs erste Ehe.

Im Oktober 1977 war es dann Ingrid Kuhbier selbst, die das Geheimnis, das im Grunde längst keines mehr war, lüften sollte – ob gewollt oder ungewollt, bleibt unklar. Im »Jagdhaus Wiese«, einem Sauerländer Nobelhotel, weigerte sich der Portier ihr den Schlüssel zu Kurt Biedenkopfs Hotelzimmer zu geben. Sie sei schließlich nicht Frau Biedenkopf, beschied der Mann. Kurt Biedenkopf sprach gerade auf einem Empfang katholischer Unternehmer, da platzte sie herein und beschwerte sich, dass man ihr den Schlüssel vorenthalte. Dem ehemaligen CDU-Familienminister Franz-Josef Würmeling platzte daraufhin der Kragen. Er gab sogar sein Parteibuch zurück, ließ seine Mitgliedschaft ruhen und forderte den Rücktritt Biedenkopfs. Dessen Stellvertreter, Albert Pürsten, sprang dagegen dem Professor bei: »Es ist nicht Aufgabe der Partei, sich mit persönlichen Angelegenheiten zu beschäftigen, sonst wären ja auch alle Minister rücktrittsreif, die in zweiter Ehe leben.« Die Lokalpresse schrieb: »Sogar Franz-Josef Strauß wußte davon – und schwieg.«

Kurt Biedenkopf sieht das heute mit Distanz: »1977 war das noch etwas völlig anderes als '97. Wir haben da ja inzwischen einen völligen Bewusstseinswandel. Über die Scheidung von Peter Hintze hat kein Mensch mehr gesprochen.« Ingrid Biedenkopf dagegen geht noch immer an die Decke, wenn sie den Namen Würmeling hört: »Das war ein Miesling, ein Kleinling.« Und es ärgert sie, dass diese Geschichte von der eigenen Partei missbraucht worden sei. Andere seien nobler und diskreter mit ihrem Wissen umgegangen: So habe Holger Börner, damals SPD-Bundesgeschäftsführer, Material geliefert bekommen, wie Ingrid Biedenkopf weiß. »Der hat gesagt: Das gehört nicht in die Politik. Der hat sich toll benommen. Während unsere eigenen Leute sich mies benommen haben.«

Trifft es zu, dass Helmut Kohl seinem Generalsekretär untersagt hat seine privaten Angelegenheiten vor den Wahlen von 1976 zu regeln? »Der Helmut Kohl hat mir nie was geraten in dem Sinne. Das ging ihn nun wirklich nichts an«, braust Biedenkopf auf. »Er kannte sie [Ingrid Kuhbier] als Erwachsene länger als ich. Ich habe sie ja erst 1974 wieder getroffen.« Christa Thoben nahm sich Kurt

Biedenkopf auf dem Berliner Parteitag vor:»Wir müssen reden. Bei so etwas lässt man sich nicht erwischen«, habe sie ihm gesagt und geglaubt, die Sache werde sich wieder beruhigen. Sie beruhigte sich tatsächlich erst, als Biedenkopf sich im Mai 1978 von der Familie trennte. Im November 1979 ließ er sich scheiden, wenige Monate später heiratete er Ingrid Kuhbier, geborene Ries. Die Privatsache, die so viel politischen Staub aufgewirbelt hatte, war endlich ausgestanden.

Nur für einen nicht: Bernt Engelmann fiel damals auf, dass im deutschen *Who's who* der Hinweis fehlte, dass Ingrid Biedenkopf die Tochter von Fritz Ries sei. Stattdessen war dort nur zu lesen:»[...] verheiratet in 2. Ehe mit Ingrid, geb. Kuhbier [...]« Engelmann fragte, ob Biedenkopf»sich seiner neuen familiären Beziehungen zu dem toten Industriellen schämte, der einen bedeutenden Teil seines Vermögens der Ausbeutung und Ausplünderung von Zwangsarbeitern in und um Auschwitz verdankt hatte«.

Ingrid Biedenkopf kann sich noch heute ereifern, wenn sie den Namen Engelmann hört:»Mein Vater hat sicher manches in seinem Leben gemacht, was nicht richtig war, aber er war nicht fies. Und das Engelmann-Buch ist fies.« Ihr Vater sei»mit Sicherheit eine schillernde Persönlichkeit« gewesen,»aber er war nicht schlecht, soweit ich das weiß. Seine Leute haben ihn sehr geliebt, er war sehr beliebt. Sehr gerecht, sehr streng, aber sehr gerecht.«

Das Institut für Wirtschaft und Gesellschaft: »Wo lassen die denken?«

Das Privatleben geordnet, in der Politik wieder auf dem Weg nach oben – doch das war Kurt Biedenkopf nicht genug. Daneben baute er sich ein zweites Standbein auf und verwirklichte einen lang gehegten Traum, der seine Kompetenz in Fragen der Wirtschaft und der Neuordnung der Gesellschaft unterstreichen sollte: das »Institut für Wirtschaft und Gesellschaft« (IWG) in Bonn. Das IWG war geplant als eine Denkfabrik nach amerikanischem Muster. Spenden aus der Industrie sorgten für den finanziellen Rahmen. Etwa 50 Kuratoren zahlten oder besorgten jeweils einen Jahresbeitrag von 20 000 Mark – dazu zählten Daimler-Benz oder Henkel, aber auch Privatpersonen. Die parteieigene Konrad-Adenauer-Stiftung leistete aus Biedenkopfs Sicht zu wenig, um die programmatische Entwicklung fortzuführen, die er als Generalsekretär eingeleitet hatte. Weil in der Partei der wissenschaftliche Unterbau vernachlässigt worden war, musste sein Institut als Gegen- oder Ersatzveranstaltung gelten. Franz Josef Strauß inspirierte das zum Spott: »Wo lassen die denken? – Bei Biedenkopfs.«

Zusammen mit dem Leiter des IWG, dem Juristen und alten Weggefährten Meinhard Miegel, machte Biedenkopf Front gegen zu viel Soziales in der Marktwirtschaft. Innerhalb der CDU war das zu dieser Zeit kein leichtes Unterfangen, trat die Partei doch im Juli 1977 für eine Anpassung der Renten um 9,9 Prozent ein und sprach sich gegen die von der Bundesregierung geplante Einschränkung der freien Arztwahl aus, mit der die SPD schon damals die steigenden Kosten im Gesundheitswesen senken wollte. Und im Entwurf des Grundsatzprogramms standen Sätze wie »Wir bekennen uns zur äußersten Anstrengung, um jedem Menschen seine Lebenschancen zu gewährleisten« (Ziffer 29). Das Programm versprach »umfassende Maßnahmen ausgleichender Gerechtigkeit«. Biedenkopfs Maßnahmen gegen die Arbeitslosigkeit sahen dagegen nicht den Griff in die Staatskassen vor, sondern in die Taschen der Arbeitslosen: Zwei Wochen keine Unterstützung, meinte der Professor, und die »Wohlstandsarbeitslosigkeit« wäre beseitigt.

Die IWG-Studie »Wege aus der Arbeitslosigkeit« kritisierte die Höhe der Tarifabschlüsse, schlug aber auch mehr Teilzeitarbeit vor. Diese in der Wirtschaft damals noch durchweg verpönte Lösung gründete für Biedenkopf auf der Einsicht, dass sich das Einkommen eines Haushalts nicht ändern würde, wenn statt eines Haushaltsmitglieds, das 40 Stunden arbeitet, nun zwei Mitglieder je 20 Stunden arbeiten. Die Probleme bei der Organisation der Arbeit und der Qualifikation hielt Biedenkopf für lösbar. »Durch eine solche Maßnahme würde sich die Zahl der Arbeitsplätze wesentlich erhöhen.« Das Sabbatjahr erkannte er damals bereits als Chance zur Fortbildung, wie auch Arbeitslosigkeit nicht mehr bedeuten solle, untätig auf eine neue Stelle zu warten, die dann doch nicht immer komme, sondern sich für eine neue Stelle zu qualifizieren. Die Vorruhestandsregelung wurde von ihm als »Notbehelf« bezeichnet.

Das IWG wollte Biedenkopf zwar als »keine parteipolitische, sondern eine wissenschaftliche Einrichtung« verstanden wissen. Aber die Ergebnisse des Instituts lieferten ihm Material für seine politische Arbeit. Als sich in den siebziger Jahren die Zahl der Arbeitslosen auf mehr als eine Million Menschen erhöhte, lag dies nicht zuletzt an einer Nachfrageschwäche. Die Deutschen kauften nicht genug und auch der Export lief nicht rund. In den USA wie in den europäischen Ländern stotterte der Wirtschaftsmotor. Biedenkopf fragte, warum die Waren nicht preiswert und attraktiv genug waren. Die nach dem Ölschock sprunghaft gestiegenen Energiepreise waren aus seiner Perspektive nicht für die Krise verantwortlich: Sie machten schließlich nur drei Prozent des Kostenanteils in der Industrie aus. Zwar habe die explosionsartige Erhöhung der Energiekosten zu Turbulenzen geführt, »eine dauerhafte Beeinträchtigung unseres wirtschaftlichen Wachstums hat sie jedoch nicht verursacht«.

Kurt Biedenkopf identifizierte mit den Studien des IWG als einer der Ersten die Kosten der Arbeit als Standortnachteil: die hohen Löhne und die Lohnnebenkosten. »Die Tarifpolitik der letzten Jahre hat wesentlichen Anteil an den gegenwärtigen Problemen des Arbeitsmarktes. Das gewerkschaftliche Ziel: Stärkung der Massenkaufkraft durch Erhöhung der Lohnsätze hat sich als trügerisch erwiesen. Auf der Strecke bleiben immer mehr Menschen ohne Arbeitsplätze.« Biedenkopf schlug schon damals vor einen Teil der Lohnerhöhungen als Beteiligung am Produktivvermögen auszuzahlen. So würde nicht nur das Vermögen des Einzelnen, sondern auch das Eigenkapital der Unternehmen vermehrt. Das sollte wiederum zu Investitionen und zur Schaffung neuer Arbeitsplätze führen. Daneben prangerte Biedenkopf den hohen Staatsanteil am Bruttosozialprodukt an, damals knapp über 20 Prozent. »Die Belastung der Bürger mit Abgaben und Steuern hat Grenzwerte erreicht.« Forderungen nach einem Einstieg in die 35-Stunden-Woche erschienen ihm als »irrationale Handlungen«.[2] Sein Gegenspieler vom sozialen Flügel der CDU, Norbert Blüm, hatte damals schon längst eine Verkürzung der Arbeitszeit befürwortet. Biedenkopf dagegen verlangte ein Ende der Neuverschuldung, da diese bald nicht mehr ausreichen werde, um auch nur die Zinsen für die Altschulden zu zahlen. Heinrich M. Broder hielt ihm daraufhin im *Vorwärts* »unseriöse Rechnereien« vor. Und er prophezeite, das Thema Arbeitslosigkeit werde auf Biedenkopf zurückfallen, weil es zum entscheidenden Wahlkampfthema in Nordrhein-Westfalen werde.[3]

In der IWG-Studie »Wohnungsbau am Wendepunkt« sprachen Biedenkopf und seine Kollegen sich für ein Ende der staatlichen Wohnungsbauförderung aus, weil bereits alle Wohnbedürfnisse befriedigt seien, ja sogar überbefriedigt. Sie beklagten nicht nur, dass die Ansprüche stetig stiegen, sondern Biedenkopf echauffierte sich auch darüber, dass »die Menschen lieber umkommen, als vom Penthouse wieder ins Reihenhaus zu ziehen«, dass sie sich also sehr schwer täten, einmal Errungenes wieder aufzugeben. Natürlich sollte das einem Menschen, der die freie Wahl hat, leichter fallen als jemandem, der das bisschen, was er hat, wieder hergeben soll. Zu Letzteren gehörte Biedenkopf gewiss nicht. Wenn er erklärte, es sei kein Mangel, wenn Studenten keine 22-Quadratmeter-Wohnung mit Dusche fänden, klang es trotzdem, als spräche er aus eigener

Erfahrung. Zu seiner Studienzeit hätten drei Mann in solch einer Wohnung gehaust. Der soziale Wohnungsbau erschien ihm nicht mehr als eine Einrichtung, welche die akute Wohnungsnot überwinden sollte, sondern als eine Institution, die immer noch größere und schönere Wohnungen schaffen sollte. Das aber könne »keine Aufgabe eines hochverschuldeten Gemeinwesens« sein. Erreicht werde mit dieser Politik nur, dass die Sozialmieten häufig unbezahlbar würden und die wirtschaftliche Leistungsfähigkeit derer außer Betracht bleibe, für die sie eigentlich bestimmt seien. Größte Nutznießer seien die gemeinnützigen Wohnungsbaugesellschaften, aufkommen müssten dafür die Steuerzahler und das sei auf Dauer nicht zumutbar. Biedenkopf sah sich wieder in seiner Auffassung bestätigt: Was die Bürokratie einmal an Lenkungs- und Betreuungsfunktionen an sich gerissen hat, das gibt sie so schnell nicht wieder her. »Eine kostensparende Vereinfachung des gegenwärtigen Systems ist deshalb geboten.«

1981 legte Meinhard Miegel eine Rentenstudie vor, zu der Biedenkopf nur das Vorwort verfasste. Das Ergebnis dieser Studie lautete, dass die Renten in einigen Jahrzehnten nicht mehr finanzierbar sein würden. Jeder Arbeitnehmer werde dann das Altersruhegeld für einen Rentner aufbringen müssen. Miegel und Biedenkopf gehörten zu den Ersten, die eine »gründliche Reform« des Rentensystems empfahlen. Ihr Vorschlag sah so aus, dass jeder, der 25 Jahre lang Steuern bezahlt hat und 63 Jahre alt ist, eine Grundrente von 600 Mark erhalten sollte. Die dafür nötigen 100 Milliarden Mark sollten aus Steuermitteln bestritten werden, die durch Bundeszuschüsse und Einsparungen bei der Sozialhilfe aufgebracht werden könnten. Für Versicherte bis 48 000 Mark Nettoeinkommen sollte eine staatlich organisierte Leistungsrente obligatorisch bleiben. Die Arbeitgeberanteile für die bisherige Rentenversicherung sollten als Einkommen ausgezahlt werden. »Für die Wirtschaft wäre diese Maßnahme kostenneutral«, erklärte Biedenkopf. Die Arbeitnehmer wäre sie dagegen teuer zu stehen gekommen, denn die Steigerungen der Beiträge in den folgenden Jahren wären voll zu ihren Lasten gegangen. Der sozialdemokratische *Vorwärts* kommentierte damals denn auch:»Statt den zunehmenden Abschied der Wirtschaft aus ihrer sozialen Verantwortung zu verhindern, schlägt das Biedenkopf-Institut diesen Abschied geradezu vor.«[4] Die Einführung einer Grundrente sollte eine immer wiederkehrende Forderung Biedenkopfs bleiben und Norbert Blüm sollte sich immer wieder genötigt sehen zu erklären:»Die Rente ist sicher!«

»Biedenkopf hat das Zeug zum Kanzlerkandidaten«

Als Franz Josef Strauß im September 1978 als Ministerpräsident nach München wechselte, schlossen Kohl und Biedenkopf Frieden. Biedenkopf beerbte Strauß als wirtschaftspolitischer Sprecher der Unionsfraktion. Was die CDU/CSU damals dringend suchte, war ein neuer Ludwig Erhard. Und »der Kurt«, lobte Kohl, sei doch »das Beste, was wir auf diesem Sektor haben«. Dankbar ordnete sich Biedenkopf ein und stellte klar, er sei »zur Zeit« keine Alternative zu Helmut Kohl. Mitten hinein in diese schöne Harmonie jedoch schoss Franz Josef Strauß einen Pfeil aus München ab:»Biedenkopf hat das Zeug zum Kanzlerkandidaten.«[5]

Insgeheim sah Kurt Biedenkopf das offenbar auch so. Jedenfalls trat er, kaum in Gnaden wieder aufgenommen, erneut mit Helmut Kohl in den Ring. In einem Memorandum forderte er, Partei- und Fraktionsvorsitz müssten getrennt werden. Vier Exemplare einer ersten Fassung dieser Denkschrift schickte er an Hans Filbinger, Hans Katzer, Alfred Dregger und Gerhard Stoltenberg. Als einziges Präsidiumsmitglied erhielt Hanna-Renate Laurien keine Post von Biedenkopf. Auch Bernhard Vogel fand einen Brief zwischen seinen Weihnachtskarten. Dass Biedenkopf darauf bestand, Helmut Kohl einen Gegenkandidaten zu präsentieren, falls er nicht auf den Fraktionsvorsitz verzichten wollte, empfand Vogel als Erpressung. Norbert Blüm nannte das Memorandum später »Alternative mit Morddrohung«. Vogel rief Helmut Kohl auf der Allgäuer Sonnenalp an, wo dieser gerade Urlaub machte. Was er zu hören bekam, musste auch der Parteichef als Kriegserklärung verstehen: Die Bevölkerung sei derzeit zu 60 Prozent mit der Regierung zufrieden, hatte Biedenkopf geschrieben, die SPD/FDP-Koalition aufzubrechen sei kein realistisches Ziel. Das Bild der Union sei seit 1977 – das heißt: seit dem Ende der Amtszeit Biedenkopfs als Generalsekretär – ungünstiger geworden, die Zustimmung zu Helmut Kohl habe abgenommen. Der Führung der Union bescheinigte er Schwächen. »Mit der Verbindung der Führung der CDU und der Führung der CDU/CSU-Bundestagsfraktion in einer Person sind zwei Aufgaben in Personalunion miteinander verbunden, die sich [...] grundsätzlich voneinander unterscheiden. Die unterschiedliche Aufgabenstellung und Zielrichtung macht eine bestmögliche Wahrnehmung beider Aufgaben durch eine Person unmöglich.« Und: »Die Institution eines De-facto-Kanzlerkandidaten während der ganzen Legislaturperiode hat sich nicht bewährt.« Biedenkopf forderte: »Helmut Kohl ist Bundesvorsitzender der CDU und legt das Amt des Fraktionsvorsitzenden nieder.« Kohl solle sich um die Partei und die politische Auseinandersetzung mit SPD und FDP kümmern, der Fraktionsvorsitzende den Angriff gegen die Regierung im Parlament führen. Bis zum Frühjahr 1980 solle die Frage des Kanzlerkandidaten offen bleiben.

Das waren die gleichen Mittel, mit denen Biedenkopf einst für Kohl den Sturz Rainer Barzels vorbereitet hatte. Sofort wurde ihm nachgesagt, er strebe selbst das Amt des Fraktionschefs an. Dass sich gleichzeitig sein Verhältnis zu Franz Josef Strauß verbesserte, dem alles recht war, was Kohl schwächte, passte ins Bild. Biedenkopf sei »aus dem Holz geschnitzt, aus dem Kanzler gemacht werden«, ließ Strauß noch einmal verlauten und es ist zu vermuten, dass er dabei grinste. Das blieb seine einzige Bemerkung zu den Personalquerelen in der Schwesterpartei. Der bayerische Ministerpräsident, der 1974 im Restaurant des Bundeshauses brüllend kundtat, er »verabscheu[e]« Kohl, den er gern als »völlig unfähig« abkanzelte, nannte diese Querelen lediglich »interessant«. Eine »Achse Strauß-Biedenkopf« gegen Helmut Kohl wollte der Bayer nicht bestätigen.

In der *Bild*-Zeitung schwor Biedenkopf, er wolle den Parteichef nicht stürzen, sondern nur entlasten. Und er bot sich tatsächlich gleich als Nachfolger für den Fraktionsvorsitz an. Sein Vorstoß geriet Biedenkopf zu einer kompletten Niederlage. Im Präsidium stand er allein und musste mit seiner Stimme Kohls Position bestätigen. Binnen weniger Tage war Kohl wieder Herr der Lage, auch wenn er sich sagen lassen musste, dass er mit diesem innerparteilichen Sieg dem Ziel der Regierungsübernahme keinen Schritt näher gekommen sei. Über Biedenkopf äußerte Helmut Kohl gegenüber Freunden: »Der Mann ist durch und durch unmöglich.« Und: »Ich bin mit dem Mann fertig.«

Biedenkopf aber setzte seinen Demontageversuch fort. Als Kohls Kandidat für die Wahl zum Bundespräsidenten, Karl Carstens, unter Beschuss geriet, weil bekannt wurde, dass er einen Antrag auf Mitgliedschaft in der NSDAP gestellt hatte, empfahl Biedenkopf den bayerischen Kultusminister Hans Maier als Kandidaten. Im kleinen Kreis fragte Biedenkopf, ob denn niemandem aufgefallen sei, »wie schlecht der Carstens in letzter Zeit aussieht«. »Helmut Kohl schwankte«, stellte Carstens in seinen Memoiren fest. Erst als auch die einstige NSDAP-Mitgliedschaft des Amtsinhabers, Walter Scheel, bekannt geworden war, stand Kohl unverrückbar zu seinem »ganz ausgezeichneten Kandidaten«. Am 23. Mai 1979 wählte die Bundesversammlung dann Karl Carstens zum Bundespräsidenten.

Doch auch beim nächsten Schlag gegen Kohl, der sich in diesen Monaten ein »Tal der Erniedrigung« durchwandern sah, war Biedenkopf wieder mit von der Partie. Noch während der Stimmenauszählung bei der Bundespräsidentenwahl ging das Gerücht um, Kohl habe auf eine Kanzlerkandidatur verzichtet und Ernst Albrecht vorgeschlagen, dem es in Niedersachsen gerade gelungen war, die SPD abzulösen. In Strauß' Bonner Wohnung trafen sich zahlreiche Unionspolitiker, unter denen auch Biedenkopf war. Dass Helmut Kohl sich der Union wieder einmal als Kanzlerkandidat aufzwingen wollte, sollte verhindert werden. Nachdem man ein paar Gläser Sekt getrunken hatte, zog man um in die »Klopfstuben« in Bad Godesberg und nach etlichen Gläsern Wein soll Franz Josef Strauß sich bereit erklärt haben zu kandidieren. Es ist zwar kaum glaubhaft, dass auch Strauß nie hat Kanzler werden wollen und zur Kandidatur gedrängt werden musste, aber von ihm ist ja auch der Satz überliefert: »Ich hoffe, es geht dem deutschen Volk nie so schlecht, daß es glaubt, mich zum Bundeskanzler wählen zu müssen.«[6] Da Strauß seine Worte in der Regel zu wählen wusste, muss gesagt werden: Der Bundeskanzler wurde auch damals schon nicht vom Volk, sondern vom Bundestag gewählt. Seit Gründung der Bundesrepublik im Jahre 1949 wählt das deutsche Volk auch den Bundespräsidenten nicht direkt. Diese Einschränkung der direkten Demokratie hatte bekanntlich mit den historischen Erfahrungen in der Weimarer Republik zu tun.

In Nordrhein-Westfalen tagten die Landesvorstände der CDU, die neben Ernst Albrecht auch Gerhard Stoltenberg, Alfred Dregger und Kurt Biedenkopf als Kandidaten nominieren wollten. Doch der rheinische Vorsitzende Heinrich Köppler traute sich in der entscheidenden Sitzung des Parteivorstandes mit den Landesvorsitzenden am 28. Mai 1979 nicht, gegen Kohls Mann die drei anderen Namen vorzuschlagen. Nahezu einstimmig votierte der gesamte Bundesvorstand der CDU deshalb für Albrecht; die CSU nominierte Strauß. Kurt Biedenkopf erklärte, wegen Kohls Vorpreschen sei die CDU in eine »ungeheuer schwierige Lage geraten«. Am 2. Juli 1979 stimmten dann auch – neben den Vertretern der CSU –

52 Mitglieder der CDU-Bundestagsfraktion für Strauß als Kanzlerkandidaten der Union.

Der Flirt mit Strauß geriet auch für Biedenkopf zum Problem – in Westfalen, wo eine Landtagswahl anstand. Mit Strauß wollten sich die wenigsten seiner Freunde identifizieren. Auf dem Parteitag der westfälischen CDU Ende August 1979 beklatschten die Delegierten Kohl und Geißler statt Biedenkopf und Strauß. Nicht einmal zwei Drittel bestätigten Biedenkopf als Vorsitzenden des Landesvorstandes. Vor allem Mitglieder der Jungen Union bestellten bei den Jusos Anti-Strauß-Plaketten. In Sachfragen aber standen die Westfalen zu ihrem Vorsitzenden. Unverdrossen setzte Kurt Biedenkopf seine Kampagne zum Thema Sozialabbau fort. Immer wieder benutzte er das Bild vom kleinen Mann, der groß geworden sei und deshalb für sich selbst sorgen könne. Nun schlug er einen »Verzicht auf die staatliche Vollbeschäftigungsgarantie« vor. »In einem freiheitlichen und sozialen Gemeinwesen kann, darf und braucht der Staat keine Vollbeschäftigungsgarantie zu geben.«

Biedenkopf, Nummer zwei der nordrhein-westfälischen CDU-Landesliste hinter Heinrich Köppler, fiel auch durch ungewöhnliche Aktionen aus dem Rahmen: Mit »Humpelmärschen« an den Bordsteinen wollte er gegen die Gesamtschule demonstrieren. Die Behinderten sahen damit ihre Gefühle verletzt. Dann wiederum nannte er die kürzlich gegründete Grüne Partei »seriös«, was beim größten Teil der Parteimitglieder Verwunderung hervorrief. Offenbar setzte Biedenkopf darauf, dass jeder Wähler der Grünen die sozialliberale Koalition eine Stimme kostete, die am Ende unter den Tisch fallen würde – sofern die Grünen unter fünf Prozent landeten.

Urplötzlich stand Kurt Biedenkopf dann doch in der ersten Reihe: Vier Wochen vor der Landtagswahl starb der Spitzenkandidat der CDU, Heinrich Köppler, an einem Herzinfarkt. Scheinbar selbstverständlich rutschte die Nummer zwei an die erste Stelle: Kurt Biedenkopf. Doch hinter den Kulissen meldeten offenbar auch andere

Ansprüche an. Christa Thoben erinnert sich:»Bei ihm hieß es dann wieder, er habe sich vorgedrängt.« Und einen störte der unerwartete Wechsel ganz besonders.»Die Köppler-Nachfolge empfand Kohl als Bedrohung und hat ihm kleine und große Knüppel zwischen die Beine geworfen.« Biedenkopf selbst stellt lakonisch fest:»Ich musste mich dann auch noch gegen drei der vier Bezirksfürsten in Westfalen durchsetzen. Die Rheinländer wollten, dass ich das mache.« Aus der Rückschau erscheint ihm dieser Wahlkampf als»eine makabre Zeit. Ich musste zwei Tage nach dem Tod von Köppler Bilder machen lassen von mir für die Plakate.«

Eine Woche vor der Wahl versuchte *Bild am Sonntag* mit einer Homestory den Kandidaten von seiner besten Seite zu zeigen. Biedenkopf war voller Hoffnung:»Ich glaube fest, daß wir diese Wahl gewinnen können.« Für den Fall, dass er Ministerpräsident von Nordrhein-Westfalen würde, versprach er:»Wir werden die Bremsklötze wegziehen, die sozialdemokratische Politiker vor die Vollbeschäftigung, vor wirtschaftliches Wachstum, vor technologische Zukunft, vor die Schaffung neuer Arbeitsplätze geschoben haben. Von Nordrhein-Westfalen müssen endlich wieder wirtschaftliche Initiativen für die gesamte Bundesrepublik ausgehen.« Kohle, sagte er, sei zu kostbar, um sie nur zu verbrennen.»Wir brauchen neue Technologien. Und: Wir brauchen die Kernkraft.«

Doch es nutzte alles nichts. Aus dem erhofften Sieg bei der»Testwahl« für die Bundestagswahl am 11. Mai 1980 wurde eine schwere Niederlage. Biedenkopf und die CDU kamen nur noch auf 43 Prozent, verloren damit vier Prozent der Wählerstimmen und die Rolle als stärkste Fraktion im Landtag; die SPD überholte sie mit 48,4 Prozent. Trotzig meint Biedenkopf:»Wenn die nordrhein-westfälische CDU heute solch ein Ergebnis erzielen würde, wären sie die glücklichsten Leute auf der Welt.« Persönlich habe er damals ein Opfer gebracht:»Wenn Heinrich Köppler nicht gestorben wäre, wäre mein Leben völlig anders verlaufen. Das war der tiefste Eingriff in mein Leben. Man hat mir ja immer vorgehalten, ich hätte keine Loyalität, ich habe damals aus Loyalität zur CDU ein großes Opfer gebracht, aus heutiger Sicht. Ich habe das nicht so empfunden, denn ich fand, das war selbstverständlich.« Aber mit dem Wechsel des Spitzenkandidaten so kurz vor der Wahl »war völlig klar, dass ich das nie gewinnen konnte gegen einen eingesessenen Kandidaten wie Johannes Rau, der seit 1978 dort Ministerpräsident war«.

Damals interpretierte Biedenkopf seine Niederlage als Anti-Strauß-Wahl um und sah sich als Opfer einer »von der SPD initiierten Kampagne ›Krieg oder Frieden‹«. Strauß dagegen warf Biedenkopf vor ihn nicht ausreichend auf den Wahlplakaten berücksichtigt zu haben. Hinter vorgehaltener Hand waren Klagen zu hören, Biedenkopf treffe einsame Entscheidungen, habe organisatorisch alles umgekrempelt und verbreite Eiseskälte. »Oberseminare« allein, so wurde kritisiert, führten nicht zum Erfolg. Christa Thoben, alles andere als eine Gegnerin Biedenkopfs, berichtet von Klausurtagungen, auf denen er immer »wie ein Dozent« aufgetreten sei: »Er redete, alle anderen hörten zu. Diskussionen gab's erst anschließend am Tresen.«

Kurt Biedenkopf übernahm die Rolle des Oppositionsführers im nordrhein-westfälischen Landtag, eine Aufgabe, die einen ambitionierten Politiker wie ihn kaum ausfüllen konnte. Mit schnellen Schritten betrat er den Plenarsaal zur ersten Sitzung des Landtages in Düsseldorf. Konrad Gundermann wies ihm seinen Platz an, es war der von Heinrich Köppler. Der war zeit seines Lebens in Düsseldorf geblieben, sein Nachfolger hatte versprochen die nächsten fünf Jahre durchzuhalten. »Ich bin Oppositionsführer geworden und fühlte mich dieser Oppositionstruppe im Landtag verpflichtet. Ich hätte ja sagen können, nach der verlorenen Wahl, macht ihr weiter, ich bleibe in Bonn.« Schließlich hatte Biedenkopf sein Bundestagsmandat behalten und war auch weiterhin Vorsitzender des wirtschaftspolitischen Ausschusses – »eine Aufgabe, die mir sehr viel

Freude gemacht hat« – sowie wirtschaftspolitischer Sprecher der Fraktion. »Es war eine tolle Zeit«, versichert er.

Diese Aussage bedarf der Interpretation. Biedenkopf sah seinen eigentlichen Platz nach wie vor in Bonn. Er weigerte sich dem Verlangen seiner Parteifreunde nachzugeben und sein Bundestagsmandat zurückzugeben, um wirksame Oppositionspolitik im Düsseldorfer Landtag betreiben zu können. Trotzdem erhob er Anspruch darauf, in Düsseldorf nach fünf Jahren noch einmal anzutreten. Unterdessen erwuchs ihm bereits im Nachfolger Heinrich Köpplers im rheinischen Landesverband der CDU, Bernhard Worms, der Abteilungspräsident bei der Oberpostdirektion Düsseldorf war, ein von Helmut Kohl geförderter Konkurrent.

Kurt Biedenkopf machte sich nicht gerade beliebter, als deutlich wurde, dass er sich an die alten Spielregeln der nordrhein-westfälischen CDU nicht zu halten gedachte. »Damals«, so interpretiert es Christa Thoben heute, »hat er sich gesagt: ›Als Fraktionsführer im Landtag muss ich einmal mit allen Abgeordneten reden.‹ Das hat er gewissenhaft geregelt, jeder bekam 30 Minuten. Diejenigen, die sich wichtiger erschienen, hat das dann wieder verärgert, als sie erkannten, dass die Audienz keine Gunst mehr signalisierte.« Dass Biedenkopf dabei dauernd auf seine Uhr blickte, müssen einige der Parteifreunde falsch verstanden haben. Auch als sächsischer Ministerpräsident pflegt er heute noch seinen Terminkalender nach Möglichkeit akkurat einzuhalten.

Nachdem Franz Josef Strauß und die Union auch die Bundestagswahl 1980 verloren hatten, erhielt Biedenkopf ein Angebot, das kaum ein anderer ausgeschlagen hätte: Helmut Schmidt wollte ihn als EG-Kommissar nach Brüssel schicken. Guido Brunner (FDP) war in den Bundestag gewählt worden, jetzt war sein Platz vakant. Helmut Schmidt und Hans-Dietrich Genscher hatten nichts gegen einen Kandidaten aus einer Oppositionspartei einzuwenden und so fiel der Blick auf Biedenkopf. Helmut Kohl freute sich schon, den Widersacher auf diesem Weg elegant fortzuloben, denn die Bezüge eines EG-Kommissars waren verlockend. Biedenkopf indessen lockten sie offenbar nicht. Er sei in Nordrhein-Westfalen noch nicht fertig, ließ Biedenkopf nach einer Aussprache mit dem Fraktionsvorstand wissen, bei der ihm Unterstützung für eine Wiederwahl ins Parteipräsidium zugesichert worden war.

Einen machte das argwöhnisch:»Wenn der Biedenkopf solch ein Angebot nicht annimmt, dann hat er was Größeres vor«, mag sich Helmut Kohl gedacht haben. Und wahrscheinlich hatte er eine gute Nase: Biedenkopf träumte davon, von der Basis Nordrhein-Westfalen aus in Bonn ein gewichtiges Wort mitzureden – wenn nicht mehr. Wollte Biedenkopf nun erst recht Kanzler werden?»Ich glaube schon«, meint Christa Thoben. In den achtziger Jahren sei Biedenkopf»zunehmend unruhig« geworden.»›Ich will Kanzler werden‹ oder ›Ich könnte es besser‹ sagte Biedenkopf nie, so macht er's nicht. Aber er beschreibt, was man tun könnte, wenn man da säße.« Auch Norbert Blüm ist sich sicher:»Ja! Er hat eine hohe, von seiner Frau bestätigte Selbstmeinung. Ob's eine Überschätzung ist, weiß ich nicht.« Biedenkopf selbst streitet alles ab. Da sagt Philosoph Blüm:»Wer sich selbst erniedrigt, will erhöht werden. Nietzsche.« Und nuckelt zufrieden grinsend an seiner Pfeife. Schon 1974 habe Biedenkopf Ambitionen gehegt?»Da hat er sich zumindest für fähig gehalten. Dass er das immer als verlockend empfunden hat, da bin ich sicher.«

Helmut Kohl reagierte auf diese unterstellten Absichten mit kleinen Nadelstichen. Persönlich sorgte er dafür, dass Biedenkopf als Redner eines Kongresses der IG Bergbau ausgeladen und durch den saarländischen CDU-Ministerpräsidenten Werner Zeyer ersetzt wurde. Auf dem Bundesparteitag rutschte Biedenkopf mit nur 55 Prozent der Stimmen gerade noch in den Parteivorstand. Sein Konkurrent in Nordrhein-Westfalen, Bernhard Worms, erhielt

100 Stimmen mehr. Wenigstens seine Westfalen hielten zu ihm: 78 Prozent gaben ihm für weitere zwei Jahre das Vertrauen.

In diesen Monaten wurde offenkundig, dass die Union über ihren innerparteilichen Auseinandersetzungen die aktuellen Entwicklungen verschlafen hatte: Am 10. Oktober 1981 demonstrierten in Bonn 300 000 Menschen gegen die Stationierung von Atomraketen, Pershing II und Cruisemissiles. Während der CDU-Parteichef ein »Erlebnis der Volksfront« hatte und von »antiamerikanischer Agitation« sprach, Franz Josef Strauß die Friedensbewegung als »Träger der sowjetischen psychologischen Kriegsführung gegen Europa und die Bundesrepublik« geißelte, wurden andere nachdenklich. Heiner Geißler, Matthias Wissmann, Norbert Blüm und Lothar Späth bezeugten den Demonstranten ihren Respekt. Die Union müsse lernen, dass es »auf komplexe Fragen keine Antworten mit dem Holzhammer« gebe. Kurt Biedenkopf begann sogar am Sinn der nuklearen Abschreckung zu zweifeln. »Die Aufhebung der Existenz der Gattung oder die Aufhebung der Natur sind Grenzen, deren auch nur mögliche Überschreitung nicht konsensfähig ist«, sagte er der *Zeit*. Dass sie auf diese Grenzsituation hingewiesen habe, dafür müsse man der Friedensbewegung danken. Biedenkopf war es auch, der zusammen mit Heiner Geißler forderte, die CDU müsse sich endlich außenpolitisch auch nach Osten hin öffnen. Selbst jene, die das eigentlich befürworteten, hielten sich damals aus taktischen Gründen mit solchen zustimmenden Äußerungen zur Ostpolitik Willy Brandts zurück.

Zwar sprach sich Biedenkopf nicht für einen grundsätzlich anderen Weg in der Verteidigungspolitik aus, schon gar nicht für Pazifismus. Der Mensch sei nun mal kein pazifistisches Wesen. Aber er nahm die Demonstranten ernst. In Deutschland bestehe eine »Einsichtigkeits-Lücke«, schrieb er. Viele Menschen seien nicht davon überzeugt, dass das, was geschehe, dem Frieden diene. Biedenkopf hatte alle verfügbare Literatur zum Thema gelesen, mit Theologen,

Jugendlichen und Wissenschaftlern gesprochen und wieder einmal bewiesen, dass er bereit und fähig war Altes neu zu durchdenken. Um sich nicht erneut Kohls Ärger zuzuziehen, ließ er diesem seinen Artikel zwei Tage vor Erscheinen durch seinen Fraktionssprecher Karlheinz von der Driesch über CDU-Sprecher Wolter von Thiesenhausen zukommen. Es gehe ihm nur um die Sache, er wünsche sich auf dem bevorstehenden Parteitag eine Diskussion. Aber seine Parteifreunde fielen sofort über ihn her. Manfred Wörner lobte die intellektuelle Brillanz und geißelte gleichzeitig einen »fundamentalen intellektuellen Kurzschluß«. Selbst wenn die Nuklearmächte alle Atomwaffen im Meer versenkten, wären damit das Wissen und das Material, um solche Waffen zu bauen, nicht verschwunden. Im Kriegsfall würden deshalb schnell neue gebaut. Aus diesem Grund sei die Menschheit dazu verdammt, mit dieser schrecklichen Waffe zu leben.

Noch ein weiteres Thema sah Biedenkopf in der CDU nicht ausreichend zur Kenntnis genommen: Da war eine neue Partei entstanden, links von der SPD, aber niemand schien wirklich alarmiert zu sein. Plötzlich sah man in den Parlamenten strickende Frauen – und zwar nicht auf den Zuschauertribünen –, auf den Pulten standen Blumentöpfe, und die neuen Mitglieder betraten die hohen Häuser in Jeans! Später sollte der hessische Ministerpräsident sogar einen dieser Leute als Minister vereidigen und der stand in Turnschuhen vor ihm: Joschka Fischer. Für den Wettbewerbsrechtler Biedenkopf waren die Grünen »die Antwort auf eine unbefriedigte Nachfrage«. Er nannte das Auftreten der Grünen damals eine »Provokation«. Als die Umweltpartei am 29. März 1983 erstmals in den Bundestag eingezogen war, erschienen ihm die neuen Kollegen als »Hofnarren«. Abschätzig will Biedenkopf das freilich nicht gemeint haben: »Sie haben Wahrheiten angesprochen, richtige Fragen gestellt oder solchen Fragen Aufmerksamkeit verschafft.« Aber das Narrenkleid mache es denen, deren Besitzstände bedroht sind, schwer, die Narren ernst zu nehmen. Die Diskussion um die Wahrheiten, die Narren wie die Grünen aussprachen, werde erschwert.»Mit Provokateuren redet man nicht.« Auch Hans-Jochen Vogel pflegte damals zu sagen, die Grünen stellten die richtigen Fragen. Bei diesen kamen solche Komplimente im besten Fall als gönnerhaftes, oberlehrerhaftes Lob an, so als seien sie Schüler, die nun darauf warteten, dass die »richtigen« Politiker die Antworten auf ihre Fragen gaben.

Dennoch brachten die Grünen Bewegung in die Volksparteien, auch in die CDU. Nach Biedenkopfs Meinung brauchte die CDU nicht lange, um Antworten zu geben. Die Parteiführung habe nach der ersten Friedensdemonstration in Bonn und nach dem Erscheinen seines Aufsatzes sofort die Tagesordnung des Parteitages geändert: Plötzlich stand die Friedenspolitik ganz oben auf der Agenda. Und auch die Umweltfragen seien nach dem erfolgreichen Auftreten der Grünen weiter nach vorn gerückt. Biedenkopf erzählt, dass die Union schon Anfang der achtziger Jahre zu einem familienpolitischen Kongress in Castrop-Rauxel nicht nur Männer und Frauen eingeladen, sondern sie aufgefordert habe, auch ihre Kinder mitzubringen. »So saßen also im Castrop-Rauxeler Sitzungssaal ein paar Leute mit Kinderwagen und ein junger Vater mit seiner neun Monate alten Tochter auf dem Arm. Nebenan spielten die Kinder und stürmten dann um die Mittagszeit den Saal, weil sie Hunger hatten und essen wollten.« Biedenkopf fand das »ganz toll«. Es hätten sogar schon damals ein paar Frauen gestrickt – auf einem CDU-Kongress! Da, das gebe er zu, hätten die Grünen schon »Elemente der Menschlichkeit in den politischen Organisations- und Willensbildungsprozess hineingetragen«.

Eine Alternative zur CDU waren die Grünen für ihn freilich nie. Die FDP allerdings ebenso wenig, auch wenn er deren Wiedereinzug in den Bundestag 1983 erhoffte. Auf dem Ball des Sports wettete er darauf sogar mit dem Geschäftsführer der Hannen-Brauerei, Horst W. G. Randel, und gewann ein 30-Liter-Fass und einige Colani-Gläser. Nein, kleine Parteien wie die FDP und die Grünen könnten niemals mehrheitsfähig werden, sagt Biedenkopf, denn wenn sie das würden, verlören sie ihre Fragestellungen an die Volksparteien. So hätten die Grünen beispielsweise »in geradezu extremer Weise das Anliegen der Frauen, stärker berücksichtigt zu werden, beachtet«. CDU/CSU und SPD kämen ausgewogener daher: »Die großen Volksparteien leisten etwas, das sonst niemand leisten kann: Sie bündeln in großem Umfang widerstrebende Interessen und Meinungen und machen sie durch Kompromisse handhabbar. Das können die kleinen Parteien gar nicht.« Zwar seien die großen Parteien deshalb unbeweglicher, aber die kleinen hätten dafür ein anderes Problem: »Vielfach überziehen solche Parteien wie die Grünen, wenn sie erfolgreich sind und ihre Fragestellungen angenommen werden, die Alternativposition immer weiter, um politisch am Leben zu bleiben.« Als aus diesem Konflikt der Streit zwischen »Realos« und »Fundis« entstand, glaubte Biedenkopf, die Grünen würden daran scheitern. Er sah die Gefahr, dass ein Machtvakuum entstehen werde, von dem Trittbrettfahrer profitieren könnten, konkret: »kommunistische Gruppierungen«.

Wohin sozialistische Politik führe, glaubte Biedenkopf jeden Tag in Fabriken und Büros zu erkennen: »Sie hat unsere Leistungsträger entmutigt.« Weil gerade die Fußballweltmeisterschaft stattfand, griff er auf dem CDU-Landesparteitag im Juli 1982 zu einem Vergleich mit dem Nationalsport: »Fallen die Leistungsträger wegen Verletzung, Überlastung, Entmutigung oder Miesmacherei aus, läuft das Spiel nicht mehr.« Karlheinz Rummenigge musste als Vorbild herhalten. Der Fußballer hatte bei der Weltmeisterschaft gerade einen 1:3-Rückstand gegen Frankreich wettgemacht und diesen vorbildlichen Einsatz des »Matchwinners von der Lippe« hatten nach Ansicht Biedenkopfs die Sozialisten den fleißigen Deutschen längst vermiest. Er versprach den Rheinländern und Westfalen, Leistungsbereitschaft werde sich wieder lohnen, wenn die CDU 1984 und

1985 die Kommunal- und dann die Landtagswahlen gewonnen haben werde – mit ihm als Spitzenkandidaten. Dann werde es dem Handwerksmeister wieder Spaß machen, »60 Stunden in der Woche hart zu arbeiten«, der Ingenieur werde sein Konstruktionsbrett nicht schon um 16.30 Uhr, sondern erst um 19 Uhr verlassen. »Nur auf Nichtverlieren zu spielen reicht nicht. Nur wer auf Sieg spielt, kommt ins Finale.«

»Heute ist Hochzeit, Polterabend hatten wir ja genug«

Kurt Biedenkopf aber durfte nicht ins Finale kommen. Da war Helmut Kohl vor. Unmittelbar nachdem Kohl Bundeskanzler geworden war, »ging dieses Theater los«, sagt Biedenkopf. Kohl habe »im März 1983 seine Freunde in Nordrhein-Westfalen in Gang gesetzt, um diese Oppositionsführerrolle zu beenden. Und auch in Westfalen hat Herr Windelen versucht mich zu stürzen, mit Leuten, die sich zur Umgebung von Helmut Kohl gerechnet haben. Das ist ja dann schief gegangen und in Hagen hat man diesen Konkurrenten mit 20 zu 80 in die Wüste geschickt. Von da an war die westfälische Partei eine feste klare Truppe.«

Doch der Reihe nach: Die Frage, wer die CDU in Nordrhein-Westfalen 1985 als Spitzenkandidat anführen sollte, versuchte Biedenkopf frühzeitig zu entscheiden. Mehr als zwei Jahre vor der Wahl strebte er eine Entscheidung an, obwohl die Satzung dies erst 15 Monate vorher zulässt. Kreidebleich musste Kurt Biedenkopf am 15. April 1983 das Ergebnis einer Abstimmung im westfälischen Parteivorstand verlesen: 20 gaben Biedenkopf ihre Stimme, zwei enthielten sich, aber sieben Vorstandsmitglieder ließen ihn durchfallen. Konkurrent Bernhard Worms hatte dagegen seine Rheinländer fast geschlossen hinter sich. Die Sache stand schlecht für ihn, zumindest zu diesem Zeitpunkt, und Biedenkopf appellierte an eine

Art politischen Anstand bei seinem Konkurrenten. Wie er 1980 hinter Heinrich Köppler gestanden habe, so erwartete Biedenkopf dies nun von Worms. Zumal er von Worms nicht viel hielt: »Wer würde von dem schon groß reden, wäre der nicht in einen Konflikt mit *mir* eingetreten.« Drei Wochen später war die Auseinandersetzung entschieden. Die Delegierten der Landesversammlung votierten für Worms, und Biedenkopf erinnerte sich an die Zeit, als Heinrich Köppler noch Spitzenmann der CDU in Nordrhein-Westfalen war. Da sei Bernhard Worms bei ihm erschienen und habe gesagt, der »Heini« müsse weg und Biedenkopf solle ran.[7] Seither waren keine drei Jahre vergangen und Worms hatte Biedenkopf bereits beerbt. Die Delegierten hätten »mehr Herz gewählt«, titelte die *Bonner Rundschau*. Biedenkopf legte sofort den Fraktionssitz im Landtag nieder und erklärte, er werde auch nicht mehr für das CDU-Präsidium kandidieren. Als die Lampen in der Mülheimer Stadthalle ausgingen, trat Biedenkopfs Sohn Matthias zu ihm, sprach ein paar tröstende Worte und sein Vater nahm ihn kurz in den Arm. Eine politische Karriere schien zu Ende zu sein.

Doch damit nicht genug. Ein paar seiner westfälischen »Freunde« traten auch noch nach. Über Pfingsten wurden Teile eines Briefes bekannt, in dem Biedenkopf Denkmodelle für eine Übergangsregelung anriss. Plötzlich hieß es, Biedenkopf habe einen Forderungskatalog aufgestellt, der ihm eine sechsstellige »Abfindung«, Sekretärin, Dienstwagen und einen Referenten sichern sollte. Bezahlt werden sollte das aus der Fraktionskasse, die Rede war von insgesamt 400 000 Mark. Biedenkopf sollte mit dieser gezielten Indiskretion offenbar endgültig demontiert und auch eine Wiederwahl als westfälischer Parteivorsitzender unmöglich gemacht werden. Im Landtag trat am Dienstag nach Pfingsten ein wütender Kurt Biedenkopf seinen Widersachern entgegen: »Ich habe zwar mein Amt verloren, aber ich verliere nicht mein Gesicht.«[8]

Mit Wolfgang Brüggemann stand auf Vorschlag Heinrich Winde-
lens schon ein Erbe für den Vorsitz im westfälischen CDU-Landesverband Gewehr bei Fuß. Doch Biedenkopf zog sich wieder einmal
selbst aus dem Sumpf. Auf die Basis in Westfalen konnte er sich
noch verlassen. Drei Viertel der Delegierten gaben ihm in Hagen
ihre Stimme. »Jetzt geht schon wieder alles von vorn los«, hörte
man Beobachter aus der rheinischen CDU auf der Tribüne stöhnen.
Unten stürmte Ingrid Biedenkopf ihrem Mann entgegen und rief:
»Kurt, ich bin ja so glücklich!« Kaum gerettet, meldete dieser schon
wieder Ansprüche an: Der zweitstärkste Landesverband werde
natürlich nicht dauerhaft auf einen Platz im Präsidium der Partei
verzichten.

Kurt Biedenkopf arbeitete nun auch wieder in seinem Beruf als
Anwalt. Im Sommer 1984 vermittelte er als Schlichter im Drucker-
streik. Die Boulevardjournalisten eiferten sich über das Honorar
von 100 000 Mark, das er und Georg Leber – der in der Metallindustrie als Schlichter eingeschaltet worden war – erhalten haben sollen.
Dabei waren die Vorschläge Biedenkopfs durchaus angemessen und
aus seiner Feder überraschend: Das »Biedenkopf-Modell« sah
Arbeitszeitverkürzungen vor, »um die wachsende Kluft zwischen
dem schneller wachsenden Produktivitätsfortschritt und dem gerin-
ger anwachsenden Wirtschaftswachstum zu schließen«. Überstunden sollten durch Freizeit statt durch Geld ausgeglichen werden. Das
sollte zu Neueinstellungen führen. Bis heute hat der Abbau von
Überstunden, wenn es um Maßnahmen zur Reduzierung der Arbeitslosenzahlen geht, nichts an Richtigkeit eingebüßt. Statt denen mehr
zu geben, die bereits Arbeit hatten, sollten neue Stellen geschaffen
werden. Die Gewerkschaften wollten weiterverhandeln, doch die
Arbeitgeber um Manfred Beltz-Rübelmann lehnten den Vorschlag
schroff ab und beendeten Biedenkopfs Mandat.

Angesichts der zunehmenden Zahl von Arbeitslosen wollte Biedenkopf die wachsende Leistungskraft der Wirtschaft anders einset-

Abbildung 9
»Teilnahme am Leben der Region«: Der Landtagsabgeordnete
Kurt Biedenkopf im Juli 1984 auf einer Grubenfahrt.
Quelle: Sächsische Staatskanzlei Dresden

zen als bisher – auch anders, als er es selbst wenige Jahren zuvor noch
getan hätte, als er Arbeitszeitverkürzungen ablehnte. Bis in die siebziger Jahre hinein wurde der Produktivitätszuwachs in Deutschland
– neben der Kapitalanhäufung – für kürzere Arbeitszeiten (bei gleich
bleibend hohen oder gar steigenden Einkommen) verwendet, für
längeren Urlaub und für kürzere Lebensarbeitszeiten. Mitte der siebziger Jahre habe man versucht – so Biedenkopf – der zunehmenden
Zahl Erwerbswilliger durch forciertes Wachstum Herr zu werden.
Doch die staatlichen Konjunkturprogramme hätten keinen Erfolg
gebracht, sondern nur hohe Schulden. Diese wachstumsorientierte
Wirtschaftspolitik habe den Blick auf andere Variablen in der
Arbeitsmarktgleichung verstellt: Produktivität, Erwerbsquote, Preis
der Arbeit und Arbeitszeit. Eine Senkung der Reallöhne kam für ihn

damals nicht in Frage, weil diese in den Jahren zuvor kaum gestiegen, ja mancherorts sogar gesunken waren. Eine Minderung der Lohnnebenkosten hatte Biedenkopf – gemeinsam mit Meinhard Miegel – schon immer befürwortet. Das sei aber nicht so schnell umzusetzen. Es bleibe die Option der Arbeitszeit. »Hier hat die Fixierung der wöchentlichen Regelarbeitszeit eine Erstarrung des Arbeitsmarktes bewirkt, die ihn daran hindert, mit konjunkturellen Auf- und Abbewegungen und Schüben technischer Entwicklung zu ›atmen‹.«[9] Biedenkopf dachte schon damals an flexible Arbeitszeiten, die über längere Zeiträume verteilt werden sollten. Für ihn waren bereits zu dieser Zeit die Arbeitslosenzahlen Ausdruck einer Verteilungskrise. Viele haben das bis heute nicht verstanden.

Nachdem Bernhard Worms die Landtagswahl in Nordrhein-Westfalen 1985 mit einem für die CDU katastrophalen Ergebnis verloren hatte, wurden die Karten neu gemischt. Biedenkopf hatte sich am Wahlkampf des Konkurrenten auf recht eigenwillige Weise beteiligt. Ein gemeinsames Plakat verweigerte er; in den Broschüren, die in Westfalen verteilt wurden, fehlte der Name Worms ebenso wie in den meisten Reden von Kurt Biedenkopf. Er selbst wurde als »der Kopf« angepriesen. Biedenkopf hielt sich auch nicht an die mit Helmut Kohl abgestimmte Strategie, auf Angriffe gegen die FDP zu verzichten. Die war jedoch in Nordrhein-Westfalen Regierungspartei an der Seite der SPD. Heute sagt Biedenkopf: »Wenn ich 1985 hätte kandidieren können, hätte ich wahrscheinlich die Wahl gewonnen.«
Er nutzte die Situation, um den Zusammenschluss der beiden Landesverbände voranzutreiben – ein Projekt, das bis dahin immer wieder diskutiert, aber nie in Angriff genommen worden war. Die Rheinländer hatten die Fusion häufig angeboten, aber der kleinere westfälische Verband fürchtete unterzugehen und wollte die Parität behalten. Deshalb konnte nur einer aus Westfalen die Initiative

ergreifen und dieses Mal stimmten auch die Westfalen für die Vereinigung. Bernhard Worms saß mit betretener Miene auf dem Podium neben Biedenkopf, der sich von den begeisterten Westfalen feiern ließ. Er sah nun wieder die Chance auf einen mächtigen Verband, den er vielleicht sogar anführen könnte. Helmut Kohl beobachtete diese Bestrebungen sicher mit Argwohn. Einer seiner Freunde, der konservative Dominikanerpater Basilius Streithofen, warnte vor dem Mammutverband und gleichzeitig vor Biedenkopf, doch die Rheinländer stimmten ebenfalls zu. Es blieb ihnen auch gar nichts anderes übrig. Im März 1986 wurde Kurt Biedenkopf von 91,5 Prozent der Delegierten zum ersten gemeinsamen Vorsitzenden gewählt. Norbert Blüm hoffte auf bessere Zeiten:»Heute ist Hochzeit. Heute muß gefeiert werden. Polterabend hatten wir ja genug.«

Helmut Kohl hatte das Revival seines Daueropponenten wohl kommen sehen und schon Weihnachten angeboten, Kurt Biedenkopf könne bei ihm fast alles werden – Minister oder vielleicht sogar Fraktionschef. Die Bild-Zeitung sah ihn schon als künftigen Arbeitsminister. Norbert Blüm lacht noch heute darüber:»Ich bin von so vielen Todesanzeigen begleitet worden, dass ich nicht alle gesammelt habe.«

Doch wieder machte Biedenkopf seine Chancen selbst zunichte, weil er unbequeme Wahrheiten aussprach – und das auch noch im Bundestagswahlkampf. Während Generalsekretär Heiner Geißer sich bemühte ein rot-grünes Schreckgespenst aufzubauen, sagte Biedenkopf erneut in einem Zeitungsinterview, die Grünen hätten die »richtigen Fragen« gestellt. Und damit hätten sie auch in der CDU die Friedens-, Frauen- und Umweltpolitik geändert. Biedenkopf glaubte offenbar fest daran, mit solchen Aussagen verloren gegangene Wähler zurückgewinnen zu können. Doch die Partei klopfte ihm auf die Finger. Geißler nannte Biedenkopfs Einlassung in einem geharnischten Brief wahlkampfschädigend. In der Düsseldorfer Landtagsfraktion fragten zahlreiche Parteifreunde, wie man denn glaubwürdig Wahlkampf führen könne, wenn die Grünen ihnen künftig »die Lobreden des Kollegen Biedenkopf« entgegenhalten könnten. Und es hieß: »Die Basis der CDU ist nicht mehr bereit, diesen Spuk mitzumachen.« Biedenkopf verließ daraufhin die Sitzung mit dem Hinweis auf wichtige Termine. Er war der Meinung, man könne nicht drei oder vier Millionen Menschen in die »marxistisch-ökosozialistische Ecke« stellen. Dass er nicht erkennen konnte, wie sehr seine Worte angetan waren die Wahlchancen der Union zu schmälern, ließ viele den Kopf schütteln. Oder hatte er doch Recht? Biedenkopf hatte seine Erfahrungen gemacht: »Der Dreck im Rhein, der jetzt in fast allen Wahlkampfveranstaltungen angesprochen wird, zeigt uns, daß wir überhaupt keine Lösung haben.« Die Bundestagswahlen am 25. Januar 1987, die der CDU in Nordrhein-Westfalen mit mageren 40,1 Prozent wieder ein unbefriedigendes Ergebnis brachten, schienen Biedenkopf zu bestätigen. In Wahlkreisen mit vielen Landwirten gab es überraschend zahlreiche Kreuzchen bei den Grünen – die alte CDU-Klientel wählte tatsächlich überdurchschnittlich grün.

Die Parteispitze in Bonn sah dennoch in Biedenkopf den Schuldigen für das bescheidene Ergebnis im Westen. Sogar Rita Süssmuth rief aus Bonn herüber: »Niemand sollte auf die Idee kommen, einer von uns sei allein so groß, daß er etwas Außergewöhnliches schaffen wird. Nur im Team sind wir stark.« FDP-Fraktionschef Achim Rohde lehnte einen Wechsel des Koalitionspartners in Nordrhein-Westfalen so lange ab, bis einige in der CDU aufhörten »sich als Monstranz durch die Gegend zu tragen«.

Das Blatt hatte sich wieder zu Biedenkopfs Ungunsten gewendet. Um den Fraktionsvorsitz nicht kampflos an Bernhard Worms zu übergeben, schlug Biedenkopf Christa Thoben für diese Funktion vor. Diese führte die Diskussion um schwarz-grüne Optionen fort; das sei »langfristig denkbar« – allerdings erst dann, wenn die Grünen ihren Frieden mit der NATO und der Atomkraft gemacht hätten und Gewalt nicht länger verharmlosten. Christa Thoben verlor die Kampfabstimmung gegen Worms. Aus der »schwarzen Kapelle«, dem Kloster Walberberg, schleuderte erneut Basilius Streithofen den Bannstrahl gegen Biedenkopf: Frieden in der nordrhein-westfälischen CDU werde es erst geben, wenn der Vorsitzende zurückgetreten sei. Der vormalige Querdenker, einst zusammen mit Helmut Kohl als Hoffnungsträger für eine Erneuerung der CDU angetreten und akzeptiert, galt nun als Querschläger oder Quertreiber.

Biedenkopf präzisierte seine Haltung zu den Grünen noch einmal. In einem Radiointerview sagte er, die »grüne Bewegung« habe richtige Fragen gestellt, die »grüne Partei« gebe aber verheerende Antworten. Doch das wollte schon niemand mehr hören. Helmut Kohl setzte erneut alles daran, den Unbequemen aufs Abstellgleis zu schicken. Seine Statthalter in Düsseldorf brachten Biedenkopf Niederlage um Niederlage bei. Dessen treuen Mitarbeiter Günter Meyer ließen sie bei der Wahl zum Landesgeschäftsführer durchfallen. Statt seiner sollte der Kandidat von Biedenkopfs Stellvertreter und innerparteilichem Gegner Dieter Pützhofen, der 31-jährige Jürgen Hochrebe, die Geschäfte im Haus des Landesvorstandes in der Düsseldorfer Wasserstraße führen, ein Jurastudent ohne Examen. Der erboste Biedenkopf erteilte ihm kurzerhand Hausverbot.

Mitten in die Auseinandersetzungen um Hochrebe hinein platzte auch noch eine Studie aus seinem Institut für Wirtschaft und Gesellschaft, die das Ende der Steinkohleförderung voraussagte. Der Tenor lautete: Alle Subventionen müssen auf den Prüfstand. Das hatte Biedenkopf selbst in seinen Büchern zwar auch schon angedeutet, aber die neue Studie kam zum denkbar ungünstigsten Zeitpunkt. Biedenkopf erklärte vergebens, eine wissenschaftliche Studie sei keine politische Aussage und habe nichts mit der CDU zu tun. Selbst westfälische Parteifreunde schüttelten den Kopf darüber, wie wenig Sensibilität Biedenkopf dafür besaß, wie sein Verhalten sich zu Lasten der Partei auswirkte.

Am Ende mussten beide zurücktreten: Pützhofen – der dies sogar vorgeschlagen hatte – und Biedenkopf. »Ich bin dazu bereit, auf Wunsch des Bundesvorsitzenden und des Generalsekretärs«, sagte Letzterer. Aber wer sollte sein Nachfolger werden? Rita Süssmuth winkte ab. Und Norbert Blüm hatte bei der Wahl von 1987 als Kandidat im Wahlkreis 114 (Dortmund II) gegenüber 1983 fast vier Prozent der Erststimmen verloren. Die Wahl fiel dennoch auf den Bundesminister, der sich lange geziert hatte. Alle sahen, was offensichtlich war: Blüm war in die Pflicht genommen worden. Nur einer wollte es nicht glauben: Kurt Biedenkopf. »Blüm hatte mir 48 Stunden zuvor, also am 5. Mai 1987, noch ehrenwörtlich versprochen, dass er für den Vorsitz nicht zur Verfügung steht. Am 8. Mai stand er zur Verfügung. Ich bin mir nicht so sicher, ob das eine Dienstverpflichtung war.« Blüm beschwört auch heute noch, er habe sich »mit Händen und Füßen dagegen gewehrt. Und wenn ich Ja gesagt habe, dann auch, weil wenn du in einer bestimmten Situation Nein sagst, dann kannst du beim nächsten Mal, wenn du was willst, nie mehr den Mund aufmachen. Es ging in Nordrhein-Westfalen mit ihm so nicht weiter.« Blüm nennt den Vorsitz eines Landesverbandes einen »wandelnden Vermittlungsausschuss« und für diese Position sei Biedenkopf eine Fehlbesetzung gewesen. Blüm: »Da liegen nicht seine größten Fähigkeiten. Es gibt die Rolle des Anschiebers und die des Zusammenhalters. Als Vorsitzender kannst du nicht der Antreiber sein, sonst musst du dich auf einen Flügel schlagen.« Sein großes Verdienst sei der gemeinsame Landesverband gewesen, aber »im Nachhinein bin ich nicht sicher, ob das richtig war, ob man im Zuge der Globalisierung nicht viel stärker auch regionale Identitäten schaffen muss. Bei Licht betrachtet ist der Unterschied zwischen Rheinländern und Westfalen ein Unterschied wie zwischen Äpfeln und Birnen.«

Der Landesverband tat jedenfalls, was Helmut Kohl wollte: Norbert Blüm erhielt ein überzeugendes Ergebnis. Kurt Biedenkopf mag bis heute nicht glauben, dass er 1987 in Nordrhein-Westfalen unabwendbar verloren hatte. Rückblickend meint er: »Es war meine Bedingung, dass Helmut Kohl in einer Pressekonferenz erklären musste, dass ich aufhöre und dass das auf seine Initiative erfolgt. Wenn ich nicht mitgemacht hätte, hätte ich den Parteitag wahrscheinlich wieder auf meiner Seite gehabt. Mehrheitlich. Aber ich habe keinen Sinn mehr darin gesehen, weil ich eben nicht in erster Linie amtsbezogen war. Wenn ich in erster Linie amtsbezogen gewesen wäre, hätte ich 1987 das bis zum Ende ausgekämpft und ich hätte das wahrscheinlich auch gewonnen. Aber ich hätte dann im Konflikt mit einem Kanzler gestanden. Das hat für mich keinen Sinn gemacht.« Nach einer Pause fügt er hinzu: »Ich war's auch leid.«

In seiner letzten Rede vor dem Landtag klagte er über die »Verweigerung von Unterstützung« und über »versagtes Vertrauen«. Ausgerechnet an Rainer Barzels Abschiedsrede von 1973 erinnerte er, in der dieser gesagt hatte: »Wer führt, steht im Streit, wenn er etwas taugt. Und wer im Streit steht, wird bestritten. Wer für andere ganz vorn im Streit steht, der muß nicht nur den Kopf und den Rücken frei, sondern hinter sich nichts als kraftvolle Unterstützung haben.« Dies sei die wichtigste Reform, die die CDU brauche, und Biedenkopf fügte hinzu: Dies sei für ihn die wichtigste Lehre aus den letzten Monaten gewesen.

Überall im Land spüre er eine »Sehnsucht nach Orientierung«, den Wunsch der Menschen nach einer Utopie, die über die praktischen Bedürfnisse von heute – Auto, Urlaub, Plattenspieler – hinausgehe. Für ihn hieß das, »Platz zu schaffen für die Notwendigkeit von morgen«. »Das heißt ganz praktisch, die Kraft aufzubringen, als politische Gemeinschaft, um den Ansprüchen mächtiger organisierter Besitzstände an das Heute und an die Gegenwart entgegenzutreten, als Treuhänder von morgen, diese Ansprüche zu begrenzen und uns so alle daran zu hindern, heute das zu verbrauchen, auf das wir morgen angewiesen sind.« Er wollte »das Saatgut für morgen vor den

Ansprüchen von heute schützen«. Biedenkopf warnte, die Jugend könnte weiter draußen stehen bleiben, wenn das Wirtschaftswachstum in erster Linie nur die Einkommen und die Freizeit der Arbeitsplatzbesitzer erhöhe. Mit Hinweis auf die einstige Gleichsetzung von »Ehe und Familie« machte er darauf aufmerksam, dass Ehe heute nicht immer gleich Familie ist und es nicht selbstverständlich ist, dass die Ehe Kinder mit sich bringt »und deshalb vollkommen normalerweise und natürlicherweise zur Familie sich erweitert«. Steuerrecht und Alterssicherung favorisierten aber immer noch diese Annahme: »Sie begünstigen die Ehe und gehen dabei davon aus, daß Ehe gleich Familie ist.« Die Wertvorstellungen der Menschen hätten sich jedoch geändert. Wer indessen nun ein Plädoyer gegen das Ehegattensplitting und für mehr Unterstützung der Kinder – egal ob in einer Familie oder nicht – erwartete, sah sich getäuscht. Biedenkopf zitierte Umfragen, nach denen heute die ledige, kinderlose Frau zwischen 30 und 40 das höchste Ansehen genieße. Ihr folge die kinderlose verheiratete Frau, das geringste Ansehen habe die verheiratete Frau mit Kindern. »Dies ist keine Wertvorstellung einer zukunftsorientierten Gesellschaft, es ist die Wertvorstellung einer blinden Gesellschaft.« Biedenkopf wollte deshalb in Zukunft nicht die Ehe, sondern die Familie steuerrechtlich bevorzugt wissen. Von Müttern ohne Mann war nicht die Rede. Von Vätern ohne Ehefrau schon gar nicht.

Es war so etwas wie ein politisches Testament, das Biedenkopf an diesem 3. Juni 1987 abgab. Dann verließ er den Landtag. Für ihn, so sagt er heute, waren diese Tage »eine sehr, sehr schwere Zeit«. Nur seine Frau konnte dem eine positive Seite abgewinnen. »Die hat damals gesagt: ›Sei doch froh, du bist wieder frei.‹«

Biedenkopf übernahm den Vorsitz im Beirat der Bertelsmann-Stiftung und einen Platz im Aufsichtsrat der Klöcknerwerke. Er ärgerte Helmut Kohl mit Aussagen wie »Die CDU muß mehr sein als ein Verein zur Machterhaltung« und »Die Führung ist verantwortlich für den Zustand der Partei«.[10] Generalsekretär Heiner Geißler hieb in dieselbe Kerbe:»Helmut Kohl hat die Union in die Macht geführt, er wird sie auch wieder hinausführen.« Geißler plante den Sturz Kohls. Ein acht Seiten langes Papier unterzeichnete Geißler als »Geschäftsführender Vorsitzender der CDU« – ein offener Affront. Im *Stern* befürwortete er eine Ämtertrennung, so wie es Biedenkopf seit Jahren getan hatte. Zusammen mit Rita Süssmuth, Ernst Albrecht und Lothar Späth wuchs eine gefährliche innerparteiliche Opposition für Helmut Kohl heran und die Medien fragten schon, ob sie die Ablösung Kohls anstrebten. Doch so richtig antreten wollte keiner, auch weil die Prognosen alles andere als einen Sieg bei den nächsten Wahlen erwarten ließen. Lothar Späth traute sich nicht richtig und Kohl hielt die Fäden wieder in der Hand. Biedenkopfs Beitrag dazu war nur eine Randnotiz. Als der Kanzler auf dem Bremer Parteitag Heiner Geißler absetzte, griff Biedenkopf ihn direkt an:»Kohls CDU-Bilanz ist erschreckend negativ. Verkrustet, verbonzt, veraltet und verschuldet ist die Partei.« Die Union stecke in einer tiefen Krise und dafür sei in erster Linie Helmut Kohl verantwortlich. Kohl seien drei gute Wahlreden wichtiger als ein gutes Papier.»Die Partei ist derzeit nicht interessant für alle, die Ideen haben und etwas sagen wollen.«[11] Es ist leicht zu erraten, wen Biedenkopf damit meinte. Ihm war klar, dass seine Ideen zu dieser Zeit nicht gefragt waren – und vielleicht nie wieder gefragt sein würden.

Nachdem Helmut Kohl seinen Generalsekretär Heiner Geißler auf dem Parteitag am 11. September 1989 gefeuert und Lothar Späth aus dem Präsidium gekegelt hatte, wollte auch Kurt Biedenkopf vom Gestern nichts mehr wissen. Die Partei solle in Zukunft nicht mehr zurückblicken, sondern »Antworten auf die Zukunft« geben. Auch in der Regierungsarbeit müsse die CDU »der Ort bleiben, wo die längerfristigen Fragen in der Umsetzung unserer Grundsätze auf die neue Wirklichkeit, in der wir leben, behandelt werden können«. Das waren exakt die Worte, die zuvor Helmut Kohl gewählt hatte. Als Politiker schien Kurt Biedenkopfs Zeit 1987 abgelaufen zu sein. Im Bundestag sei er »ziemlich isoliert« gewesen, sagt er. Nordrhein-Westfalen kehrte er den Rücken, er zog weit weg von Düsseldorf, an den Chiemsee. Seine Begründung: »Hier wurde ich so schlecht behandelt, hier möchte ich nicht länger bleiben.« Sein Platz im Landtag blieb monatelang leer. Und so schien sich zu bewahrheiten, was nach Biedenkopfs Ablösung in Nordrhein-Westfalen über einem Artikel Gunter Hofmanns (»Urteil über einen Unbequemen«) in der *Zeit* zu lesen stand: »Kurt Biedenkopf, der Politiker, hat verloren. Seine Karriere ist beendet worden.«

III

Als »König von Sachsen« doch noch Regierungschef

1

Am Ziel:
»So etwas Schönes habe ich
noch nie besessen«

Im Oktober 1990 sagte Heiner Geißler – er war gerade als Generalsekretär abgelöst worden – in einer Laudatio auf einen Parteifreund
den Satz: »Wer zu früh kommt, den bestraft das Leben.« Gemeint
war Kurt Biedenkopf, mit dem Geißler nicht immer einer Meinung
gewesen war. Weil Biedenkopf seiner Zeit stets ein paar Schritte voraus sei, so Geißler, gelte für ihn »der umgekehrte Gorbatschow«.
Und dann fügte der Laudator hinzu: »Kurt Biedenkopf gehört zur
Geschichte der CDU – er gehört auch zur Zukunft.«[1] Dass diese
Zukunft für ihn in Sachsen liegen würde, daran dachte damals noch
niemand.

Über fünf Jahre vor dem Mauerfall war es zu einer Begegnung gekommen, die Biedenkopf nicht einmal bewusst wahrnahm, die aber
für sein weiteres Leben mitbestimmend sein sollte. Klaus Drews,
damals Forschungsstudent beim Leipziger Weltwirtschaftsprofessor
Günter Nötzold, hörte während seines Aufenthalts an der Akademie der Wissenschaften in Moskau zwei interessante Vorträge von
Leuten aus dem Westen. Zurück in Leipzig, berichtete Drews seinem
Lehrer davon: »Einer hieß Biedenkopf, der andere Miegel.« Nötzold
war elektrisiert. Gerade hatte er in Ost-Berlin durchgesetzt, dass er
an seinem Institut für Internationale Wirtschaftsbeziehungen der
Karl-Marx-Universität ein Weltwirtschaftsseminar veranstalten

durfte. Es dürfe, hieß es in Ost-Berlin,»nur ja keine deutsch-deutsche Veranstaltung werden«. Nötzold beschloss dennoch, Kontakt zu den beiden Westdeutschen aufzunehmen. Als er wenig später, vom Bundesverband der Deutschen Industrie eingeladen, in Köln nach Material für seine Forschungen suchte, rief er bei Meinhard Miegel an. Der sagte sofort:»Das interessiert uns sehr«, und bat den Ostdeutschen vorbeizukommen.»Also fuhr ich illegal nach Bonn«, berichtet Nötzold. Dort hörte er zu seiner Freude, dass sein Seminar auch Herrn Biedenkopf interessiere. Kaum war Nötzold zurück in Leipzig, erhielt er einen Brief. Biedenkopf formulierte darin sehr geschickt: Er habe gehört, was in Leipzig geplant sei, und er würde das Projekt gern unterstützen. Das Ministerium traute sich nicht, einer Teilnahme Biedenkopfs auf eigene Faust zuzustimmen, also musste das Zentralkomitee der SED befragt werden. Zur Überraschung Nötzolds gab ZK-Sekretär Hermann Axen seine Erlaubnis. Allerdings unter einer Bedingung: Biedenkopf musste sich zu einem Gespräch mit Axen bereit erklären. Biedenkopf ging auf diese Bedingung ein –»im Interesse der Sache«.

Das *Neue Deutschland* meldete damals die Besuche Biedenkopfs bei Axen. Der West-Politiker weile»zu einem Informationsbesuch in der DDR«, hieß es. Die Leipziger Veranstaltung wurde verschwiegen. Axen lobte die sowjetischen Abrüstungsbemühungen und erklärte, alle Anstrengungen müssten dem Ziel gelten, die nukleare Katastrophe zu verhindern. Sicher ärgerte sich Biedenkopf darüber, dass Axen sich als Friedenspolitiker darstellte. Ihn hatte immer gestört, dass viele Westdeutsche die Sicherung des Friedens bei den Sozialisten besser aufgehoben wähnten, so als gäbe es im Osten nur weiße Tauben. Aber dank diesem Gespräch war das Leipziger Seminar an höchster Stelle abgesichert, Biedenkopf war Dauerreferent und de facto Mitgründer. Er suchte die Teilnehmer aus dem Westen aus und holte diese nicht nur aus der Wissenschaft, sondern auch aus dem Topmanagement deutscher Konzerne. Nötzold:»Das war eine hochpolitische Veranstaltung.« Und so nahm der für die »Sicherheit« zuständige Prorektor der Universität ebenso an jeder Minute des Seminars teil wie auch zahlreiche Abgesandte der Stasi. Nur einmal fiel das Seminar aus: Ein führendes Mitglied der Akademie der Wissenschaften der DDR war in West-Berlin beim Diebstahl eines Badewannenschlauches erwischt worden. Die Presse berichtete ausführlich, was die diplomatischen Beziehungen erheblich verschlechterte. Die DDR-Führung sagte damals alle Veranstaltungen mit der BRD ab. Dabei habe es sich nur um eine »formelle Begründung« gehandelt, glaubt Biedenkopf. Axen sei in Urlaub gewesen und deshalb »haben die Kulturmenschen in Berlin das verboten«. Doch im Jahr darauf ging es weiter und Nötzold und Biedenkopf wollten das Gleiche: »Ein Seminar, das auch Widerstand erzeugen kann.«

Für ihn war klar: In Leipzig, »da tut sich was«. Auch seine Verbindung zu Alexander Jakowlew, dem Direktor des Weltwirtschaftlichen Instituts der Akademie der Wissenschaften in Moskau, verhalf ihm zu erkennen, wie sehr die Zeichen auf Veränderung standen. Dieser erklärte ihm im Februar 1989 freimütig, dass die Sowjetunion kein Interesse mehr daran habe, ihre Satellitenstaaten zu subventionieren, indem sie Rohstoffe, Gas oder Öl gegen Rubel hergab.

Als Michail Gorbatschow dann ausgerechnet zum 40. Geburtstag der DDR deren Staatsführer kritisierte und sie zu Reformen aufforderte, war nicht mehr zu übersehen, dass es im Osten rumorte. Erich Honecker glaubte zwar noch immer, die Mauer werde weitere hundert Jahre stehen, aber die Zahl der Ausreisewilligen, die sich in die Botschaften flüchteten, nahm immer mehr zu. Am 8. August schloss die Ständige Vertretung der Bundesrepublik in Ost-Berlin ihre Tore. 130 Menschen warteten drinnen auf ihre Ausreise. Hunderte besetzten die Bonner Botschaft in Budapest und kletterten über den Zaun der BRD-Botschaft in Prag. Ende September durften sie – nach erfolgreicher Vermittlung durch Außenminister Hans-Dietrich Genscher – in Sonderzügen durch das Gebiet der DDR in den Westen fahren. Nachdem Ungarn seine Grenze für die Bewohner der DDR geöffnet hatte, nutzten innerhalb weniger Tage 15 000 Menschen die Gelegenheit zur Flucht über Österreich – bis Ende Oktober waren es schon 50 000.

Die Demonstrationen gegen das SED-Regime nahmen zu: Am 8. und 9. Oktober gingen in Dresden und Leipzig Zehntausende auf die Straße und Erich Honecker trat schließlich am 18. Oktober zurück. Egon Krenz versuchte das Regime zu halten, doch die Menschen wollten nun alles. Am 4. November versammelte sich eine halbe Million DDR-Bürger auf dem Alexanderplatz in Ost-Berlin; Stefan Heym sprach, Christa Wolf, Heiner Müller und Christoph Hein. Unter dem Druck der Straße traten am 7. November Ministerpräsident Willi Stoph und die gesamte Regierung zurück. Am nächsten Tag wählte das Zentralkomitee der SED ein verkleinertes Politbüro. Ministerpräsident wurde der Dresdner Hans Modrow. Tags darauf erklärte um 18.57 Uhr der Informationssekretär des ZK der SED, Günter Schabowski, was das Politbüro dem Ministerrat schon am 24. Oktober empfohlen hatte: Alle DDR-Bürger könnten nach West-Berlin und in die BRD reisen. Kurt Biedenkopf seinerseits reiste in den Osten: Am 10. November überquerte er zusammen mit dem Berliner Anwalt und Abgeordneten Uwe Lehmann-Brauns den Grenzübergang Invalidenstraße und fand Ost-Berlin nahezu menschenleer. Eine Berlinerin hatte die beiden zum Konzert einer Jazzband ins Lichtenberger Kulturhaus eingeladen.

Für Helmut Kohl wurde der Mauerfall zum Glücksfall. Er, dem wenige Monate zuvor nur noch 17 Prozent der Deutschen Entschlusskraft zubilligten und den nur noch 23 Prozent für kompetent hielten, wird als Kanzler der Einheit in die Geschichtsbücher eingehen. Aber auch Kurt Biedenkopf eröffneten sich neue Perspektiven.

In Leipzig machte sich Günter Nötzold sofort daran, Biedenkopf für einen Georg-Mayer-Vortrag nach Leipzig einzuladen, eine jährliche Veranstaltung zu Ehren des ehemaligen Rektors der Universität. Vom Zuspruch, den er am 20. Dezember 1989 erhielt, war Biedenkopf überwältigt. In »ganz rührender Weise« hätten sich Professoren und Studenten bei ihm bedankt, dass er ihnen Mut gemacht habe. Biedenkopf hatte den Zuhörern bestätigt, dass die DDR-Wirtschaft kein Schrotthaufen sei, sondern deren Zustand mit dem Spaniens vor dem Eintritt in die EG oder auch mit dem Niveau der westdeutschen Wirtschaft in den sechziger Jahren verglichen. Und noch einen Vergleich, den er Lothar Späth verdankte, hatte er für seine Zuhörer parat: 1872 habe ein württembergischer Landtagsabgeordneter den Wirtschaftsminister gefragt, ob er es für möglich halte, dass das Schwabenland jemals das industrielle Niveau Sachsens erreiche. Der Minister erklärte das zwar für möglich, aber äußerst unwahrscheinlich. Solche ermutigenden Vergleiche waren »den Leuten schon eine Hilfe«, ist Biedenkopf noch heute überzeugt.

Kurt Biedenkopf wollte helfen. Er war bereit, Aufgaben zu übernehmen um die Teilung zu überwinden. In diesen Dezembertagen führte Kurt Masur Biedenkopf und seine Tochter Susanne durch das Gewandhaus in Leipzig, ehemals Lager- und Verkaufshalle der Tuchhändler. Das alte Gewandhaus war seit 1781, das neue seit 1885 Veranstaltungsort für Konzerte. Bei dieser Gelegenheit forderte Biedenkopf den langjährigen (seit 1970) Leiter des Orchesters auf sich zu überlegen, was er als Westdeutscher im Osten tun könne. Als sich die beiden Anfang Januar wieder sahen, sagte Masur, Biedenkopf solle eine Gastprofessur übernehmen. »Dann sind Sie einer von uns!« Biedenkopf war überrascht: »Ich hätte alles andere als Vorschlag erwartet, nur nicht das.« Nicht von außen einwirken, hieß das, sondern mittendrin sein, wie die Ostdeutschen. Seine Frau sagte spontan: »Selbstverständlich musst du das machen.« Für den nächsten Tag hatte Masur schon einen Termin beim Rektor vereinbart, um die Einzelheiten zu besprechen. Mehrheitlich einigte sich auch die Fakultät darauf, ihm eine Gastprofessur anzubieten, die Berufungsurkunde bekam er am 2. April. Da hatte er die ersten Vorlesungen schon gehalten.

Biedenkopf zog zuerst ins Gästehaus der Universität, das gerade neu gebaut worden war. »Aber das gefiel ihm nicht«, erinnert sich Nötzold, »da war kein Lift. Er ist dann in die etwas bequemere Suite des damaligen Hotels Mercure gezogen, was ein paar Leute aus der Wirtschaft finanziert haben.«

Was hat Biedenkopf veranlasst diese Aufgabe zu übernehmen? »Ich bin nach Leipzig gegangen, weil mir die jungen Menschen Leid taten, die da die Köpfe voll hatten mit Zeug, mit dem sie nichts mehr anfangen konnten.« Jahrelang seien sie indoktriniert worden und

Abbildung 10
»Dann sind Sie einer von uns!«: Kurt Biedenkopf bei der
Antrittsvorlesung am 9. April 1990 in Leipzig.
Foto: Karin Kranich

nun erwies sich ihr Wissen als wertlos, sie mussten neu anfangen und trotzdem verloren sie nicht den Mut, wie er anerkennend sagt. Zur Antrittsvorlesung kam die ganze Familie, auch seine erste Frau, und der Vortrag musste in einen zweiten Hörsaal übertragen werden, so wissbegierig waren die zahlreich erschienenen Leipziger Studenten. Biedenkopf bemühte sich ihnen ihre Angst vor den kommenden großen Veränderungen zu nehmen: Die Marktwirtschaft sei keine planlose Veranstaltung, denn »der klassische Laisser-faire-Kapitalismus zerstört sich am Ende zwangsläufig selbst, da hat Marx völlig recht. Doch in der Bundesrepublik regiert keinesfalls der Darwinismus, wo der Starke den Schwachen fertigmacht. Deshalb haben wir die Sozialpflichtigkeit, ein Kartellgesetz, die Begrenzung wirtschaftlicher Macht, eine soziale Steuergesetzgebung.« Die Studenten allerdings lernten schnell, dass eine Veranstaltung ohne Schein bald langweilig wird, und am Schluss seiner Vorlesungsreihe stand Biedenkopf vor einem fast leeren Hörsaal. Er fand schnell einen Schuldigen: »Das hat die SED organisiert.«

Gleichwohl hatte Biedenkopf einen überzeugenden Start im anderen Teil Deutschlands hingelegt: Er war sofort und freiwillig hinübergegangen, um zu helfen. Sein Rat war gefragt. Sogar Lothar de Maizière griff gern auf ihn zurück. So schickte er dem Professor etwa den Entwurf des ersten Staatsvertrages zur Wirtschafts- und Währungsunion, um ihn zu fragen, was er davon hielte. Biedenkopf riet de Maizière, auf der Einrichtung eines Gremiums zu bestehen, in dem Bund und Länder gemeinsam einen Schlüssel erarbeiteten, nach dem die Kosten der Einheit auf Bund, Länder und Gemeinden verteilt würden. Andernfalls werde der Osten immer Bittsteller sein. Das war weitsichtig, aber weder im Staatsvertrag noch im Einigungsvertrag konnten solche Forderungen durchgesetzt werden.

»So einen Mann wie Biedenkopf brauchen wir hier«, sagte Nötzold damals, »nicht nur um die Universitäten, sondern um das Land

zu organisieren.« Nötzold bewunderte die rhetorische Kraft Biedenkopfs und fühlte sich ihm freundschaftlich verbunden. Die beiden
hatten am 18. Dezember 1989 gemeinsam auf dem Leipziger Ring
gestanden, ein Licht in der Hand, inmitten der Demonstranten. Biedenkopf sagt, »die großartige Selbstbefreiung deutscher Menschen,
und zwar auf friedliche Weise«, habe ihn »emotional ungewöhnlich
aufgewühlt« und »tief bewegt«.

Die gesellschaftliche Situation in der DDR empfand er als vom
Totalitarismus stark geprägt und »politisch durchtränkt«. »Eine
gesellschaftliche, eine Vereins-, eine soziale Infrastruktur« gab es
in seinen Augen nicht im »vormundschaftlichen Staat« (Biedenkopf benutzt dieses von Rolf Henrich geprägte Schlagwort häufig).
»Die SED und die anderen politischen Parteien, die sogenannten
Blockparteien, waren die einzige Form des möglichen gesellschaftlichen Engagements gewesen.« Ihm sei »deutlich geworden, dass
die größten Schäden, die der Sozialismus verursacht hatte, nicht
die Schäden waren, die im Verbrauch des Kapitalstocks oder in der
Ausbeutung der Natur lagen, sondern in der Beschädigung des
Denkens der Menschen, also der Herzen und der Köpfe der Menschen.« Umso mehr erstaunte es Biedenkopf, dass »die Menschen
die Kraft hatten, ihre Angst zu überwinden«. Und wie wohltuend
müssen ihm die runden Tische erschienen sein, an denen sich die
Menschen nicht wegen geringfügiger sachlicher Unterschiede
abgrenzten wie im Westen, nur um ihre Identität oder Legitima-
tion nicht aufs Spiel zu setzen. »Hier«, bemerkt Biedenkopf, »gab
es eine Gemeinsamkeit der politischen Absicht, die Vergangenheit
zu überwinden.« Auf westdeutsche Politiker wirkte das, was an den
runden Tischen stattfand, »manchmal fast chaotisch, in jedem Fall
beunruhigend unorthodox, in Wirklichkeit war es außerordentlich
kreativ«.

Währungsunion: »Revolutionen sind in Lehrbüchern nicht vorgesehen«

Kurt Biedenkopf fiel in dieser Umbruchzeit durch bemerkenswerte Vorschläge auf. Gemeinsam mit Henry Kissinger befürwortete er eine deutsche Konföderation, deren Integration in Europa und die Entwicklung eines Sicherheitssystems, und erst dann – wenn die Bevölkerung der DDR es so wolle – die Umwandlung der Konföderation in einen einheitlichen Staat. Hans Modrows »Konzeption für den Weg zur deutschen Einheit« sah nicht viel anders aus. An eine Währungsunion dachte zum Jahreswechsel 1990/91 noch niemand – außer SPD-Finanzexpertin Ingrid Matthäus-Maier, die für ihre Äußerung Prügel einstecken mußte. Als die »Fünf Weisen« – Herbert Hax, Otmar Issing, Rüdiger Pohl, Dieter Pohmer und Hans K. Schneider – allerdings am 20. Januar 1990 in einem Sondergutachten eine schrittweise Konvertibilität der DDR-Währung empfahlen, zunächst mit festen Wechselkursen, schon bald mit schrittweiser Konvertibilität zur D-Mark und erst viel später die Währungsunion, da allerdings widersprach Biedenkopf. Die Sachverständigen gingen davon aus, dass der wirtschaftliche Gesundungsprozeß in der DDR selbst in Gang gesetzt und vorangetrieben werden müsse. »Das gebieten ökonomische Vernunft und Erfahrung, das gebietet auch das Selbstwertgefühl der Bürger des anderen deutschen Staates.« Die systembedingten Mängel könnten nur durch politische Entscheidungen in der DDR ausgeräumt werden. Ein wirtschaftliches Engagement könne dann einen Beitrag leisten, wenn bestehende Barrieren beseitigt wären. Den Rückstand aufholen könne die DDR nur, wenn die Voraussetzungen für eine marktwirtschaftliche Ordnung geschaffen würden. Bleibe privates Kapital aus, sei dies ein Beleg dafür, »daß sich die Investoren unter den von der DDR geschaffenen Bedingungen keine Ertragschancen ausrechnen oder die Risiken […] als zu hoch einschätzen«. Zur Mobilisierung privaten Kapitals öffentliche Mittel einzusetzen, also Subventionen oder Steuervergünstigungen, empfahlen die Gutachter nicht. Der Erfolg der Bemühungen werde sich an der Stärke des Übersiedlerstroms messen lassen. Den Geldüberhang, der mangels Gütern und damit durch Zwangssparen sich angesammelt hatte, wollten die Sachverständigen nicht durch einen Währungsschnitt beseitigen. Sie empfahlen vielmehr, den Kaufkraftüberhang dadurch abzubauen, dass den DDR-Bürgern Unternehmensbeteiligungen, Boden- und Wohneigentum angeboten würden. Der Verkaufserlös solle dann »stillgelegt«, also vernichtet werden. »Dieses Vorgehen hätte nicht zuletzt den großen Vorzug, daß es die Eigentumsreform und die Reform des Geldwesens miteinander verbindet und damit auf doppelte Weise die Bedingungen für einen erfolgreichen Neuanfang verbessert.«

Die Fünf Weisen hatten erklärt, die Reformen müssten »grundlegend, rasch und gleichzeitig« erfolgen. Als die Diskussion um eine Währungsunion immer drängender wurde und auch das Kabinett am 7. Februar einen entsprechenden Beschluss gefasst hatte, schickte der Vorsitzende des Sachverständigenrats, Hans K. Schneider, noch einmal einen Brief an den Bundeskanzler. Er betrachte, so schrieb er darin, die Entwicklung »mit Besorgnis«. Die rasche Verwirklichung der Währungsunion sei »das falsche Mittel, um dem Strom von Übersiedlern Einhalt zu gebieten«. Erst Wirtschaftsreform, dann Währungsreform, mahnte Schneider. Weil die Bundesregierung plante die »aufgeblähten Geldbestände« in D-Mark umzuwandeln – und nicht, wie von den Sachverständigen empfohlen, in Sachwerte aus dem Volksvermögen der DDR –, sah der Experte einen Rattenschwanz von Problemen kommen: Die Einführung der D-Mark wecke die Illusion, damit sei auch der Anschluss an den westlichen Lebensstandard hergestellt. Das Einkommen sei aber an die Produktivität gebunden und die bleibe zurück. Der Abstand der Einkommen würde schlagartig offensichtlich werden, was Forderungen nach höheren Löhnen provoziere, die dann über dem Produktivitätszuwachs lägen. Der Kapitalzustrom werde dadurch verringert, der Druck auf die Bundesregierung zunehmen, ein »Finanzausgleich« gefordert. »Riesige Belastungen kämen auf die öffentlichen Haushalte zu. Es wären nicht nur erhebliche Steuererhöhungen unvermeidlich, es würden vielmehr auch öffentliche Mittel in Transfers für konsumtive Verwendungen gebunden, die bei der Finanzierung von Maßnahmen zur Verbesserung der Infrastruktur fehlen müßten.«

Biedenkopf sah zu diesem Zeitpunkt keinen Sinn mehr in einer andauernden Zweistaatlichkeit und keinen anderen Weg als den einer schnellen Vereinigung mit Währungsschnitt. 70 000 Ostdeutsche hatten sich im Januar in den Westen aufgemacht und damit nach Biedenkopfs Ansicht gezeigt, was die Menschen wirklich wollten. Im Bundestag richtete er sich an jenem 7. Februar auch an »alle, die sich wissenschaftlich mit der Frage befassen«. Die Konsequenzen könnten noch gar nicht bedacht werden, weil die Politiker nicht Herren der Entwicklung seien: »Revolutionen sind in Lehrbüchern nicht vorgesehen.« Als Antwort auf die »großartige politische Leistung der Menschen in der DDR« sah er nur die gemeinsame Währung und gleichzeitig die Wirtschaftsreform. Das werde keineswegs die Probleme lösen, aber die Menschen ermutigen und ihnen Hoffnung geben. Es sei »nicht davon auszugehen, daß sich die DDR-Wirtschaft aus eigener Kraft regenerieren kann. Sie kann es gerade wegen der stalinistischen Inbesitznahme der DDR nach dem Zweiten Weltkrieg und bis heute nicht. Das heißt, ein Teil der Kriegsfolgen besteht in der Unfähigkeit der vorgefundenen Ordnung, die Reformleistungen zu erbringen.« Er verschwieg die Risiken nicht. Die Belastungen, so prophezeite er, würden sich aber innerhalb der Grenzen des Bruttosozialprodukts bewegen »Das heißt, wir werden nichts von unserem Besitzstand aufgeben müssen.«

Biedenkopf glaubte also nicht daran, wovon die Sachverständigen ausgingen: dass die DDR-Regierung rasch zur Marktwirtschaft finden würde. Die Suche nach dem dritten Weg, einem »marktwirtschaftlichen Sozialismus«, war dort noch nicht aufgegeben worden. Wie der Staat Marktwirtschaft ausüben können soll, hatte Biedenkopf noch nie verstanden. »Wettbewerb kann es nur geben, wenn der Staat und die Gesellschaft getrennt sind.« Die DDR müsse vielmehr das Kollektiveigentum auflösen, die Unternehmen bewerten, ihnen den jeweiligen Anteil an den »Nationalfonds« zuweisen, den Anteil in eine Rechtsform bringen und den Belegschaften eine Beteiligung anbieten, etwa so wie im Volkswagenwerk.

Die Währungsunion war für ihn das Mittel, das den wirtschaftlichen Umbau der DDR auslösen und diese »EG-kompatibel« gestalten würde. Biedenkopf rechnete damit, dass die Löhne im Osten noch eine Weile niedrig zu halten wären, ebenso die Lebenshaltungskosten. Er hoffte, unter diesen Voraussetzungen »die Bevölkerung der DDR für ein lohnpolitisches Verhalten zu gewinnen, denn das Einkommensgefälle zwischen DDR und Bundesrepublik wird auch nach der Aufhebung der Subventionierung der Preise für Güter des täglichen Bedarfs noch längere Zeit durch die niedrigeren Lebenshaltungskosten in der DDR teilweise ausgeglichen werden«. Um den Übersiedlerstrom zu stoppen, wollte Biedenkopf die Bevölkerung der DDR von Steuern und Sozialabgaben freistellen. Die Haushalte der Länder und Kommunen sollten aus dem Westen finanziert werden. Insgesamt rechnete Biedenkopf damals – wie auch der Chef der Dresdner Bank, Wolfgang Röller – mit Transferzahlungen von zehn Milliarden Mark jährlich. Die Erneuerung der DDR-Wirtschaft sei »mit keiner unüberwindlichen Schwierigkeit verbunden«.[2] Diese Vorstellungen sollte er bald korrigieren.

Wie die meisten anderen, so unterlag auch Biedenkopf damals noch der Illusion, die DDR-Wirtschaft stelle einen nicht unerheblichen Wert dar. In den folgenden Monaten erst sollte klar werden, wie desolat die Wirtschaft im Osten im Jahr 1990 dastand und wie groß der Investitionsbedarf war, um sie auf neue Beine zu stellen. In einer aktuellen Stunde im Bundestag erklärte Biedenkopf zum ersten Mal, was er heute so zusammenfasst:»Die Risiken sind kalkulierbar. Die Transfers werden nicht höher sein als der Zuwachs des Inlandsprodukts bei angemessenem Wachstum. Und wir haben als angemessenes Wachstum damals drei bis vier Prozent gesehen. Wir hatten ein Bruttoinlandsprodukt von 2 400 Milliarden Mark. Drei Prozent davon sind 80 Milliarden. Die Nettotransfers sind heute zwischen 80 und 100 Milliarden. Der Einzige, der das begriffen hat, war Lambsdorff. Er hat dazwischengerufen: ›Das ist aber sehr viel.‹ Er hatte gerechnet.« Auch das IWG sprach Mitte 1990 von zwei Billionen Mark, was aufgeteilt auf zwanzig Jahre einen Investitionsbedarf von jeweils 100 Milliarden Mark bedeutete.

Biedenkopf wollte, was alle wollten: eine möglichst rasche Angleichung der Lebensverhältnisse, um die Abwanderung der Fachkräfte zu stoppen. Denn der größte Teil der DDR-Bevölkerung hatte unmissverständlich klargemacht:»Kommt die D-Mark, bleiben wir; kommt sie nicht, gehn wir zu ihr.« Kurt Biedenkopf erkannte recht schnell:»Mit der Aufhebung der inneren Trennungslinie war Deutschland de facto vereinigt.«

Von den Westdeutschen verlangte er nicht Hilfe und Almosen, sondern einen veritablen Beitrag zum Aufschwung Ost. Zusammen mit Georg Leber hatte er schon im November 1989 vorgeschlagen, die Deutschen sollten künftig am 17. Juni arbeiten und der Ertrag solle für den Aufbau der Infrastruktur verwendet werden, für Kommunikationssysteme, Transport, Straßenbau, Energieversorgung, Investitionsförderung, und für die Vermittlung von markt- und betriebswirtschaftlichem Wissen. Selbstständige sollten für den gleichen Zweck 0,4 Prozent ihres Jahreseinkommens abführen. Sie erwarteten eine Summe von zehn Milliarden Mark. Biedenkopf: »Ich habe Georg Leber nie mehr so enttäuscht gesehen wie an dem Tag, als ihm ein Gewerkschafter nach dem anderen absagte. Aber die Bevölkerung war bereit.«

Kurt Biedenkopf verstand die Einheit als nationale Aufgabe. Überdies war für ihn die Nation ohnehin nie geteilt gewesen. Die deutsche Einheit gebe es nicht erst wieder seit 1990, sondern sie habe auch in der Zeit der staatlichen Trennung Bestand gehabt. Wie Willy Brandt sah Biedenkopf Deutschland in den vergangenen 40 Jahren als Kultur-Nation. Der Besuch des Merseburger Doms, sagt Kurt Biedenkopf, löse in ihm »ein ebenso großes kulturelles und historisches Echo« aus wie der Besuch des Doms zu Aachen oder zu Speyer. Nach der Wiedervereinigung mussten nach seiner Lesart nur noch die Folgen der Teilung überwunden werden.

Immer wieder erklärte er, der Umbruch in Europa dürfe nicht als Sieg des Westens und damit als Rechtfertigung der westlichen Lebensweise missdeutet werden. »Die marktwirtschaftliche Ordnung [...] hat sich zwar als die weitaus leistungsfähigere Wirtschaftsordnung erwiesen. Aber sie hat sich damit keineswegs als die endgültig richtige Wirtschaftsordnung behauptet.« Dafür, dass Sachsens Wirtschaft ebenso wie in den anderen Teilen der DDR am Boden lag, seien nicht die Menschen verantwortlich, »sondern diese Zustände sind Resultat der deutschen Teilung, die eine Kriegsfolge war«. Biedenkopf wies frühzeitig darauf hin, dass die DDR-Bürger Reparationen bezahlt und bis zuletzt die wirtschaftliche Leistungskraft des Ostblocks mitgetragen hätten. Sie seien »um einen wesentlichen Teil der Früchte gebracht (worden), die sie andernfalls hätten ernten können«. Angesichts der engen Begrenzungen einer sozialistischen Planwirtschaft hätten die Ostdeutschen »Enormes geleistet«.

Zur Einführung der Währungsunion machte Biedenkopf den Ostdeutschen Mut. In der *Sächsischen Zeitung* schrieb er am 4. Juli 1990: »Der ostdeutsche Teil Deutschlands wird sich wirtschaftlich weit schneller entwickeln, als dies Skeptiker glauben. Tausende werden die neue Freiheit nutzen, wirtschaftliche Aktivitäten entfalten, Unternehmen, Handwerksbetriebe, Geschäfte und Läden gründen und Arbeitsplätze schaffen. Die bestehenden Betriebe und Kombinate werden ihre Produktion verändern, ihre Produktivität erhöhen und ihre Leistungen verbessern.« Er sagte aber auch: »Viele werden an dieser Aufgabe scheitern, weil das, was sie produziert haben, keine Abnehmer mehr findet. Aber es gibt so viel Arbeit in der DDR, daß auf Dauer niemand arbeitslos bleiben muß, der seinen alten Arbeitsplatz verliert.« Es werde »keinen Ausverkauf« für die Betriebe und Unternehmen geben; Privatisierung bedeute lediglich, »daß die Verantwortung vom Staat und seiner Verwaltung auf diejenigen übertragen wird, die etwas von Wirtschaft, von Märkten und von Produktion verstehen und mit ihrem Geld für den Erfolg ihres Engagements einstehen«.

»Wenn's Intrigen gibt, gehe ich«

In jenen Monaten in Leipzig erlebte Biedenkopf mit, wie die DDR-Bürger versuchten ihr Leben neu zu ordnen. Da war die Sorge um den Arbeitsplatz, da waren die Probleme des täglichen Lebens. Die Dresdner wünschten sich, weil Konsum- und HO-Märkte ihre Preise über Gebühr anhoben, Aldi herbei. Monat für Monat zogen tausende nach dem Westen. Die Dagebliebenen kümmerten sich, in Berlin und Leipzig, um die Akten des Staatssicherheitsdienstes; in Ost-Berlin stürmten sie die Stasi-Zentrale. Einige, die nach vorn blickten, etwa die Dresdner »Gruppe der 20« um ihren Pressesprecher Arnold Vaatz, den Schauspieler Friedrich-Wilhelm Junge, den Entertainer Gunter Emmerlich und den Trompeter Ludwig Güttler, forderten baldige Kommunal- und Landtagswahlen und die Wiederherstellung der Länder, die 1952 abgeschafft worden waren. Ihren Forderungskatalog präsentierten sie Helmut Kohl, als dieser am 19. November 1989 nach Dresden kam. Es entstanden neue Parteien und politische Gruppierungen, die zunächst darauf hinzudeuten schienen, dass eigene Wege gesucht wurden. Doch schon bald wurde deutlich, dass sich die westdeutschen Parteien in den Osten ausdehnen würden. Die SDP (Sozialdemokratische Partei Deutschlands) orientierte sich ebenso auf die SPD zu, wie sich die Block-CDU, die Blockpartei DBD und der Demokratische Aufbruch in die CDU eingliederte. Die FDP entstand als Konglomerat aus den Blockparteien LDPD und NDPD sowie aus den neu gegründeten Parteien DDR-FDP und »Deutsche Forumpartei«. »Neues Forum«, »Demokratie Jetzt« und die »Initiative für Frieden und Menschenrechte« schlossen sich zum »Bündnis 90« zusammen und fusionierten später mit den Grünen. Ost-CDU, DSU und »Demokratischer Aufbruch« traten bei den Volkskammerwahlen am 18. März 1990 gemeinsam unter dem Label »Allianz für Deutschland« an. Die SED benannte sich in »Partei des Demokratischen Sozialismus« um.

Von Anfang an kam es innerhalb der CDU zu heftigen Auseinandersetzungen zwischen den Mitgliedern, die schon früher in der Block-CDU aktiv waren, und denen, die sich erst jetzt politisch engagieren wollten. So bot die CDU in Sachsen noch zwei Monate vor der Landtagswahl ein desolates Bild. Die »Blockflöten« wollten Klaus Reichenbach zum Spitzenkandidaten machen, der bereits Parteivorsitzender war. Seine Vergangenheit war bekannt: seit 1969 Mitglied der Ost-CDU, 1987 Mitglied des Hauptvorstandes, 15 Jahre Leiter eines VEB in Burgstädt, Minister im Amt des Ministerpräsidenten – eine Art »Seiters von Sachsen«, wie es damals hieß. Noch im Herbst 1989 verbat er sich »Ratschläge von Kohl und Konsorten« und betonte, die CDU habe »stets das Gemeinsame« mit der SED gesucht.

Die Erneuerer um Arnold Vaatz und Dresdens Oberbürgermeister Herbert Wagner, ebenfalls Mitglied der ehemaligen »Gruppe der 20«, konnten Reichenbach nicht akzeptieren und drohten mit dem Austritt aus der Partei. Arnold Vaatz betrieb einen geradezu missionarischen Kampf gegen diejenigen CDU-Mitglieder, die sich nach seiner Meinung als »Blockflöten« schuldig gemacht hatten. Vaatz war als Kriegsdienstverweigerer ein halbes Jahr inhaftiert gewesen. Er hatte den Wehrdienst aus seiner christlichen Überzeugung heraus verweigert. Im Gefängnis wurde ihm vorgehalten, es sei doch kein Widerspruch, Christ zu sein und gleichzeitig loyal zur SED zu stehen; schließlich sei der CDU-Vorsitzende Gerald Götting stellvertretender Vorsitzender des Staatsrats. Daraus erwuchs offenbar Vaatz' hartnäckige Abneigung gegen alle »Blockflöten«. Klaus Reichenbach konnte er am 3. März 1990 den Parteivorsitz zwar nicht streitig machen, aber da auch Vaatz in den Parteivorstand gewählt wurde, strömten Sachsens CDU deutlich mehr Reformer zu als in den anderen (Noch-DDR-)Ländern. Die Auseinandersetzungen waren damit programmiert. Schließlich wurde mit Walter Priesnitz ein Ministerpräsidentenkandidat präsentiert, den die Bonner CDU vorgeschlagen hatte. Priesnitz war zuletzt Staatssekretär im (inzwischen abgewickelten) Bundesministerium für innerdeutsche Beziehungen gewesen und immerhin in Zwickau aufgewachsen.

In Ost-Berlin war Kurt Biedenkopf dabei, als die Volkskammer in ihrer Nachtsitzung vom 22. auf den 23. August 1990 um Viertel vor drei den Beitritt zur Bundesrepublik beschloss. Gregor Gysi rief aufgebracht: »Wissen Sie, was Sie da entschieden haben?« Die Abgeordneten glaubten es zu wissen. Beifall brauste auf und ein vielstimmiges »Ja!«.

Im Haus des Volkes traf Biedenkopf auf Reichenbach und der sagte ihm: »Ich mach's nicht. Wir hoffen, dass wir einen anderen finden.« Der Trompeter Ludwig Güttler (CDU) sehnte Rita Süssmuth als neue Ministerpräsidentin nach Sachsen. Doch Reichenbach nannte den Namen Heiner Geißler. Kurt Biedenkopf versichert: »Ich war froh, dass sie Geißler nehmen wollten. Ich habe ihn noch angerufen und gesagt: ›Mach das. Wenn du Hilfe brauchst, stehe ich zur Verfügung.‹ Er meinte jedoch, er wüsste es noch nicht genau. Ich sagte ihm noch: ›Sag es mir, falls du es nicht machst.‹

Dann habe ich lange nichts mehr von ihm gehört. Ich dachte, er würde das Amt übernehmen, und war sehr zufrieden damit, denn ich selbst hatte überhaupt keine Absicht, das zu machen.«

Ingrid Biedenkopf dagegen war immer der Überzeugung, man werde ihren Mann fragen, auch wenn dieser stets abwinkte: »Der Kohl will mich nicht.« Aber »der Kohl« wurde gar nicht mehr gefragt. Jedenfalls wurde nicht beachtet, was der Kanzler gegenüber Lothar Späth und Lothar de Maizière geäußert haben soll: Sie könnten jeden auffordern, nur nicht »diesen Traumtänzer«.

Die Entscheidung musste rasch getroffen werden. Heiner Geißler hatte eine Kandidatur abgelehnt, weil seine Familie nicht bereit war mit ihm nach Dresden zu ziehen; das »Ende der Fahnenstange« sei erreicht. Der sächsischen CDU drohte wegen der Kandidatenfrage die Spaltung. Lothar Späth eilte zu den Beratungen der Sachsen-CDU nach Chemnitz, um zu vermitteln und zu beraten. In der Nacht von Freitag auf Samstag, den 26. August, klingelte um ein Uhr im Biedenkopfschen Haus am Chiemsee das Telefon. »An dem Abend«, erinnert sich Ingrid Biedenkopf genau, hatte ihr Mann erzählt, man habe Heiner Geißler gefragt, ob er kandidieren wolle. Sie meinte dazu nur: »Na wunderbar, armes Sachsen; dann habe ich mich halt geirrt.«

Kurt Biedenkopf hatte schon geschlafen. Als er abhob, war Lothar Späth am Apparat. Nachdem der Schwabe ihn gefragt hatte, ob er bereit wäre in Sachsen zu kandidieren, erwiderte Biedenkopf: »Das ist eine Frage, die ich um diese Zeit wirklich nicht beantworten kann.« Früh um halb acht rief Späth wieder an. Inzwischen hatte sich Biedenkopf mit seiner Frau und mit Meinhard Miegel beraten und sich grundsätzlich dafür entschieden. »Ich hatte drei Bedingungen: Eine wirkliche Mehrheit, Personalentscheidungen muss ich treffen können, und drittens: Wenn's Intrigen gibt, gehe ich.«

In Chemnitz konnte Lothar Späth dem Parteipräsidium die gute Nachricht überbringen, die der monatelangen Suche ein Ende

bereiten sollte. Herbert Goliasch fragte noch einmal Rudolf Krause:
»Rudi, willst du es machen?« Doch Krause, der schon vorher einen
solchen Antrag abgelehnt hatte – später sollte sich herausstellen,
warum –, blieb bei seinem Nein. Am Chiemsee wartete Kurt Biedenkopf unterdessen vergeblich darauf, dass sein Telefon läutete; die
Leitungen waren wieder einmal zusammengebrochen. Deshalb
erfuhr er aus den Hörfunknachrichten von dem Votum für ihn und
am 27. August meldeten auch die Zeitungen: »Biedenkopf kandi-
diert für Sachsen«.

Arnold Vaatz freute sich über die glückliche Wendung. Biedenkopf sei »ein Meister der wirtschaftspolitischen Analyse«, genieße
auch in Europa einen guten Ruf; er sei »ein Mann, der auf sehr
schnelle und rationelle Weise auf die wirtschaftlichen Probleme hier
in Sachsen reagieren wird«.[3] Auch DDR-Ministerpräsident Lothar
de Maizière, der lieber einen »Ossi« als Spitzenkandidaten gesehen
hätte, stimmte zu. Biedenkopf sei keine Notlösung, sondern ein
»Glücksfall«. Die Delegierten des CDU-Landesparteitages segneten
am Samstag, dem 1. September, im Hygienemuseum zu Dresden die
Berufung Biedenkopfs mit 260 von 268 Stimmen ab.

»Die folgenreichste Chance meines Lebens«

Am 16. September 1990 trat Kurt Biedenkopf zusammen mit Helmut Kohl vor den Ruinen der Frauenkirche auf – vor annähernd
50000 frenetischen Dresdnern, die »Helmut, Helmut« jubelten.
Biedenkopf sagte: »Vor einem Jahr galt der Ruf: ›Wir sind das Volk!‹
In wenigen Tagen sind wir ein Volk! Ein großer Traum geht in Erfüllung.« Vier Tage später verabschiedeten Bundestag und Volkskammer den Einigungsvertrag, Grüne und PDS lehnten ab. Tags darauf
passierte er auch den Bundesrat. In Dresden versprach Biedenkopf,
in Sachsen bestehe die Chance, in fünf Jahren das Niveau des

Westens zu erreichen, »so daß keiner mehr von hüben und drüben sprechen« brauche. Dazu müsse man aber den Kampf gegen jene aufnehmen, die sich der Marktwirtschaft entgegenstellten.[4] Offenbar sollte vor der Wahl Optimismus verbreitet werden. Auch Parteisprecher Rudolf Krause, der später sächsischer Innenminister wurde, gab sich zuversichtlich: Sachsen werde in vier Jahren »ein so starkes Land sein, daß wir durchaus mit der anderen Südschiene, also Baden-Württemberg und Bayern, mithalten können«. Der Leipziger Lehrer fügte hinzu: »Vorausgesetzt, eine CDU-geführte Landesregierung hat hier das Sagen.«[5]

Wo immer er auftrat, lobte Biedenkopf die Ostdeutschen. Zum Beispiel die Facharbeiter, die richtiggehende Künstler sein müssten, weil sie »an Werkbänken, die 40 Jahre und älter sind, wahre Wunderdinge vollbringen«. Vielleicht dachte er dabei an seine alte Werkbank im Bunawerk, in dessen Aufsichtsrat er seit dem 14. August saß. In vieler Hinsicht, sagte er in Großenhain, seien die Ostdeutschen leistungsfähiger als die Westdeutschen. Trotzdem hinke man hinterher. Das sei so, als träten zwei Hundertmeterläufer an, von denen der eine habe trainieren können, der andere dagegen eingesperrt gewesen sei. Dass der Eingesperrte langsamer sei, liege nicht daran, dass er nicht laufen könne, sondern dass man ihn lange Zeit daran gehindert habe.[6]

Die Sachsen gewannen Vertrauen und gaben Biedenkopf und der CDU am 14. Oktober 1990 mit einer satten Mehrheit einen ordentlichen Vorschuss. Ingrid Biedenkopf hatte den besten Tipp abgegeben: Bei 54 Prozent hatte sie die CDU gesehen. Es wurden 53,8 Prozent und die CDU gewann alle Direktmandate. Kurt Biedenkopf selbst hatte nur auf 48 Prozent gewettet, doch die Wettschulden, ein paar Flaschen Champagner, bezahlte er sicher gern. Dies sei »die folgenreichste Chance meines Lebens«, orakelte er. Er wolle sich vorbehaltlos für Sachsen einsetzen. »Ich habe den Eindruck, daß er es gern macht«, verteilte auch Renate Berthold, Redakteurin bei der

Sächsischen Zeitung, Vorschusslorbeeren.[7] Der Erste, den der zukünftige Ministerpräsident an diesem triumphalen Abend anrief, war Johannes Rau:»Auf gute Zusammenarbeit.« Michael Scholing, Pressesprecher der SPD-Gegenkandidatin Anke Fuchs, zeigte sich als schlechter Verlierer. Diese Wahl, sagte er, hätte auch »ein Besenstiel« für die CDU gewonnen. Daran war allerdings ein Fünkchen Wahrheit. Peter Porsch, ein Wiener Professor, der einst einer Freundin zuliebe in die DDR ging und heute Fraktionschef der PDS im sächsischen Landtag ist, verweist auf die Infrastruktur der alten Blockpartei.»Alte Blockpartei-Kader wie Goliasch haben für ihn [Biedenkopf] die Wahlkreise gewonnen. Die Block-CDU brachte ihre Strukturen in den Landesverband ein, während SPD und Grüne ohne solche fertigen Strukturen bei Null anfingen. Außerdem hat er die neuen Politiker des Demokratischen Aufbruchs ebenfalls in die Partei integriert.«

Die SPD hatte aber auch selbst Fehler gemacht. Kurz vor den Wahlen hatte Anke Fuchs erklärt, sie bleibe nur als Ministerpräsidentin in Sachsen. Verliere sie die Wahl, werde sie wieder als Bundesgeschäftsführerin ihrer Partei nach Bonn zurückkehren. Auch Kurt Biedenkopf hatte zunächst angekündigt, bei einer Wahlniederlage würde er ein Mandat im Bundestag anstreben. Er habe einen aussichtsreichen Listenplatz in Nordrhein-Westfalen für die Bundestagswahlen am 2. Dezember.[8] Als er den Fehler erkannt hatte, korrigierte er ihn. Die Frage sei ohnehin»theoretisch«, weil die CDU die Wahl gewinnen werde.

Anke Fuchs präsentierte einen weiteren Schuldigen: Oskar Lafontaine, Spitzenkandidat der SPD für die anstehenden Bundestagswahlen. Er sagte den Ostdeutschen (und den Westdeutschen) Wahrheiten, die sie damals noch nicht hören wollten, und erweckte damit fast den Eindruck, als wünschte er die Wiedervereinigung nicht. Außerdem hatte Lafontaine es sich mit den Wählern verdorben, weil er den zur Währungsreform geplanten Umtauschkurs von

1:1 oder 1:2 als »schweren Fehler« kritisiert hatte. Biedenkopf dagegen war schon bei seinem Widerspruch gegen das Gutachten der Fünf Weisen im Februar 1990 für einen Umtauschkurs von 1:1 eingetreten. Am Wahlabend sagte Anke Fuchs, sie müsse noch einmal mit Oskar Lafontaine reden. »Er muß runter von diesem Rechthaberischen.«

Am 27. Oktober 1990 traten die Abgeordneten des sächsischen Landtags um 9 Uhr morgens zu einem ökumenischen Gottesdienst in der Dresdner Kreuzkirche an, zelebriert vom Landesbischof der Evangelisch-Lutherischen Landeskirche in Sachsen, Johannes Hempel. »Nehmt einander an«, predigte er von der Kanzel herab. Die Gebete sprach der katholische Bischof von Dresden-Meißen, Joachim Reinelt. Eine knappe Stunde später marschierten die 160 Abgeordneten, darunter 22 Frauen, angeführt von »Kurt dem Starken«, am Fürstenzug vorbei über die Augustbrücke, dann die Straße der Befreiung entlang bis zur Dreikönigskirche. Diesen Tag werde er nie vergessen, sagte Biedenkopf später. Als er auf dem Weg die hoffnungsvollen Gesichter der Menschen sah, fragte er sich, »ob ich das alles tragen kann«. Schon in der Kirche hatte ihn ein wenig die Sorge bedrückt, wie all dem, was er an Erwartungen spürte, entsprochen werden konnte. Er erinnerte sich an eine Standardpassage aus seinen Wahlkampfreden: »In ein paar Monaten werdet ihr demonstrieren, mich beschimpfen, ihr werdet enttäuscht sein.« Aber nicht das erste Mal in seinem Leben sprach er sich selbst und damit auch den Menschen Mut zu: »Ich weiß: Am Ende werden wir erfolgreich sein.«

In der Dreikönigskirche gab es zunächst belegte Brötchen, dann eröffnete Alterspräsident Heinz Böttrich (CDU) – ein biblisches Wandgemälde von Werner Juza mit dem Titel »Versöhnung« im Rücken – die erste Sitzung des ersten sächsischen Landtags. Die Debatte um eine vorläufige Geschäftsordnung geriet aus den Fugen und Biedenkopf und andere flüsterten Böttrich ein wie ein Souffleur einem unsicheren Theaterschauspieler. Dann wurde Ordinariatsrat Erich Iltgen, der zuvor den runden Tisch moderiert, dann das Sächsische Forum in Dresden geleitet hatte, mit 132 Jastimmen zum Landtagspräsidenten gewählt. Schließlich mußte noch gegen die Stimmen der Fraktion von Bündnis 90/Grüne und eines Teils der FDP der Name des neuen Bundeslandes bestätigt werden: Freistaat Sachsen. Der Erste, der für diesen Namen geworben hatte, war der Dresdner Volkskammer-Abgeordnete Frank Heltzig (SPD) gewesen. Er überzeugte Kollegen aus allen Parteien für eine »Initiative Freistaat Sachsen«. Damit, so versprach er, hätte das Land mehr Souveränitätsrechte, es ließe sich sogar eine EG-Mitgliedschaft niederschlagen. Später griff Biedenkopf die Idee auf und übernahm sie in sein Wahlkampfkonzept.

Der designierte Ministerpräsident musste lange warten. Erst um 19 Uhr, drei Stunden später als geplant, konnte er – wie auch Lothar Späth und Rita Süssmuth, die auf der Tribüne saßen – hören, wie Landtagspräsident Erich Iltgen das Ergebnis des Wahlgangs verlas: 120 von 152 anwesenden Abgeordneten wollten Biedenkopf als Ministerpräsident – 29 mehr, als die CDU-Fraktion Köpfe zählte. Zehn hatten gegen ihn gestimmt, 21 sich enthalten. Einer hatte einen anderen Namen auf seinem Stimmzettel notiert. Kurt Biedenkopf sprach die Eidesformel samt Zusatz (»so wahr mir Gott helfe«), dankte für die Wahl und versprach den 4,76 Millionen Sachsen: »Mit dieser Wahl haben mich die Menschen in Sachsen in die Pflicht genommen. Ich werde mit aller Kraft für ein Erblühen des Landes eintreten.«

War das wirklich sein Motiv für den Gang nach Sachsen? Wollte er wirklich vor allem helfen? Ingrid Biedenkopf kann keine anderen Motive ausmachen. Auf keinen Fall, so meint sie, ging es ihm darum, seinen Bekanntheitsgrad zu steigern. Auch zuvor hätte er kaum besser behandelt werden können, nicht einmal »wenn man als Kanzler irgendwo hinkommt«. Er brauche das nicht, »um das Ego zu

Abbildung 11
Am Ziel: Landtagspräsident Erich Iltgen vereidigt am 8. November 1990
den neuen sächsischen Ministerpräsidenten.
Foto: Sächsische Zeitung, Klaus Thiere

stärken. Es gibt also keinen anderen Grund. Es gibt nur das: Ich-will-den-Menschen-helfen.«

Geld, so versichert das Ehepaar Biedenkopf, habe bei der Entscheidung ebenfalls keine Rolle gespielt. Im Gegenteil: Kurt Biedenkopf hätte neben seiner Gastprofessur in Leipzig als Nummer sieben der nordrhein-westfälischen Landesliste nach der Bundestagswahl wieder ein Mandat sicher gehabt, es lagen Angebote für Gastprofessuren im Ausland vor, er wollte schreiben und weiter als Anwalt und Berater arbeiten. Außerdem gehörte er dem Senat der Max-Planck-Gesellschaft und dem Kuratorium der Volkswagenstiftung an. »Eigentlich hatte ich mich auf ein eher beschaulicheres siebentes Lebensjahrzehnt eingerichtet.« Der Anruf Späths nachts um eins und die Wahl hatten diese Pläne zu Makulatur gemacht. Das sei eine »tolle Zeit« gewesen, sagt Biedenkopf und verweist ebenfalls darauf, dass er »sehr gut verdient« und »alles auf einen Schlag weggegeben« habe. Er nennt sein zu versteuerndes Einkommen in jenem Jahr 1990 – eine wirklich beeindruckende Summe – und sagt, dass diese Zahl selbstverständlich niemals verwendet werden dürfe. Die sächsische Landeskasse hingegen zahlte Kurt Biedenkopf als Ministerpräsident zu Beginn nur 6 200 Mark. Wie hoch seine sonstigen Einkünfte lagen, ist nicht bekannt. Als ehemaliger Abgeordneter im Landtag von Nordrhein-Westfalen hatte er Anspruch auf ein Ruhegeld, das aber mit den anderen Bezügen verrechnet wurde. Hinzu kamen Tantiemen für seine Bemühungen im Aufsichtsrat der Klöcknerwerke, der Bunawerke, des Leipziger Bau- und Gießereimaschinenwerkes Baukema und der Heckmannwerke GmbH Heidenau, die als erstes Unternehmen in Sachsen privatisiert worden waren.

Als er jedoch kurz nach seiner Nominierung zum Kandidaten der CDU darauf aufmerksam gemacht wurde, dass er als Ministerpräsident nach dem Verfassungsentwurf solche Ämter nicht mehr ausüben dürfe, sagte er: »Diese Ämter werde ich mit meiner Wahl natürlich abgeben. Nicht nur, weil es dem Entwurf der Verfassung widerspricht, sondern weil es meiner persönlichen Vorstellung entspricht, daß ich als Staatsmann nicht in Unternehmensleitungen sein kann.«[9]

Versteht der sächsische Ministerpräsident seinen Gang nach Dresden deshalb als Opfer? »Es war kein Opfer, ich würde es ein Abenteuer nennen«, sagt Kurt Biedenkopf. Ehefrau Ingrid, die Meißner Porzellanfiguren sammelt, sagte angesichts der vergleichsweise bescheidenen Einkünfte eines sächsischen Gründungs-Ministerpräsidenten damals lachend, dann werde sie jetzt eben zweite Wahl kaufen. »Am Anfang war es aber tatsächlich sehr schwierig«, versichert Ingrid Biedenkopf, die alle Konten verwaltet. »Wir hatten ja plötzlich überhaupt kein Einkommen mehr – für unsere Verhältnisse. Mein Mann war ein gesuchter Anwalt gewesen und hatte viel Geld verdient. Das war plötzlich alles weg. Und ich musste sehen, wie ich das hinkriege. Und etwas kann mein Mann nicht leiden: Wenn ich irgendetwas gerne möchte und es mir nicht sofort kaufe, dann wird er böse. Ich habe ihm verheimlicht, dass wir überhaupt nichts mehr kaufen konnten. Wir hatten ja auch noch drei Kinder in der Ausbildung.«

Auch sie versichert glaubhaft, den Gang nach Sachsen angetreten zu haben, um den Menschen zu helfen. Jeder durfte in diesen Monaten wissen, dass Ingrid Biedenkopf beim Einkauf auf den Pfennig achtet. Und nach mehreren Jahren in der neuen Heimat sagt sie: »Wir könnten heute natürlich auch ganz woanders sein. Wir haben auf ein Rieseneinkommen verzichtet, um hierher zu gehen. Und das macht man nicht, wenn's nicht einen Sinn macht. Wir wollten den Menschen hier helfen. Und ich nehme auch an, dass die Menschen meinen Mann deshalb so gerne mögen, weil es ganz klar ersichtlich ist, dass er das nicht für sich macht.«

»Ich wäre möglicherweise auch in der SED gewesen«

Zur Fraktion der CDU gehörten von Anfang an Betriebsdirektoren, Schulleiter, vier ehemalige Bürgermeister, zwei LPG-Vorsitzende, 24 Vorstandsmitglieder oder Leiter von gesellschaftlich relevanten Gruppierungen wie Gewerkschaft, FDJ, Sportverbänden. 28 von ihnen hatten schon in der DDR als Abgeordnete auf verschiedenen Ebenen Erfahrungen gesammelt, was für Kurt Biedenkopf kein Grund war, nicht mit ihnen zusammenzuarbeiten.

Kurt Biedenkopf hat eine ungewöhnliche Einstellung, wenn es um die Beteiligung Einzelner innerhalb totalitärer Strukturen geht. Obwohl er den Kommunismus und Sozialismus zeit seines Lebens bekämpft hat, war er prinzipiell offen – vorausgesetzt, die Menschen hatten sich vom Sozialismus abgewendet und gehörten nicht der

Die Gutschein-Geschenkbox!

Verschenke, was sich jeder wünscht!

Nicht vergessen! Geschenkidee für: ☐ _____ ☐ mich   *CinemaxX*

Die Gutschein-Geschenkbox!

Verschenke, was sich jeder wünscht!

Nicht vergessen! Geschenkidee für: ☐ _____ ☐ mich   *CinemaxX*

Die Gutschein-Geschenkbox!

Verschenke, was sich jeder wünscht!

☐ _____ ☐ mich   *CinemaxX*

CinemaxX Halle-Charlottencenter

Noah MAXXIMUM 3D
3D Normal Loge

FSK: 12

Datum:	05.04.2014	Zeit:	17:10

| Preis: | 12,50 | Kino: | 3 |

| Reihe: | 5/12 | | 11 |
| G | | | 11 |

Preis zzgl 5,50 EUR Vas bezahlt

Online Kauf

Preis zzgl 5,50 EUR Vas bezahlt

12543518

05.04.2014/23:10/Saa13/3/6:6/5:11

SED-Nachfolgepartei an. Wenn aber zum Beispiel der PDS-Abgeordnete und -Fraktionschef Peter Porsch heute ans Rednerpult tritt, verlässt Biedenkopf nicht selten das Plenum. Regelmäßig habe er auf der Regierungsbank die Contenance verloren, erzählt Porsch. Der Ministerpräsident werde dann violett im Gesicht, die Zornesader schwelle an. Inzwischen wechsle er bei wichtigen Disputen den Platz, setze sich auf seinen Abgeordnetensitz, »weil ihn dort die Presse nur von hinten sieht«. Biedenkopf grüßt Porsch nicht einmal mehr. Der gewichtigste Grund für diesen Affront ist in Dresden allseits bekannt: Da die SPD keine Fundamentalopposition betreibt, ist Porsch einer der ganz wenigen, die Biedenkopf auch einmal angreifen. Porsch gilt als guter Redner, und Kritik, so heißt es, könne Biedenkopf überhaupt nicht vertragen. Porsch: »Er ist humorlos und eitel.«

Wer aber sein Verhalten kritisch überprüft hat und mit ihm an einem Strang zieht, dem verzeiht Biedenkopf einiges. Am 15. November 1990 zitierte die *Sächsische Zeitung* Biedenkopf so: »In jedem Betrieb muß jetzt geprüft werden: Hast du die Fähigkeiten, die Voraussetzung dafür sind, daß man dir Menschen anvertrauen kann? Oder hast du früher, aufgrund deiner Machtposition, Menschen schikaniert oder gequält? Wer diese Prüfung besteht, kann ruhig in der SED gewesen sein, so verbrecherisch sie als Organisation auch gewesen ist. 2,3 Millionen ehemalige DDR-Bürger von insgesamt 17 Millionen waren Mitglieder gewesen. Sieht man von Ärzten, Pfarrern oder Naturwissenschaftlern ab, dann war doch der größte Teil der Leistungsträger in der Partei. Wer ist deswegen allein zu richten?« Auch für sich will er nicht ausschließen, dass er den gleichen Weg gegangen wäre: »Ich wäre möglicherweise auch drin gewesen.« Ein Satz, den er 1990 in einem Interview äußerte und der für einige Verblüffung sorgte.[10]

Eine Erklärung für diese Haltung ist unter Umständen in seiner Familiengeschichte zu finden. Biedenkopf ist davon überzeugt, dass sein Vater während des Krieges in führender Position im Bunawerk niemanden im Betrieb »schikaniert oder gequält« hat. Nach dem Krieg hat er sich dann auch engagiert am Aufbau des demokratischen Deutschland beteiligt – wieder in der Wirtschaft, wieder an hervorragender Stelle. Diese prinzipielle Offenheit gegenüber solchen Lebensläufen zeigte Biedenkopf auch über die eigene Familie hinaus: 1983 stellte er sich sogar vor ehemalige SS-Mitglieder, den WDR-Chefredakteur Theo M. Loch und den nordrhein-westfälischen Kultusminister Jürgen Girgensohn, deren Aktivitäten während des Nationalsozialismus gerade ans Licht gekommen waren. »Wir können unsere Vergangenheit nicht auf diese Weise bewältigen«, erklärte Biedenkopf, »daß wir jemandem, der in fast 40 Jahren nach dem Krieg in völlig untadeliger Weise für unsere freiheitlich demokratische Ordnung gearbeitet hat, den Vorwurf machen, er sei wegen der Zugehörigkeit zur Waffen-SS weniger qualifiziert.« Die Vergangenheit der beiden Männer sei im Übrigen »gar nicht entschuldigungsbedürftig«, sagte Biedenkopf damals, weil die Waffen-SS eine »reine Kampfeinheit« gewesen sei und mit der »allgemeinen SS sehr wenig bis gar nichts zu tun« gehabt habe. Loch musste damals gehen, Girgensohn durfte bleiben. Biedenkopf verwies seinerzeit auf die Debatte um die Berufsverbote und erklärte auch dazu, dass man »jedem Menschen die Chance geben muß, sich zu entwickeln«.[11]

Der zweite Grund für diese Haltung Biedenkopfs liegt in seinem Gestaltungswillen. Dieser ist so dominierend, dass er in jeder Situation nach einer Möglichkeit gesucht hätte, in die Speichen des Rades der Geschichte zu greifen. Um dazu in der Lage zu sein, ist die Nähe zur Regierung nötig. Nur dort kann man gestalten. Das Exil, so wie es Willy Brandt gewählt hat, wäre für Biedenkopf nie eine Lösung gewesen. Wer weggeht, vergibt die Möglichkeit einzuwirken.

Einzuwirken aber war stets Biedenkopfs Interesse, und zu gestalten heißt für ihn führen. Schon in *Fortschritt in Freiheit* empfahl er mehr Führung. Er sorgte sich um den Verlust des Wertes Allgemeinwohl, dem er wieder zu seinem Recht verhelfen wollte. Zustimmend zitiert er Walter Lipman:»Um der Dinge willen, die zu tun sind, muß die Menschheit mehr regiert werden.« Und auch den ehemaligen britischen Außenminister Reginald Maudling ließ er für sich sprechen:»Mehr staatliche Disziplin oder mehr Selbstdisziplin der Gesellschaft« – das sei die Alternative, die sich stelle. Mit der Selbstdisziplin der Gesellschaft war und ist es aus Biedenkopfs Sicht heute nicht mehr weit her. Er sah es offenbar wie Gräfin Dönhoff, die verlangte,»daß der einzelne sich gewisse Selbstbeschränkungen auferlegt. Leider beginnt sich bei uns eine Demoralisierung der Demokratie abzuzeichnen, die jede Rücksicht auf das Ganze vermissen läßt und Opfer für die Gemeinschaft ausschließt.«

Auf die Frage, ob es beim Aufbau eines Landes vielleicht sogar ganz nützlich sei, wenn klare Verhältnisse herrschten, antwortet Ingrid Biedenkopf:»Es ist überhaupt nützlich. Solange jemand da sitzt, der es wirklich gut mit den Menschen meint.« Natürlich, eine Diktatur kann nicht die Lösung sein. Aber:»Mein Mann ist viel zu wenig Machtmensch. Machtmensch wäre ich. Ich würde mir die Macht schon holen, um den Menschen zu helfen. Mein Mann macht das anders. Mein Mann hat einen tollen Kopf und damit übt er Macht aus. Aber nicht wissentlich.«

Das (Küchen-)Kabinett:»Bemühen ist mir zu wenig«

Die Suche nach einer Regierungsmannschaft war nicht einfach. Nicht jeder nimmt so selbstlos einen Ruf an, wie Kurt Biedenkopf es getan zu haben versichert. Christa Thoben und Birgit Breuel, die Biedenkopf gern an seiner Seite gehabt hätte, sagten ab. Der Diplomlandwirt Rolf Jähnichen erfuhr erst am Tage seiner Nominierung, dass er Landwirtschaftsminister werden sollte: Seine Frau hörte es in den Nachrichten. Zuvor war er, CDU-Mitglied seit 1981, stellvertretender LPG-Vorsitzender in Neukirchen (Kreis Borna) und seit Mai 1990 Landrat in Borna gewesen. Auch Schulministerin Stefanie Rehm, zuvor Lehrerin in Aue und CDU-Mitglied seit 1969, musste recht kurzfristig ihren Sitz im Bundestag aufgeben. Sie durfte eines von Biedenkopfs uralten Zielen sofort umsetzen: Schon im November 1990 kündigte sie an, dass Sachsens Gymnasiasten ihr Abitur künftig schon nach zwölf Jahren machen sollten.»Die anderen reden von Verkürzung«, sagte Rehm,»wir machen sie.«

Aus den geplanten acht waren dann doch zehn Minister geworden: Die beiden wichtigsten Ressorts besetzte der MP, wie er in der Staatskanzlei genannt wird, mit Westimporten: Georg Milbradt, zuvor Stadtkämmerer von Münster, Volkswirtschaftsprofessor und Berater der Westdeutschen Landesbank, übernahm das Finanzministerium, Kajo Schommer, Bürgermeister von Neumünster, das Ministerium für Wirtschaft und Arbeit – einmalig in Deutschland und Ausdruck von Biedenkopfs Überzeugung, dass Arbeit in erster Linie nicht ein sozialpolitisches, sondern ein wirtschaftspolitisches Problem ist. Arnold Vaatz, Mathematiker und Theologe, wurde Chef der Staatskanzlei, der Kirchenjurist und Berater der»Gruppe der 20«, Steffen Heitmann, Justizminister. Rudolf Krause aus Leipzig übernahm das Innenressort, der Chemiker und Laborleiter am Dresdner Diakonissenkrankenhaus, Hans Geisler, das Ministerium für Soziales, Familie, Gesundheit. Hans Joachim Meyer, der letzte DDR-Bildungsminister, führte das Ressort Wissenschaft und Kunst, der Tierarzt Karl Weise das für Umwelt- und Landesplanung. Damit gehörten immerhin sieben waschechte Sachsen Biedenkopfs erstem Kabinett an. Die Staatssekretäre stammten dagegen aus dem Westen, zwei von ihnen waren nicht einmal Mitglieder der CDU, sondern anderer Parteien: Ins Kultusministerium berief der Regierungschef Wolfgang Nowak (SPD), vorher enger Mitarbeiter von NRW-Kultusminister Hans Schwier, ins Ministerium für Wirtschaft und Arbeit Rüdiger Thiele (FDP), der aus dem Kanzleramt wechselte. Bei Biedenkopf, sagte sein Stellvertreter Rudolf Krause, »geht Fachkompetenz vor Parteizugehörigkeit«.

Da der Umbau der Staatskanzlei noch nicht abgeschlossen war, traf sich das Kabinett in den ersten Wochen in der Schevenstraße 1 im Dresdner Nobelstadtteil Weißer Hirsch, direkt über dem »Blauen Wunder«, einer Brücke über die Elbe. Früher hatte diese »herrliche Unterkunft« (*Dresdner Morgenpost*) als Gästehaus der Stasi gedient. Heute fungiert sie als Wohnhaus der Biedenkopfs. Die Villa Bellevue sei »vollständig nach westlichem Standard renoviert, mit den neuesten Sicherheitsvorkehrungen und großem Komfort ausgestattet«, so die *Dresdner Morgenpost*. In den Bädern und Suiten seien nur »allerfeinste Baustoffe benutzt« worden, »massives dunkles Holz,

Abbildung 12
Die »Regierungs-WG« in der Schevenstraße: Kurt Biedenkopf mit Wirtschaftsminister Kajo Schommer, Kultus-Staatssekretär Wolfgang Nowak, Ingrid Biedenkopf und Wirtschafts-Staatssekretär Wolfgang Zeller beim Frühstück (v. r. n. l.).
Quelle: Sächsische Staatskanzlei Dresden, Günter Schneider

teure Gardinen, Teppichböden, Messinglampen, Kühlboxen, Fernseher, Stereoanlagen, Sauna mit riesigem Tauchbecken, Restaurant«. Weil das Haus erst im Juli 1989 fertig gestellt worden war, konnte Erich Mielke nur ein einziges Mal den traumhaften Blick aus seiner 50-Quadratmeter-Suite über das Elbtal genießen. Jetzt wohnten die neuen Regierungsmitglieder aus dem Westen im Gästehaus, und auch nach dem Umzug in die Staatskanzlei saßen die Mitglieder der »Wohngemeinschaft« nach getaner Arbeit abends meist im Speiseraum der Biedenkopfs beisammen.

Gabor Steingart hat im *Spiegel* beschrieben, wie schnell dort statt Feierabendstimmung wieder Kabinettsalltag einkehren konnte. Hermann Kroll-Schlüter, Staatssekretär im Landwirtschaftsministerium, habe etwa gerade sein zweites Radeberger Pils geleert und die Qualität gelobt, da fragte der MP: »Habt ihr die Sache mit der Brauerei hinbekommen?« Der Wirtschaftsminister antwortete: »Wir wissen Bescheid.« Sein Staatssekretär schob nach: »Wir prüfen bereits.« Biedenkopf hatte sich geärgert, dass eine Westbrauerei eine traditionsreiche Ostbrauerei aufgekauft hatte, um sie wenig später zu schließen. Er wollte die Sache bei der Treuhand zur Sprache bringen – seit 1991 saßen die Ministerpräsidenten im »Treuhandkabinett«, wo alle vier Wochen die Einzelentscheidungen vorbereitet wurden. Kajo Schommer ergänzte: »Wir bemühen uns, die Verträge rückgängig zu machen.« Biedenkopf reichte das nicht: »Bemühen ist mir zu wenig.« Die »WG-Tafel« sei »ratz-fatz« zum Kabinettstisch geworden. Biedenkopf habe seine Arbeitsaufträge verteilt, am nächsten Tag würde Schriftliches folgen.[12]

Ingrid Biedenkopf als »Mutter der WG« führte ihr eigenes strenges Regiment. »Sie hat dafür gesorgt, dass alle frühstückten und abends am Tisch saßen«, weiß Christa Thoben. »Sie hat auch alle erzogen, die sich Bier aus dem Kasten genommen und nicht aufgefüllt haben.« Morgens um sieben gab's für alle Müsli, Körnerbrot und Quark auf Meißner Porzellan, abends meist auch gesunde Kost.

Ingrid Biedenkopfs Anliegen war es, für ein Umfeld zu sorgen, in dem man sich wohl fühlt und die nötige Ruhe findet, seine Arbeit zu tun. So, wie sie sich bemüht, ihrem Mann eine perfekte Ehefrau zu sein und ihn etwa von allen Haushaltspflichten zu entbinden, so wollte sie den Minister-Gästen eine gute (fast mütterliche) Gastgeberin sein. Nicht alle waren damit wunschlos glücklich. Wolfgang Nowak soll einmal gesagt haben: »Ingrids Nudeln sind nicht meine Nudeln.«

Die sächsische First Lady überrascht viele mit ihrer offenen und einnehmenden Art. Darüber hinaus hat sie, wie nicht nur Norbert Blüm meint, »einen großen Einfluss« auf Kurt Biedenkopf. Ihr Wort gilt etwas beim Ministerpräsidenten, vor allem bei den so genannten »weichen Themen«. Bei ihr hat Kurt Biedenkopf auch entdeckt, dass es gut tut, sich einmal anzulehnen. »Das habe ich ihm schon beigebracht. Es ist doch ein Quatsch, dass ein Mann nicht weinen darf.«

Die Opposition im Landtag dagegen spöttelt, wenn Ingrid Biedenkopf ihrem Mann die Krawatte zurechtrückt, ihm Milch in den Tee gießt (»Das braucht er, er hat's ein bißchen mit dem Magen. Aber sonst ist er gesund.«) oder ihm übers Haar streicht, bevor er ans Rednerpult tritt. Als Heinz Eggert 1992 zum stellvertretenden Bundesvorsitzenden der CDU gewählt worden war, drückte ein Fotograf in dem Moment auf den Auslöser, als Ingrid Biedenkopf Eggert liebevoll tätschelte. Norbert Blüm, der das Foto auf einer Präsidiumssitzung in die Hand bekam, kritzelte grinsend darauf: »Junge, du darfst heute abend eine Stunde später heimkommen.«

Nicht nur das Mütterliche, das sie so ungeniert lebt, stößt auf Verwunderung und provoziert zu launigen Sprüchen. Ingrid Biedenkopf ist auch der größte Fan ihres Mannes. »Er ist die faszinierendste Persönlichkeit, die ich in meinem Leben getroffen habe.« Sie gibt ihm, was Biedenkopf in der Politik nie bekommen hat: bedingungslose Zustimmung und Unterstützung. Christa Thoben erinnert sich im

Gespräch etwa an einen Besuch des CDU-Landesverbandes Westfalen-Lippe im Straßburger Münster, irgendwann in den achtziger Jahren. Der Führer habe erzählt, dass die dortige Weltzeituhr schon seit Menschengedenken ganz genau funktioniere. Uhren sind Biedenkopfs Hobby. »Er kann sich stundenlang damit beschäftigen«, weiß Thoben, »und wird dabei immer fröhlicher.« Nun, zur Weltzeituhr blickend, sagte der Führer: »Kein Techniker ist bisher hinter das Geheimnis gekommen.« Da rief Ingrid Biedenkopf laut vernehmlich von hinten: »Mein Mann könnte das!«

Sie bewundert ihren Mann regelrecht, auch und gerade seine politischen Zielsetzungen, die sie so verstanden hat: »Mein Mann

Abbildung 13
Sie passt auf ihn auf: Kurt und Ingrid Biedenkopf 1992
auf der Terrasse ihres Hauses am Chiemsee.
Foto: Sepp Spiegl

wollte die Menschen freimachen, ohne Bevormundung. Die Politik, die Kohl vorschwebte, war, die Menschen am Gängelband zu führen, sie zu bevormunden und im Grunde genauso zu behandeln, wie das hier im Osten üblich war – nur ein bisschen andersrum, mit anderen Vorzeichen, aber sie im Grunde unfrei zu machen, abhängig von den Menschen, die ihnen mit voller Hand alles geben – oder eben nicht. Und das will mein Mann anders machen. Mein Mann macht eine ganz andere Art von Politik. Und diese Politik finde ich toll!«

»Die monarchische Ader der Sachsen getroffen«

Bevor der sächsische Ministerpräsident morgens sein Büro betritt, fällt sein Blick auf eine goldene Krone auf dem Dach der Staatskanzlei, deren Renovierung die Steuerzahler bezahlt haben. Am 2. September 1992 setzte ein 80 Meter hoher Kran, begleitet vom Sirenengeheul der Schiffe auf der Elbe, die 2,70 Meter hohe, 1,86 Meter breite und 600 Kilogramm schwere Krone auf das Oberlicht der Staatskanzlei. 21 Lagen 23,5-karätiges Blattgold, insgesamt zwölf Gramm, leuchten nun weithin und zeigen sichtbar an, wo »König Kurt« residiert. Die Opposition wollte Biedenkopf das nicht gönnen. Finanzminister Georg Milbradt musste im Landtag auf Heller und Pfennig vorrechnen, was das Stück gekostet hatte: 324 000 Mark plus 38 000 Mark für die Vergoldung und 24 000 Mark für die Montage – insgesamt 386 000 Mark.

Dass die Restaurierung der Krone schon beschlossene Sache war, bevor Kurt Biedenkopf zum Regierungschef gewählt wurde, hinderte die Opposition nicht an dem Versuch, aus der Geschichte politisches Kapital zu schlagen. 1945 war die Krone entfernt worden, in den fünfziger Jahren stand an ihrem Platz eine drei Meter hohe Friedenstaube aus Kupferblech, erbaut von dem Kunstschmied Karl

Bergmann nach Entwürfen des Bildhauers Friedrich Press. Ende der fünfziger Jahre musste sie wieder abgebaut werden, wie es hieß, wegen eines Einspruchs von Pablo Picasso, dessen berühmter Taube die Dresdner Plastik ähnelte. Wahrscheinlicher ist allerdings, dass dies geschah, weil die Stahlträger im Innern korrodiert waren. Bis 1992 blieb der Platz leer. Noch vor den Wahlen von 1990 fiel allerdings die Entscheidung, eine neue Krone herzustellen, die der alten, die spurlos verschwunden ist, gleichen sollte. Als Vorlage konnten die Denkmalpfleger Abbildungen im Innern des Gebäudes nutzen.

Weite Teile der Bevölkerung hätten es Kurt Biedenkopf unter Umständen nicht einmal übel genommen, wenn er mit ihren Steuergeldern die ganze Staatskanzlei hätte vergolden lassen. Die PDS erkennt das inzwischen verwundert an. Mit seinem »alerten, monarchischen Gehabe«, so Peter Porsch, habe der Ministerpräsident »die monarchische Ader der Sachsen getroffen«. Am »Tag der Sachsen« dirigiert er jedes Jahr das Orchester, das die »Sachsenhymne« intoniert. »Es gibt ungefähr drei Dutzend Hymnen«, sagte er 1996 im Magazin *Union*. »Wir – die Einwohner Sachsens – stehen vor der außerordentlich schwierigen Frage, uns für eine zu entscheiden. Es gibt Präferenzen, aber da mische ich mich nicht ein. Hier sollen die Vereine entscheiden, die Veranstalter des ›Tages der Sachsen‹ sich äußern. Eine staatliche Äußerung wird es nicht geben.«

Biedenkopf – das Bundesverdienstkreuz am Revers – spielt die Rolle des Landesvaters offenbar gern. Als er den Schlüssel für seinen Amtssitz entgegennahm, erklärte er verzückt, so etwas Zauberhaftes habe er noch nie besessen. Zumindest in den ersten Jahren seiner Regentschaft musste die große Zustimmung, die er erfuhr, ihm märchenhaft vorkommen. Er, der nur auserwählten Freunden das Du anbietet, lässt sich vertraulich »König Kurt« nennen. Er freue sich darüber, sagt er, »wenn die Leute Spaß an solchen Titeln haben«, er aber brauche das nicht. In seinem Buch *Die neue Sicht der Dinge* hatte er fünf Jahre zuvor noch darauf hingewiesen, wie wenig demokra-

Abbildung 14
Weggefährten: Am 25. Oktober 1993 überreicht Bundespräsident Richard von
Weizsäcker dem sächsischen Ministerpräsidenten das Große Verdienstkreuz
des Verdienstordens der BRD mit Stern und Schulterband.
Quelle: Bundesbildstelle Bonn

tisch es sei, wenn wir von »Vater Staat« sprechen und dessen Ober-
haupt »Landesvater« nennen, die Mitglieder der Gesellschaft »Lan-
deskinder«. Er nannte das damals ein »Relikt der Feudalzeit«, ja
»Sprachbarbarei«. »Sich als Repräsentant des Staates so bezeichnen
zu lassen ist anmaßend.« Heute erzählt er gern, wie ihn zu Beginn

seiner Regentschaft ein Parkwächter von seinem Territorium habe verscheuchen wollen. Als er erkannte, wer da vorgefahren war, rief der Mann aus: »Ei verbibbsch, da gommt der Geenich von Sachsen!« Gab es in der DDR Probleme, pflegte man sich gern und oft direkt an die Staatsführung zu wenden. Wenn das Schlagloch auf der Straße vor dem Haus seit Monaten gemeldet war, aber nicht ausgebessert wurde, dann schrieben viele Bürger eine Eingabe an Erich Honecker. Verwaltungsgerichte, die staatliches Handeln oder Nichthandeln hätten sanktionieren können, gab es in der DDR nicht. Von oben wurde das Problem dann wieder an den Beamten weitergereicht und oft ging anschließend alles seinen sozialistischen Gang, Gesetz hin oder her. Kurt Biedenkopf, wie auch seine Frau, die »Landesmutter«, bekommen heute ebenso viele Eingaben – Waschkörbe voller Briefe. Allein in den ersten vier Wochen seiner Amtszeit waren es zehntausend. Die Erwartung ist klar: Der MP soll's richten. In einer Demokratie bringt so etwas Probleme mit sich. Würde sich der Regierungschef über Gesetze hinwegsetzen, um die Bedürfnisse der Untertanen zu befriedigen, röche das nach Aristokratie, nach Monarchie. Den Sachsen – jedenfalls einem großen Teil von ihnen – scheint das gleichgültig zu sein. Der Petitionsausschuss und die vier Mitarbeiter der extra eingerichteten »Stabsstelle Bürgeranliegen« waren auf jeden Fall lange Zeit faktisch arbeitslos.

Die Landesmutter dagegen konnte sich vor Zuwendung und Zuschriften nicht retten. In der zweiten Wahlperiode wurde ihr deshalb aus der Staatskanzlei ein Etat bereitgestellt. Das war einmalig in der ganzen Republik und die Opposition griff den Fall auf. Die Sachkosten von mehreren zehntausend Mark pro Jahr erschienen dabei unerheblich, zumal sie nie ausgeschöpft wurden. Die Mitarbeiter allerdings, die aus der Staatskasse bezahlt wurden, seien keine »Peanuts« mehr. Es handelte sich um zwei Mitarbeiterinnen aus dem Stellenhaushalt der Staatskanzlei. Die Mitarbeiterinnen waren in die Besoldungsgruppe A 13 und die Vergütungsgruppe BAT-O VIII eingestuft. Das Büro von Frau Biedenkopf, ließ die Staatssekretärin für Fragen der Gleichstellung von Frau und Mann, Friederike de Haas, den Landtag wissen, werde »von vielen Bürgern als Anlaufstelle gesucht, um schnelle Hilfe und Rat im und beim Umgang mit der staatlichen Verwaltung zu bekommen. Jährlich werden ca. 2 500 Anfragen vom Büro Frau Biedenkopf bearbeitet und beantwortet.« Frau Biedenkopf sei »die erste First Lady in der Bundesrepublik, die sich ihren karitativen Hang staatlich versüßen läßt«, kommentierte das *Neue Deutschland*. Eher trifft zu, was der Parlamentarische Geschäftsführer der SPD-Fraktion, Peter Adler, meinte: Als Demokrat müsse er kritisieren, »daß man hier im Sinne einer Monarchie die Familie einbindet«. Er verwies auf die Stabsstelle Bürgeranliegen in der Staatskanzlei und sagte: »Wenn Frau Biedenkopf in dieser Stabsstelle mitarbeiten will, dann kann man die Stelle öffentlich ausschreiben, dann kann sie sich bewerben.«

Die Bedenken Adlers waren durchaus ernst zu nehmen und berechtigt. Mehrfach hatte sich Ingrid Biedenkopf direkt an hohe Beamte und sogar an Minister gewandt, um ein ihrer Meinung nach berechtigtes Anliegen zu beschleunigen. Aus ihrem Büro, einem Zimmer in der Schevenstraße, in dem sich an allen Wänden und auf dem Schreibtisch Familienfotos befinden, bat sie den Leipziger Planungsdezernenten Nils Gormsen, einer Bekannten ein Ladenlokal in der Stadt zu vermitteln. Und weil die Flugverbindung zwischen Dresden und München so schlecht war, rief sie direkt beim Lufthansa-Vorstand an. Mitunter führte diese Direktheit zu Fehlern. So hatte sie den Chemnitzer Treuhandchef Dirk Wefelscheidt aufgefordert, dem Unternehmer Eberhard Hottenroth den Zuschlag für die Erzgebirgische Kunststoffverarbeitungs GmbH zu geben. Wefelscheidt kam diesem Wunsch nach. Wenig später ermittelte die Staatsanwaltschaft wegen betrügerischen Konkurses. Hottenroth war nicht der einzige Investor, der versucht hatte die Eintrittskarte auf den Ostmarkt über das »Büro Ingrid Biedenkopf« zu bekommen.[13]

Die Rolle, die die Sachsen ihrem »König Kurt« zugestehen, macht es für die anderen Repräsentanten nicht gerade leicht. Oberster Vertreter des Volkes in Sachsen ist Erich Iltgen, der Landtagspräsident. Bei Begrüßungszeremonien von Staatsgästen, bei Empfängen, immer wenn Erich Iltgen neben Kurt Biedenkopf steht, richten sich die Scheinwerfer auf Kurt Biedenkopf. Dabei hatte sich Iltgen so viel Mühe gegeben sich neben dem »kleinen Professor« zu behaupten. Er bestand darauf, dass die Gesetze, die der sächsische Landtag beschließt, zwei Unterschriften tragen – die des Ministerpräsidenten und die des Landtagspräsidenten. Das ist in keinem anderen Bundesland der Fall, aber Iltgen wollte das letzte Wort haben. Biedenkopf ließ ihn gewähren, Iltgen darf mitunterzeichnen. Dafür musste er beim Stander nachgeben, der starren Flagge auf dem Kühler der Dienstlimousinen. Iltgen wollte dem Landtagspräsidenten, also sich selbst, den größeren zuteilen, um protokollarisch als Nummer eins kenntlich zu sein. Biedenkopf regte einen Kompromiss an: gleich große Stander für Landtagspräsident und Ministerpräsident. Damit war die Verwaltung nicht einverstanden und so fahren die sächsischen Repräsentanten heute ohne Stander.

Auch die CDU-Landtagsfraktion erfährt kaum Beachtung beim Wahlvolk. Aber sie tut auch nicht viel dafür: Die Gesetzentwürfe aus dem Kabinett erleben kaum Widerspruch. Und auch die »Sachsen-Union« wird mit Kurt Biedenkopf gleichgesetzt. Dabei war er zu Beginn nicht einmal Parteivorsitzender. Erst nachdem Klaus Reichenbach Ende 1991 zurückgetreten war, übernahm der Ministerpräsident auch dieses Amt.

Nur als es um die »kleinen Lebenskreise« ging, die Kurt Biedenkopf zwecks einer effizienteren Organisation des Landes zu größeren Einheiten zusammenschließen wollte, begehrten die Provinzfürsten auf. Etwa bei der Gebietsreform und der Einteilung des Landes in drei Mittelbehörden, die Regierungsbezirke. Die Landräte sahen damit ihren direkten Einfluss auf die Dresdner Machtzentrale geschwächt. Doch selbst in diesem Fall war die Kritik am »neuen Zentralismus« nicht an Biedenkopf gerichtet, sondern an die »Schwaben« im federführenden Innenministerium, die am »grünen Tisch und auf dem Reißbrett« über die Köpfe der Gemeinden hinweg entschieden hätten. Die Empörung schwappte gerade noch bis ins »Vorzimmer« Biedenkopfs im Sicherheitstrakt der Staatskanzlei. Arnold Vaatz musste sich anhören, dass ausgerechnet er als Parteifreund die ungeliebte Reform vorantreibe.

Vergangenheit, die vergeht: »Ein Wunder, daß es so schnell ging«

Auch manche Fehlleistung seiner Minister ließ Biedenkopf unbeschädigt, obwohl ja niemand anders als er diese ins Amt berufen hatte. Schon bald nach seiner Ernennung kursierten erste Gerüchte über einen bis dahin nicht bekannten Teil der Vergangenheit des Innenministers und stellvertretenden Ministerpräsidenten Rudolf Krause. Als Abkürzung für »Innenminister« benutzten die Unionsabgeordneten das Kürzel »IM«, das später auch den Westdeutschen als Kürzel für Inoffizieller Mitarbeiter der Staatssicherheit bekannt wurde. Krause, der möglicherweise sogar Ministerpräsident geworden wäre, wenn er bei der entscheidenden Sitzung ›Ja‹ gesagt hätte, war Mitglied der Block-CDU seit 1962. Bekannt war auch, dass er dem FDJ-Zentralrat angehört und in der »Arbeitsgruppe wissenschaftlicher Marxismus« an der Universität Leipzig mitgearbeitet hatte. Ausgezeichnet wurde er als »Verdienter Lehrer des Volkes«. Was man zunächst nicht wusste: Er war auch Informant der Stasi gewesen. Krause hatte sich zudem den fremdenfeindlichen Ausschreitungen in Hoyerswerda nicht gewachsen gezeigt. Einen großen Polizeieinsatz wollte er unbedingt vermeiden. Dass die Rechtsextremisten dem Staat ihre Bedingungen aufdrückten und die Asylbewerber schließlich Hoyerswerda verlassen mussten, nahm Krause hin – scheinbar ohne zu begreifen, welches weltweite Aufsehen die Krawalle selbst, vor allem aber das Einknicken des Staates vor der Gewalt erregen würden. Er sprach, ganz im DDR-Amtsdeutsch, von »westlichen Medien«, die die Ereignisse hochgespielt hätten. Möglicherweise wähnte Krause sich damit gar nicht so weit weg von Kurt Biedenkopf, der Verständnis zeigte, als sich am 16. Juni 1990 rund 1 500 Neonazis in Dresden zu einem Trauermarsch für den erschossenen Rainer Sonntag versammelt hatten. Er nannte den »Kühnengruß« und die »Sieg-Heil«-Rufe »einfaches Ganoventum«, »Rechtswidrigkeiten von jungen Leuten, die entwurzelt sind«.[14]

Aber Krause stand auch aus anderen Gründen unter Beschuss. Auf den Entwurf für ein Polizeigesetz warteten die Parlamentarier so lange, bis die Abgeordneten der CDU die SPD aufforderten ihren eigenen Entwurf im Landtag einzubringen. Ende September 1991 musste Krause letztendlich wegen seiner IM-Tätigkeit gehen, sein Nachfolger wurde Heinz Eggert, der als Zittauer Landrat durch kompromissloses Aussieben der alten Nomenklatura aufgefallen war. Kaum im Amt, genehmigte er die von LKA-Präsident Peter Raisch entwickelte Sonderkommission Rechtsextremismus (kurz: »Soko Rex«), die zeigen sollte, wie ernst man im Gegensatz zu anderen ostdeutschen Bundesländern die Gefahr von rechts nun nehmen wollte.

In der Partei setzten sich unterdessen die Auseinandersetzungen zwischen Erneuerern und »Blockflöten« fort. Im Mai 1991 hatte Parteichef Reichenbach vorgeschlagen, künftig auch ehemalige SED-Mitglieder »nach gründlicher Prüfung« aufzunehmen. Selbst Wolfgang Schäuble hatte das von Bonn aus befürwortet. Doch in Sachsen sorgte der Vorschlag für Turbulenzen. Fraktionschef Herbert Goliasch, langjähriges Mitglied der Blockpartei CDU, ahnte, dass es dann plötzlich schlimmer sein würde, ehemals »Blockflöte gewesen zu sein«.[15] Arnold Vaatz und eine »Gruppe der 16«, zu der auch Landtagspräsident Erich Iltgen und der ehrgeizige Landtagsabgeordnete Matthias Rößler gehörten, forderten im September 1991 Reichenbachs Rücktritt. Der Ministerpräsident fand dieses Vorpreschen seines Kanzleichefs ohne Absprache illoyal und »untaktisch«; Biedenkopf strebte einen ruhigen Wechsel in der Parteiführung an und wollte die Verhältnisse vor seiner Wahl geordnet wissen. Auf einem kurzfristig einberufenen Parteitag in Annaberg-Buchholz wurde Biedenkopf ohne Gegenkandidat zum Parteivorsitzenden gewählt.

Vaatz' geradezu missionarischer Eifer gegenüber denjenigen CDU-Mitgliedern, die sich nach seiner Meinung als »Blockflöten« schuldig gemacht hatten, erklärt sich aus seiner persönlichen Vergangenheit. Vaatz hatte, wie schon erwähnt, als Kriegsdienstverweigerer in der DDR ein halbes Jahr im Gefängnis gesessen. Auseinandersetzungen zwischen ihm und Reichenbach waren unausweichlich, auch weil Letzterer mit Leuten wie dem ehemaligen Leipziger Bezirksvorsitzenden Volker Terp und dem ehemaligen Bezirksvize von Dresden, Johannes Schramm, inoffizielle Mitarbeiter des Ministeriums für Staatssicherheit in Spitzenämter der Partei geholt hatte.

Kurt Biedenkopf hatte sich aus diesen Auseinandersetzungen in der Vergangenheit stets herausgehalten. Er war offenbar der Ansicht, das sei ein Problem, das die Ostdeutschen unter sich lösen müssten. Außerdem konnte ein Ministerpräsident sich nur schaden, wenn er sich auf dieses Minenfeld wagte. Allerdings sagte er in einem Gespräch mit Friedrich Schorlemmer auch, er habe die Aufarbeitung der politischen Vergangenheit als bedeutende Dimension des Einigungsprozesses unterschätzt.[16] Wenn Kurt Biedenkopf heute zurückblickt, meint er: »Natürlich hat das gedauert, aber das Wunder ist, dass es so schnell fertig war.«

Im Herbst 1991 hielt Biedenkopf es für angebracht, eine größere Distanz zwischen sich und Arnold Vaatz zu bringen, und machte ihn, als Nachfolger für den überforderten Karl Weise, zum Umweltminister. Die Leitung der Staatskanzlei übernahm der Staatssekretär, Günter Meyer, der dieses Amt de facto ohnehin schon ausgeübt hatte und bereits aus westfälischen Zeiten zu Biedenkopfs Vertrauten gehörte.

Karl Weise durfte sich fortan als Berater Biedenkopfs beim Aufbau der »Euroregion« Schlesien-Böhmen-Sachsen betätigen. Biedenkopf betrieb dieses Projekt, weil man die Kluft zwischen Nachbarländern verringern müsse, wenn man keine Wanderungsbewegung haben möchte. Und er förderte das Projekt Euroregion, weil Investoren ihm gesagt hatten, sie würden statt nach Sachsen möglicherweise nach Böhmen, Polen oder Ungarn gehen, da die Investitionsbedingungen dort nicht schlechter seien, die Kostenstruktur aber besser. Die Euroregion sollte diese Standortkonkurrenz entschärfen und die Entwicklung gemeinsam vorantreiben.

Alle drei Länder erschienen Biedenkopf auf absehbare Zeit nicht reif für eine Aufnahme in die EU. In einem Task-Force-Bericht an die Trilaterale Kommission schrieb Biedenkopf 1992, er gehe davon aus, dass die EFTA-Staaten »als Vollmitglieder aufgenommen werden, falls sie darum ersuchen«. Voraussetzung sei allerdings, dass sie bereit seien »sich allen Aspekten der Mitgliedschaft zu unterwerfen«. Außerdem brauche die Gemeinschaft vor der Aufnahme neuer Mitglieder »Zeit für ihre innere Konsolidierung«. Neue Mitglieder würden die Gemeinschaft schwächen und ihre Ziele gefährden. Polen, Ungarn und die CSFR seien noch nicht reif für eine Aufnahme; weder seien sie ökonomisch fortgeschritten genug, noch seien die jungen Demokratien stabil genug. Gerade die osteuropäischen Staaten müssten aber unterstützt werden, damit der Eiserne Vorhang nicht durch eine Mauer ersetzt werde, die Arm und Reich trenne – verbunden mit der Gefahr einer massiven Migration von Ost nach West.

Für die Staaten der ehemaligen Sowjetunion sieht Biedenkopf einstweilen keine Chance auf Aufnahme in die Europäische Gemeinschaft. Es werde länger als eine Generation dauern, bis die politischen, wirtschaftlichen und kulturellen Entwicklungen geschaffen seien, die als Voraussetzung für Marktwirtschaft und Demokratie dienten. Europa wird demnach zunächst ein »römisches« Europa bleiben, der Kontinent in einen »römischen« und einen »byzantinischen« Teil gespalten, de Gaulles Vision eines Europa vom Atlantik bis zum Ural wird vorerst Utopie bleiben.

Wegen mangelnder fachlicher Qualifikation wurde von allen Kabinettsmitgliedern Kultusministerin Stefanie Rehm am schärfsten angegriffen. Sogar die Junge Union verlangte ihren Rücktritt. Aber noch im Januar 1993 sagte Biedenkopf: »Frau Rehm ist nicht mit ihrem Amt überfordert.« Eine Kabinettsumbildung schloss er aus. Offenbar wurde Stefanie Rehm mit der »Fülle von Detailproblemen« dann doch nicht fertig, die durch die Umstrukturierung im Schulwesen anfielen. Sechs Wochen nach Biedenkopfs Dementi wurde sie durch den Leipziger CDU-Kreisvorsitzenden Friedbert Groß ersetzt.

2

Die Finanzierung der Einheit: »Korinthenkacker-Diskussion«

Kurt Biedenkopf war dort angelangt, wo er gestalten konnte: auf dem Platz des Regierungschefs – wenn auch nur auf Länderebene. Als »Anwalt der Sachsen«, als der er sich verstand, konnte es nicht lange ausbleiben, bis er sich mit dem Bundeskanzler anlegte: »Der erste Krach, den ich mit Helmut Kohl hatte, nachdem ich Ministerpräsident wurde, war drei Tage nach der Vereidigung meines Kabinetts.« Es war der 9. November 1990, der Tag der ersten Bundesratssitzung in Berlin. Eine riesige Heerschar von Reportern wartete vor dem Sitzungslokal. »Sie wollten alle wissen, wie das mit der Steuer ist.« Kurt Biedenkopf hatte der *Frankfurter Allgemeinen Sonntagszeitung* ein Interview gegeben, dessen Tenor lautete: Natürlich müssen die Steuern erhöht werden. »Das gab einen Riesenwirbel. Kohl dachte, es könnte ihm angesichts der Bundestagswahl schaden. Im Präsidium des Bundesvorstands sind wir uns in die Haare gekommen. Ich sagte: ›Natürlich müssen wir die Steuern erhöhen. Wir können das doch nicht aus der Westentasche bezahlen‹, und habe es abgelehnt, einem Bundesvorstandsbeschluss zuzustimmen, in dem stand, es gehe ohne höhere Steuer. Dann fragten sie: ›Dürfen wir reinschreiben, wir versuchen es ohne Steuererhöhung?‹ Ich habe gesagt: ›Am Versuchen werde ich euch nicht hindern, aber es geht nicht.‹«

So weit Biedenkopfs Version. Die Medien meldeten später eine bedingungslose Kapitulation des sächsischen Ministerpräsidenten. Der Kanzler, der in wenigen Wochen wieder gewählt werden wollte, hatte den Deutschen zugesichert, ihnen zur Finanzierung der Wiedervereinigung nicht in die Taschen zu greifen. Helmut Kohl hatte am 1. Juli versprochen: »Für die Menschen in der Bundesrepublik gilt: Keiner wird wegen der Vereinigung Deutschlands auf etwas verzichten müssen. Es geht allenfalls darum, Teile dessen, was wir in den kommenden Jahren zusätzlich erwirtschaften, unseren Landsleuten in der DDR zur Verfügung zu stellen – als Hilfe zur Selbsthilfe.« Kohl hatte damals offenbar noch nicht verstanden, welch riesige Summen nötig sein würden, um die von ihm versprochenen blühenden Landschaften zu kultivieren, oder er wollte es einfach nicht zum Thema machen. Auch andere Mitglieder der Union wollten keine klaren Aussagen treffen. Theo Waigel redete viel und sagte nichts: Es sei »sinnlos«, die Frage zu stellen, weil man die Entwicklung nicht voraussehen könne. Lothar Späth, der Stuttgarter Oberbürgermeister Manfred Rommel, auch Volker Rühe sprachen sich dagegen für höhere Abgaben aus, und natürlich auch Lothar de Maizière. Doch der Kanzler wollte im Wahlkampf den Vorteil nutzen, den ihm die SPD mit ihrer klaren Aussage für höhere Steuern geliefert hatte. Kurt Biedenkopf wollte dagegen die Karten auf den Tisch legen.

Anfang November 1990 sagte der frisch gewählte sächsische Ministerpräsident klar und deutlich: Um den Aufbau Ost zu finanzieren, müssen die Steuern erhöht werden. Er nannte sogar eine Summe: 100 Milliarden Mark pro Jahr seien nötig. Damit hatte Biedenkopf in ein Wespennest gestochen. CSU-Generalsekretär Erwin Huber schimpfte, Biedenkopf solle nicht das Votum der Sachsen dazu missbrauchen, alte Rechnungen mit Helmut Kohl zu begleichen. Biedenkopf dagegen hielt das Ganze für eine »Korinthenkacker-Diskussion«. Die Bevölkerung sei zu Opfern für die »nationale Aufgabe« bereit, etwa einer Erhöhung der Mineralöl- und

Mehrwertsteuer. Und Kurt Biedenkopf ist sich bis heute sicher: Hätte man den Westdeutschen offen gesagt, wie viel jeder Einzelne für den Aufbau im Osten aufbringen muss, die Deutschen hätten nicht gemurrt. Schließlich hätten später weder die Arbeitgeber noch die Gewerkschaften gegen den Solidarpakt protestiert, aufgrund dessen jährlich bis zu 45 Milliarden Mark für Renten und Arbeitsmarktmaßnahmen von West nach Ost geleitet wurden.

Sein Vorwurf geht an die Politik. Die Hilfe Ost sei so organisiert, dass die ostdeutschen Länder immer wieder einfordern müssten, woraufhin Bund und Länder dann entschieden. Das schaffe Spannungen, die mit Einheit nichts zu tun hätten, und der Osten bliebe so in der Rolle eines Bittstellers. Die gewünschte Angleichung der Lebensverhältnisse hieß für Biedenkopf: Anhebung des materiellen Lebensstandards im Osten bei gleichzeitiger Absenkung im Westen. Er war und ist überzeugt, dass die Westdeutschen das mitgemacht hätten. Aber den politischen Parteien habe es am Mut gefehlt, die Bereitschaft der Westdeutschen zu aktivieren.

Auf der CDU-Präsidiumssitzung, in der es schließlich definitiv um die Frage »Steuererhöhung – ja oder nein?« ging, musste Biedenkopf klein beigeben. Norbert Blüm sah sich in seiner Einschätzung Biedenkopfs wieder einmal bestätigt: »Er ist manchmal auf den Zehnmeterturm gestiegen, hat den Bademantel ausgezogen, die Muskeln spielen lassen, hat den Bademantel wieder angezogen und ist die Treppe wieder runter. Ich gehe nicht so schnell auf den Zehnmeterturm, aber wenn ich droben bin, spring ich. Ich bin nicht so anspruchsvoll, die Ziele im Durchmarsch erreichen zu wollen. Das wäre auch gar nicht so gut. Schritt für Schritt ergibt sich die Chance für eine Fehlerkorrektur.«

Blüm will Biedenkopf auch dieses Mal vor dem Saal des Bundesvorstands mutiger erlebt haben als drinnen. »Ich bevorzuge die Methode: Im Saal musst du immer ein bisschen entschlossener sein als draußen.« Wieder einmal musste sich Biedenkopf der Parteiräson fügen. Einstimmig bestätigte das Parteigremium noch einmal, die CDU sei »entschlossen, die deutsche Einheit ohne Steuererhöhungen zu finanzieren«. Nicht einmal die Kollegen aus dem Osten unterstützten Biedenkopf. Helmut Kohl verließ zufrieden den Tagungsort: »Das war 'ne prima Sitzung.« Klaus Dreher kommentierte in der *Süddeutschen Zeitung*, selten sei ein Politiker von einem Parteigremium derart »zurechtgestutzt« worden wie Biedenkopf. Dessen Motiv sei berechtigt, aber durchsetzbar seien diese Wünsche nicht – jedenfalls nicht jetzt. Der sächsische Ministerpräsident sei ein »Wahlkampfopfer« geworden.

Doch auch in den westlichen Bundesländern stieß Biedenkopf auf verschlossene Türen. Die Ministerpräsidenten der jetzt 16 Bundesländer trafen sich erstmals am 21. Dezember 1990 in München. Thema war die Finanzausstattung der Länder und Biedenkopf forderte eine stärkere Beteiligung der westlichen Länder am Aufbau Ost. Gerhard Schröder, damals Regierungschef in Niedersachsen und Vorsitzender der Konferenz, widersprach. Die westlichen Länder hätten schon 110 Milliarden Mark in den Fonds Deutsche Einheit einbezahlt und leisteten außerdem »erhebliche Verwaltungshilfe«.

Das reichte dennoch hinten und vorne nicht. Anfang 1991 rebellierten in Sachsen die Kommunen. Wie sollten sie ihre Kindergärten offen halten? Wie Abwasseranlagen bauen? Wie ihre Angestellten und Beamten bezahlen? Viele Gemeinden waren bereits zahlungsunfähig. »Verlassen kann man sich nur auf die Hundesteuer«, hieß es. In Leipzig wurden Bedienstete der Stadt nach Hause geschickt, die Krankenhäuser fuhren ein Notprogramm. Kurt Biedenkopf nahm abermals einen Anlauf. Die ostdeutschen Länder sollten in den Länderfinanzausgleich eingebunden werden, schließlich seien die ostdeutschen Länder ein Teil Deutschlands. Um das durchzusetzen, drohte Biedenkopf sogar mit einer Klage beim Bundesverfassungsgericht. Der Einigungsvertrag sah vor, dass die neuen Länder bis 1994 aus einem Fonds Deutsche Einheit alimentiert werden sollten, der von Bund und westdeutschen Ländern gespeist wurde. Dafür waren die ostdeutschen Länder vom Länderfinanzausgleich ausgeschlossen und erhielten auch keinen Anteil an der Mehrwertsteuer. Diejenigen, die es vergessen hatten, erinnerte Biedenkopf daran, dass auch Bayern und Baden-Württemberg in den fünfziger Jahren vom Finanzausgleich profitiert hatten und dass Nordrhein-Westfalen damals eines der »Geberländer« war. Die südlichen Bundesländer hätten sich nie so entwickeln können, wenn sie nicht von den reicheren Ländern mitgetragen worden wären.

Der Landtag stimmte Biedenkopfs Vorstoß einstimmig zu und alle Parteien dankten dem Ministerpräsidenten für seine Bemühungen, Bonn erneut die Notwendigkeit höherer Zuwendungen nahe zu bringen. Herbert Goliasch (CDU) meinte: »Die Not eint.« 500 Bürgermeister aus sächsischen Städten und Gemeinden demonstrierten vor dem Landtag, um die Forderungen an Bonn zu unterstützen. Norbert Blüm wollte im Februar 1991 die Besserverdienenden zur Kasse bitten. Als sich die Ministerpräsidenten der ostdeutschen Länder Mitte Februar in Dresden trafen, schwor Biedenkopf sie erneut auf seine Forderung ein: Steuererhöhungen. Jetzt war er nicht mehr Ordnungspolitiker, sondern Landespolitiker.

Nur zwei Monate nach der Bundestagswahl ließ Helmut Kohl sein Wahlversprechen platzen: Die Mineralölsteuer stieg um 25 Pfennig (bleifrei: 22 Pfennig); erhöht wurden auch Lohn- und Einkommensteuer (7,5 Prozent Solidarzuschlag) und die Versicherungssteuer – allerdings nicht wegen der Kosten der Einheit, wie es hieß. Kurt Biedenkopf soll in der Staatskanzlei gewütet haben wie noch nie.

Die Finanzierung der Einheit aus den Solidarkassen hat Biedenkopf im Oktober 1992 noch einmal deutlich als falschen Weg aufgezeigt. Dem amerikanischen Botschafter hat er anschaulich beschrieben, was der Beitritt Ostdeutschlands bedeutet: Er verglich die alte Bundesrepublik mit einem sorgfältig austarierten Mobile. Wenn man eines der Teile verändere, dann gehe ein Vibrieren durch das ganze Gebilde. Mit der deutschen Einheit habe man nun ein Pfundgewicht drangehängt und das ganze System sei aus dem Gleichgewicht geraten. »Und dann stellen sich die, die das alte System geschaffen haben, hin und behaupten: Das Pfundgewicht gibt es gar nicht! Das ist nur ein Übergangszustand, das wird in Kürze wieder abgehängt!« Das sei eine Illusion.[1]

Bemerkenswert war, was Biedenkopf in einem Interview der *Stuttgarter Zeitung* sagte: »Die Leistungen, die von der gesamten Bevölkerung erbracht werden müssen, […] sind außerordentlich ungerecht verteilt. Der Teil der Bevölkerung, von dem man annehmen sollte, daß er aufgrund seiner Bildung, seines Wohlstandes, seiner Weitsicht, seiner Führungsqualitäten in besonderer Weise geeignet wäre, eine solche Leistung zu erbringen, hat es ja bisher fertiggebracht, sich von der Erbringung dieser Leistung völlig freizuhalten. Die Leistung wird dorthin geschoben, wo die sogenannten einfachen Leute wohnen. Das führt natürlich zu Aggressionen.«

Vielleicht hat Kurt Biedenkopf, der sich ja gern in den USA inspirieren lässt, da eine Anleihe bei Robert B. Reich genommen, dem Cambridger Ökonomen und früheren US-Außenminister. Der hatte unlängst gefordert, die Symbolanalytiker, das heißt die Eliten, müssten »die Hauptlast einer neuen Abgabenordnung zur Umverteilung der Einkommen und zur Reduzierung der polarisierenden Auswirkungen der globalisierten Wirtschaft tragen«. Diese Selbstverständlichkeit kann allerdings nur formulieren, wer diese Spezialisten nicht nur als Elite sieht, sondern – wie Reich – als »Begünstigte«. Das Wort vom »verdienten Lohn« der Eliten, den man diesen nicht durch Besteuerung nehmen dürfe, weil sie sonst ihre Motivation verlören, büßt an Überzeugungskraft ein, wenn man erkennt, dass nicht (nur) die eigenen Anlagen oder gar Fleiß für den Aufstieg verantwortlich waren. »Hohe Einkommen«, schreibt Reich, »haben mehr mit dem Glück zu tun, in symbolanalytischen Haushalten innerhalb symbolanalytischer Enklaven aufgewachsen zu sein, als mit dem Besitz eines einzigartigen Talents oder der Fähigkeit zu harter Arbeit.«[2] In Deutschland denkt man da noch anders und Biedenkopfs Ruf verhallte ungehört. Dabei waren es gerade die westdeutschen Selbstständigen und die Unternehmen, die in den ersten Monaten im Osten kräftig verdient hatten. Viele Ostdeutsche gaben ihre Spareinlagen für Autos und Elektrogeräte aus, Anlageberater und Versicherungsmakler holten sich, was es zu holen gab. Als der Markt abgeräumt war, zogen sich die meisten dieser »Glücksritter« wieder in den Westen zurück. Arbeitsplätze hatten sie kaum geschaffen.

2,5 Millionen neue Arbeitsplätze brauche der Osten, rechnete Kurt Biedenkopf 1992 vor. Wenn jeder 200 000 Mark Investitionskosten erfordere, seien das 500 Milliarden Mark. Die Sanierung und Modernisierung der vorhandenen vier Millionen Arbeitsplätze veranschlagte er auf 400 Milliarden Mark. Das macht zusammen 900 Milliarden Mark. Eine Volkswirtschaft könne maximal ein Drittel ihres Bruttosozialprodukts für Investitionen ausgeben. In Sachsen wären das 70, höchstens 80 Milliarden Mark. Also werde der Prozess mehr als zehn Jahre dauern. Warum das Geld besser in den Osten fließen sollte, dafür hatte Biedenkopf immer griffige Beispiele parat. »Wir müssen uns die Frage stellen, ob es sinnvoll ist, die Leistungsfähigkeit der Kläranlagen in Baden-Württemberg von 92 auf 97 Prozent zu steigern, wenn hier nicht einmal 50 Prozent der Haushalte an eine Kläranlage angeschlossen sind.« Dresden leitete seine Abwässer sogar ungeklärt in die Elbe, weil die Anlage durch eine Überschwemmung zerstört worden war. Biedenkopf regte deshalb an: »Es ist doch vernünftiger, jetzt den Prozeß im Westen zunächst einmal zu unterbrechen und das Geld hier zu investieren mit der Folge, daß es eine Steigerung von 50 auf 80 Prozent gibt.«[3]

Zwar verzichtete der Westen in den ersten beiden Jahren nach der Wiedervereinigung insgesamt auf das Wachstum von eineinhalb

Jahren, wie Biedenkopf gern anhand von Grafiken aus dem IWG zeigt. »Dafür haben sie aber einen Boom zurückbekommen. Das meiste Geld ist ja nach Westdeutschland zurückgeflossen.« Das berücksichtigten Bonner Politiker seines Erachtens zu wenig. Finanzminister Theo Waigel warf er sogar vor mit falschen Zahlen zu arbeiten. Waigel hatte angegeben, 1993 würden 92 Milliarden Mark als Hilfe in den Osten fließen. Biedenkopf rechnete in einem Brief an Helmut Kohl vor, dass umgekehrt 42 Milliarden Mark an Steuern aus dem Osten in den Bundeshaushalt flössen und für Waigel eine Nettobelastung von rund 30 Milliarden Mark verbleibe. Damit seien die ostdeutschen Länder gezwungen investive Mittel zu kürzen »und sich in einer Höhe (zu) verschulden, die mit dem Aufbau Ost unvereinbar wäre«. Seine Versuche, zu einem Gespräch mit Waigel zusammenzutreffen, seien bisher gescheitert. »Von einer treuhänderischen Haltung der Westdeutschen zugunsten der Ostdeutschen, die noch nicht die Kraft haben können, sich im gesamtdeutschen Verteilungskampf zu behaupten, kann keine Rede sein.«

Weil er schon einmal dabei war, schrieb Biedenkopf dem »lieben Helmut« auch über ein Problem, das er mit dem Finanzminister in dessen Eigenschaft als CSU-Vorsitzender habe. Theo Waigel arbeite weiter daran, die DSU (Deutsche Soziale Union) in Sachsen als selbstständige Partei zu etablieren. Die DSU hatte bei den Wahlen zum ersten sächsischen Landtag zwar nur 3,8 Prozent der Stimmen erhalten, aber das waren alles potentielle CDU-Wähler. Pläne, die DSU in die CDU aufzunehmen, so Biedenkopf, würden vom Bundesfinanzminister hintertrieben. Die CSU finanziere die DSU. Biedenkopf mutmaßte, Waigel verspreche sich »Chancen, statt der Republikaner all diejenigen um sich zu scharen, die in der unzureichenden Aufarbeitung der Vergangenheit, in Asylfragen und in zu wenig Härte gegen Bonn die Ursache für ihre Probleme sehen«. Auf einer DSU-Veranstaltung hatte Waigel gesagt, die DSU könne die Probleme im Osten besser lösen als die CDU. Dort müsse man erst lernen, dass das Geld, das man verlange, zuvor erarbeitet werden müsse. Biedenkopf fürchtete, Waigel wolle in Sachsen, aber auch in Thüringen und Sachsen-Anhalt eine Konkurrenz zur CDU aufbauen. »Mir«, schrieb Biedenkopf, »raubt er damit die Chance, noch einmal eine echte CDU-Mehrheit zu erhalten.« Eine Koalition mit der DSU erschien ihm »kaum politisch möglich« und angesichts der Führungspersonen dieser Partei »nicht zumutbar«. Sachsen und Thüringen befänden sich in einer schwierigen Situation, weil Waigel als Finanzminister fehlendes Wohlverhalten bestrafen könne. Schon jetzt verlange Bayern für seine Leihbeamten 60 Prozent der Kosten – mehr als alle anderen Bundesländer. Biedenkopf forderte eine Änderung, wenn es nicht zu einem Bruch mit der CSU kommen solle. Die Situation ähnelte jener Mitte der siebziger Jahre, als Biedenkopf CDU-Generalsekretär war und Franz Josef Strauß immer wieder die Gründung einer bundesweiten vierten Partei rechts von der CDU androhte.

Theo Waigel zeigte sich nun seinerseits in einem Brief an Kohl beleidigt: »Professor Biedenkopf wirft mir vor, ich würde mein Amt als Bundesminister der Finanzen nicht sachgerecht führen und Entscheidungen am Wohlverhalten der Beteiligten orientieren. Parallel dazu unterstellt er mir, daß ich als CSU-Vorsitzender Einfluß nehme, um überhöhte Forderungen auf die Erstattung von Bezügen für im Freistaat Sachsen tätige Landesbeamte zu stellen. Diese Vorwürfe sind eine böse Beleidigung. Sie treffen mich nicht nur in meiner politischen, sondern auch in meiner persönlichen Ehre.«

Für die Verhandlungen um einen »Solidarpakt«, eine langfristige Lösung der Finanzprobleme der neuen Länder, war die Stimmung damit nicht gerade gut. Trotzdem kam es am 27. Februar 1993 zum »Wunder von Potsdam«. Kurt Biedenkopf als Vorsitzender der Ministerpräsidentenkonferenz war es, dem der Erfolg des Solidarpakts zu einem nicht unerheblichen Maß zugesprochen werden muss. Er sorgte dafür, dass das Thema aus den parteipolitischen Auseinandersetzungen herausgehalten wurde. Im Bundesvorstand der CDU drängte er darauf, dass der Bundeskanzler die Länderchefs – von denen die meisten der SPD angehörten – einlud und nicht, wie es Wolfgang Schäuble wollte, nur die CDU-Mitglieder unter den Ministerpräsidenten. Außerdem erreichte er, dass keine einseitigen Vorgaben gemacht wurden. Am Wochenende vor dem Zusammentreffen mit den Länderkollegen im Potsdamer Schloss Cecilienhof bereitete sich Biedenkopf intensiv vor und vergegenwärtigte sich noch einmal alle früheren Vorschläge und Anregungen. So einigten sich die 16 Bundesländer schließlich auf ein geschlossenes Vorgehen. Insbesondere Rudolf Scharping, damals Ministerpräsident von Rheinland-Pfalz, lernte Biedenkopf dabei schätzen, weil er ebenfalls hervorragend vorbereitet war. Auf sein Drängen hin wurde Scharping mit in die »Elefantenrunde« aufgenommen, die das Länderkonzept mit der Bundesregierung diskutieren sollte.

Im NATO-Saal des Kanzleramts saß Kurt Biedenkopf vom 11. bis 13. März 1993 als Verhandlungsführer der Länder dem Bundeskanzler gegenüber. Mit dem Solidarpakt gelang es endgültig, die Mängel des Einigungsvertrags auszugleichen und eine Grundlage für die künftige Finanzierung des Aufbaus in den neuen Bundesländern zu schaffen. Biedenkopf sprach auch hier von einem Wunder, dem »Wunder von Bonn«, weil über die Parteigrenzen hinweg eine Einigung erzielt werden konnte: Der 7,5-prozentige Solidaritätszuschlag als Abgabe auf Löhne und Einkommen wurde vom 1. Januar 1995 an wieder eingeführt, zehn Milliarden Mark jährlich wurden zusätzlich für den Fonds Deutsche Einheit bereitgestellt, der Kreditrahmen der Treuhand zur Sicherung der Industriekerne wurde um 45 Milliarden Mark erweitert. Neben weiteren Beschlüssen wurden den Wohnungsgesellschaften alle Altschulden erlassen, die über 150 Mark pro Quadratmeter Bestand lagen. Nach Abschluss der Verhandlungen versprach Kurt Biedenkopf, dass Sachsen von nun an keine weiteren Forderungen stellen werde.

Aufbau Sachsen: »Festgefahrenes Denken muß überwunden werden«

Staatliche Eingriffe ins Wirtschaftsgeschehen waren Kurt Biedenkopf immer verpönt, wenn sie seine Vorstellungen von einem Ordnungsrahmen sprengten. Recht schnell aber hatte er erkannt, dass der Auf- und Umbau der DDR-Wirtschaft eine Ausnahmesituation ohne Beispiel darstellte. Der Ordnungspolitiker bemerkte, »das ganze Gerede von den Selbstheilungskräften der Marktwirtschaft« sei, »bezogen auf unsere Situation, großer Unfug«.[4] Wo immer er es für nötig erachtete, schaltete Biedenkopf sich selbst ein. Unternehmen der Schwerindustrie, auf denen die Treuhand sitzen blieb, weil sich kein Käufer fand, hielt er mit dem sogenannten Atlas-Programm, dessen Grundkonzept von der sächsischen SPD entworfen worden war, künstlich am Leben. Ganze Regionen drohten zu veröden, falls dort diese Industriekerne wegfielen. In der Ausnahmesituation des Umbruchs müsse sich der Staat für einen begrenzten Zeitraum unternehmerisch betätigen, verteidigte Wirtschaftsminister Kajo Schommer das Biedenkopfs sonstigen Vorstellungen gänzlich zuwiderlaufende staatliche Engagement.

In *Die neue Sicht der Dinge* hatte Biedenkopf geschrieben: »Generell führen Subventionen in der sozialen Marktwirtschaft zu Fehlsteuerungen, Strukturverzerrungen und hemmen in den Unternehmen die Entwicklung eigener Problemlösungen. Grundsätzlich müssen Unternehmen die Risiken der Fehlentscheidung selber tragen, ohne auf staatliche Hilfe hoffen zu können.« Wenn doch Subventionen gewährt würden, müssten sie zeitlich begrenzt und degressiv vergeben werden. Großunternehmen sind nach Biedenkopfs Meinung nicht förderungswürdig. Was nicht haltbar sei – wie etwa im Saarland die Stahlindustrie –, müsse eben weichen, damit qualitatives Wachstum gesichert werden könne. Arbeitsplätze erhalten zu wollen, schrieb er damals, sei »kein akzeptabler Subventionsgrund«. Das sei wie im Wald. »Alles wächst und vergeht in ihm, aber er muß deshalb sein Volumen nicht vergrößern. Und die Vögel, die in ihm leben, finden stets einen Nistplatz. Zeigt ihr Nistbaum Schwächen und droht zu stürzen, werden sie auf andere Bäume umziehen. Kein Förster kommt auf die Idee, den alten Baum zu stützen, um den Vögeln diesen Umzug zu ersparen.« Wieder einmal zitierte er Bertolt Brecht: »Das Alte sagte: So wie ich bin, bin ich seit je. Das Neue sagt: Bist du nicht gut, dann geh.«

Biedenkopf scheut sich nicht, den Menschen zu sagen, warum sie ihre Arbeitsplätze verlieren. Als er 1992 den Arbeitern des Trabant-Werkes Sachsenring erklären musste, warum von 11000 Mitarbeitern nur noch 1000 und bald noch weniger dort würden arbeiten können, stellte er eine Frage: »Wer von euch hat nach dem 1. Juli 1990 einen Trabi gekauft?« Niemand rührte sich. Also lehrte er sie Marktwirtschaft: »Wenn ihr als Konsumenten ablehnt, was ihr als Arbeiter produziert, macht ihr euch selber arbeitslos.«

Kurt Biedenkopf pflegt in Sachsen eine außerordentlich enge Zusammenarbeit mit dem sächsischen (und inzwischen auch berlin-brandenburgischen) Bezirksvorsitzenden der IG Metall, Hasso Düvel. Düvel habe sich stark mit den anstehenden Problemen identifiziert. Deshalb lud er den IG-Metall-Vorsitzenden sogar zusammen mit einem Arbeitgebervertreter in eine Kabinettssitzung ein, damit beide ihre Konzepte zur Firmensanierung erläutern konnten. »Diese Tatsache hat in Bonn Entsetzen ausgelöst, daß man einen Gewerkschafter in eine Kabinettssitzung holen kann«, sagte er am 2. März 1993 auf dem Thyssentag in Düsseldorf. »Genau diese Art von festgefahrenem Denken muß überwunden werden.«[5]

Staatliche Investitionen zum Abbau der Arbeitslosigkeit hatte Biedenkopf bis dahin stets abgelehnt. Dies sei »künstliches Wachstum«, das nicht auf Entscheidungen »freier Bürger« beruhe und eine »Anspruchsinflation« erzeugt habe. In Sachsen sprang er über seinen Schatten. Als ein Flächenstreik drohte, schrieb er über Nacht

Abbildung 15

Ende einer Legende: Kurt Biedenkopf ist dabei, als am 30. April 1991
der letzte Trabi das Zwickauer Sachsenring-Werk verlässt.

Quelle: Fotoagentur Zentralbild GmbH, Peter Endig

ein zwölfseitiges Gutachten, in dem er den Arbeitgebern nachwies,
dass eine Kündigung des Tarifvertrags vor Gericht keine Chance
hätte. Vom Deutschen Gewerkschaftsbund erhielt Biedenkopf dafür
den Hans-Böckler-Preis. Die Arbeitgeber nahmen trotzdem eine
außerordentliche Kündigung des Vertrags vor, gaben aber bei den
späteren Verhandlungen zu, dass dies »grundsätzlich kein geeignetes
Mittel zur Lösung von Tarifkonflikten« sei. Die Vorverhandlungen
dazu moderierte – Tarifautonomie hin, Tarifautonomie her – Kurt
Biedenkopf. Hasso Düvel nannte das Eingreifen des sächsischen
Ministerpräsidenten später den »Schlüssel zur Lösung«. Im Resultat
wurden Lohnerhöhungen durchgesetzt, die allerdings zeitlich ge-
streckt werden sollten. Biedenkopfs Vermittlung trug dazu bei, dass

die Tarifpartner in Sachsens Metallindustrie 1993 eine Härteklausel vereinbarten, nach der Tarifnormen unterschritten werden dürfen, wenn der Betrieb die Notwendigkeit dafür detailliert nachweist.

Als die FDP und ihr damaliger Generalsekretär Otto Graf Lambsdorff Mitte der achtziger Jahre dafür eintraten, das so genannte Günstigkeitsprinzip des Tarifvertrages aufzuheben – Tarifnormen dürfen nach diesem Prinzip zwar über-, aber nicht unterschritten werden –, hatten die Spitzen der Verbände noch mit Empörung reagiert. Sie wehrten sich gegen die Einmischung der Politik in die Tarifautonomie. Der damalige Chef der Bundesvereinigung der deutschen Arbeitgeberverbände, Otto Esser, meinte, so könne man mit dem sozialen Frieden nicht umgehen. Biedenkopf trat für Tarifautonomie und -verträge ein – allerdings auch damals für regional differenzierte. Sein Anliegen war es, Lohnerhöhungen am Produktivitätszuwachs zu orientieren – allerdings nicht flächendeckend. Mehr noch als seinerzeit hielt er es nun in einem Land, das sich im Umbruch befand, für unumgänglich, die Löhne an der Prosperität jedes einzelnen Unternehmens zu orientieren.

Um seinem Image als Anwalt der Sachsen gerecht zu werden, verstieß er sogar gegen einen seiner ehernsten Grundsätze: Verstaatlichung ist bei Kurt Biedenkopf grundsätzlich tabu. In Sachsen aber machte er eine Ausnahme. Der japanische Mitsubishi-Konzern wollte die Porzellanmanufaktur Meißen für 150 Millionen Mark von der Treuhand erwerben; auch Salamander war interessiert. Doch das wollte der Obersachse nicht zulassen. Ende Juni übernahm das Land das ziemlich teure Prestige-Sahnestückchen der sächsischen Wirtschaft, das 1710 auf Geheiß von August dem Starken als »Königlich-Polnische-Kurfürstlich-Sächsische Porzellan-Manufaktur« gegründet worden war. Alexandra Gräfin Lambsdorff, die Ehefrau des FDP-Politikers, machte es Sachsen im Auftrag der Treuhand sogar zum Geschenk.

Kurt Biedenkopf fühlte sich in den ersten Monaten in Sachsen, als watete er in einem Sumpf, in den er bis zu den Knien einsinke und viel langsamer vorwärts komme, als er es gern sähe. Alles ging mühsamer und zäher vonstatten, als es ein ungeduldiger Mensch wie Kurt Biedenkopf sich wünschte. Ein kompletter Regierungsapparat musste aufgebaut werden, aber viele derer, die sich für eine Stelle in einem Ministerium beworben hatten, traten zurück, als bekannt wurde, dass dafür zunächst nur 35 Prozent der im Westen üblichen Besoldung bezahlt würden. Damals sei »ein Sturm in unseren Bewerbungsstoß gefahren«, sagte Staatskanzlei-Minister Arnold Vaatz. Die meisten derer, die in der engeren Wahl waren, seien schließlich in der Industrie gelandet. Darüber hinaus verließen 10 000 Ostdeutsche jeden Monat ihre Heimat, vor allem die Qualifizierten, die im Westen das Dreifache verdienen konnten. An diese appellierte Biedenkopf in seiner Neujahrsansprache: »Niemand in Sachsen ist überflüssig. Alle werden gebraucht, jetzt und in Zukunft.«

Aber immer wieder beklagten sich Investoren, sie würden abgeblockt. In der Dresdner Stadtverwaltung, so hieß es, werde gebremst. Biedenkopf schaltete sich schließlich selbst ein. Dabei war das größte Investitionshemmnis an anderer Stelle geschaffen worden: im Einigungsvertrag. Das Prinzip der »Rückgabe vor Entschädigung« in der Eigentumsfrage hatten Biedenkopfs Parteifreunde gegen den Willen der damaligen DDR-Regierung durchgesetzt. Friedrich Schorlemmer sagte damals: Damit »werden wir zum zweiten Mal enteignet«. Der SPD-Politiker Richard Schröder hat beobachtet: »Für viele bedeutet der Rechtsstaat inzwischen: Da kommt der Wessi mit dem Anwalt und schmeißt uns raus.«[6]

Das erkannte auch Biedenkopf, der ein Jahr zuvor laut darüber nachgedacht hatte, ob nicht Firmenanteile nach dem Beispiel von Volkswagen auf die Beschäftigten verteilt werden sollten. »Ich war der

Meinung, man sollte nicht die reine Rückgabe machen. Mir wär's lieber gewesen, man hätte Entschädigungen bezahlt. Schmerzhaft war beides«, meint Biedenkopf heute. »To unscramble a scrambled egg – das war das, was wir gemacht haben.« Auch sein Finanzminister Georg Milbradt sprach sich im März 1991 für Entschädigung aus, alles andere hemme den Aufschwung.

1600 Bürgermeisterinnen und Bürgermeister wählten die Sachsen bei der Kommunalwahl am 6. Mai 1990. Viele von ihnen hatten zuvor keine Erfahrung in der Verwaltung und natürlich auch keine Kenntnisse im Verwaltungsrecht. Eine »Laienspielschar«, wie Biedenkopf es nennt. Es gehört für ihn »zu den großen Wundern des Einigungsprozesses«, dass trotzdem so viel erreicht worden sei. Den Aufbauprozess sieht der sächsische Ministerpräsident auch als Experiment, als Suchen nach dem richtigen Weg. In der Staatskanzlei sagte er immer: »Wir dürfen auch Fehler machen, wichtig ist, dass sie erkannt und möglichst rasch korrigiert werden.« Für ihn gilt das Wort Ignatio von Loyolas: Der Weg ist das Ziel.

Biedenkopf scheint in den ersten Monaten seiner Regentschaft tatsächlich ein geradezu zärtliches Verhältnis zu »seinen« Sachsen entwickelt zu haben. In seinen Reden ist förmlich zu spüren, dass er die Kraft der Menschen schätzt. Ihre Bereitschaft zum Verzicht zu Gunsten einer schnellen Entwicklung fällt ihm auf, während er im Westen ein verbreitetes Anspruchsdenken diagnostiziert. Kurz vor Weihnachten 1991 diskutierten die Mitarbeiter des Motorradwerks Zschopau (MZ) in der Werkhalle über die Zukunft der Fabrik. Biedenkopf fand es »beeindruckend«, dass die Belegschaft sich fast einstimmig dafür aussprach, für vier Jahre auf zehn Prozent ihres Lohns zu verzichten, um dem Betrieb damit ein zinsloses Darlehen zur Verfügung zu stellen. Schon Anfang 1991 hatte er mit 600 Funktionären des Braunkohlebergbaus in der Oberlausitz darüber verhandeln müssen, wie die Belegschaft von 100000 auf 35000 reduziert werden könne: Da habe man diskutiert »in dem Bemühen, einen gemeinsamen Weg zu finden«. In der Landwirtschaft blieben von den 180 000 Werktätigen nur 60 000 übrig. All diese Umstrukturierungen, so Biedenkopf, hätten »keinerlei öffentliche Unruhe ausgelöst«.

Unausgesprochen ist das ein einziger Vorwurf an den Westen: Dort wäre das nicht möglich gewesen. »Wenn ich mir vorstelle, dass die Steinkohle im Ruhrgebiet einen ähnlichen Personalabbau leisten müsste innerhalb von drei Jahren, wie die Braunkohle in Sachsen, dann weiß ich, was da passieren würde«, sagt er. »Schon die Verlagerung von Arbeitsplätzen in Rheinhausen um 16 Kilometer hat vor wenigen Jahren einen Betroffenheitstourismus aller westdeutschen Politiker nach Rheinhausen ausgelöst, um die Menschen dort zu trösten und sie darin zu bestärken, dass dieses Mobilitätsrisiko für sie unzumutbar sei.« Deshalb lobt er gern die Bereitschaft, Unausweichlichem ins Auge zu sehen: »Das können nur die Sachsen.«

Proteste hat es natürlich gegeben, aber vielleicht sind sie nicht durch die Mauern der Staatskanzlei bis zum Ministerpräsidenten vorgedrungen. Biedenkopf zieht es vor, die Gegenwart zu loben und, wo immer er eine Gelegenheit findet, eine blühende Zukunft auszumalen. So spazierte er am »Tag der Sachsen« 1993 mit dem Kulturdezernenten Ulf Großmann durch Görlitz. Einige Häuser waren bereits renoviert und in Biedenkopf stieg eine Ahnung auf, wie schön die Stadt einmal ausgesehen hat. Er fragte den Kommunalpolitiker, wie alt er sei. 36 Jahre, antwortete er. »Daraufhin habe ich ihm gesagt: ›Sehen Sie, wenn Sie so alt sind wie ich, dann wird Ihre Stadt eine der schönsten in Europa sein. Was haben Sie doch für großartige Zeiten vor sich.‹«

Biedenkopfs Absicht war es wohl, den Menschen die Angst zu nehmen vor dem Unbekannten und ihnen Zuversicht zu vermitteln. Er sah, dass die Ostdeutschen in der neuen Welt erst zurechtkommen mussten, diese Welt erst verstehen lernen mussten. Beunruhigt, meint er, sind die Leute nur, wenn sie im Ungewissen gelassen werden und wenn man ihnen nicht sagt, was auf sie zukommen wird. Er verstand es als seine erste Aufgabe, den Menschen auch die Risiken klarzumachen, die nur dann Ängste verursachten und ihre Zustimmung gefährdeten, wenn sie unkalkulierbar sind. »Die Führungsleistung besteht darin, diese Unsicherheiten und Ängste zu überwinden. Die eigentliche Führungsleistung, die auch in der Demokratie erbracht werden muss, ist die Beschreibung der neuen Wirklichkeit.« Immer wieder erinnerte Biedenkopf an die Zeit in Westdeutschland nach der Währungsreform. Auch damals habe es eine riesige Arbeitslosigkeit gegeben, die durch die Koreakrise noch verstärkt wurde. Die Deutschen waren verunsichert und Biedenkopf glaubt, dass sie 1951 die Marktwirtschaft mehrheitlich abgelehnt hätten, wenn sie befragt worden wären.

Der Dresdner Stadtverordnete Horst Schneider, damals Mitglied der PDS, hat sich in einem 1993 erschienenen Buch durchaus fair mit dem »›Landesvater‹ Biedenkopf« auseinander gesetzt. Er fragte sich allerdings, ob Biedenkopf nachempfinden könne, »was ein Facharbeiter, Wissenschaftler oder Bauer fühlt, dem eine jahrzehntelange Erfahrungswelt zusammenbricht? Kann er sich vorstellen, welche Situation für Frauen entsteht, die in der Regel in der DDR nicht nur zum Zweck des Broterwerbs gearbeitet haben, die plötzlich überflüssig werden wie ein alter Putzlappen? Ahnt er, welche katastrophalen Wirkungen es hat, wenn – nicht ›befohlene‹ – Werte wie Solidarität, Völkerfreundschaft, Hilfsbereitschaft auf dem Altar des goldenen Kalbes geopfert werden und der starke Ellbogen über Nacht zum wichtigsten Körperteil wird?«

Mangelndes Einfühlungsvermögen und Verständnis ist Biedenkopf aber kaum vorzuwerfen, auch wenn er aus dem Westen kam. Und er verstand es außerdem, Mut zu machen. Er sagte den Sachsen immer wieder, dass sie bald und schneller als die anderen neuen Bundesländer den Anschluss an den Westen gewonnen haben würden, ja vielleicht sogar das eine oder andere alte Bundesland überholen könnten. In Biedenkopfs Büro steht auf einem Steinsockel ein symbolischer Gegenstand, an dem er festmacht, warum es so weit kommen konnte: ein Drehhubwähler aus der Vermittlungsstation Dresden, der 1922 dort eingebaut worden war und bis 1991 seinen Dienst tat. Dann wurde er ersetzt durch eine digitale Vermittlungseinrichtung mit Glasfaserverbindung, ein Stück modernste Technik. Den Drehhubwähler zeigt er jedem Investor, der ihn besucht, um ihm zu suggerieren: In den neuen Bundesländern sind Technologiesprünge möglich, wie im zerstörten Westdeutschland nach 1945. So, wie die Bundesrepublik rasch ihr Wirtschaftswunder erlebte, weil ihr der Neuaufbau modernste Produktionsmittel brachte, so soll es auch in Sachsen sein. Der Prozess der deutschen Einheit werde auch auf Westdeutschland positiv zurückwirken, prophezeit Biedenkopf.

Er hält daran fest, dass die deutsche Einheit nicht die Verlängerung der alten Bundesrepublik in den Osten sein soll, sondern dass zwei durch die Trennung geprägte Teile zusammenwachsen und daraus etwas Neues entsteht. Im Osten, hofft Biedenkopf, kann er Dinge umsetzen, die umzusetzen man ihn im Westen immer gehindert hat. 35 Milliarden Mark werde es kosten, »die Krankenhäuser wieder in menschliche Zustände zu verwandeln«. Wenn er fünf Prozent des Haushalts, also 1,5 Milliarden Mark, dafür bereitstelle, rechnet er vor, werde das mehr als zwanzig Jahre dauern. Sein Schluss: »Wir brauchen private Investoren für den Wiederaufbau des Krankenhauswesens in Sachsen.« Dazu müssten aber die gesetzlichen Grundlagen wenigstens für Ostdeutschland geändert werden, weil die bestehenden Gesetze private Investoren abschreckten. »In den ostdeutschen Bundesländern haben wir die Chance, Alternativen zu entwickeln – vorausgesetzt, man lässt uns!« Biedenkopf vertraut auf die Kraft dieser Argumente: Es werde sich etwas ändern, »früher oder später«. Er nennt eine ganze Reihe von Fragen, »die wir anders lösen müßten, als sie heute in der Bundesrepublik gelöst werden«: die Hochschulen, die Finanzierung öffentlicher Investitionen, insbesondere der Wasserversorgung und -entsorgung, des Straßenbaus, des Brücken- und Tunnelbaus, des Autobahnbaus und des Baus öffentlicher Gebäude. Öffnungsklauseln in den Gesetzen seien dazu nötig, eine starke Länderautonomie Voraussetzung, aber wenn das gelänge, was er aufgezählt hat, dann trügen die Ostdeutschen »einen Teil zur Modernisierung ganz Deutschlands bei«.[7]

So duldsam die Sachsen die unangenehmen Seiten des Wechsels ertrugen, manche Entscheidungen der Regierung stießen auf heftigen Widerstand, etwa als Wissenschaftsminister Hans Joachim Meyer den Kabinettsbeschluss verkündete, einen Teil der Hochschulen »abzuwickeln«: vom Literaturinstitut »Johannes R. Becher« in Leipzig, den Instituten für Philosophie, Sozialwissenschaften und anderen an der TU Chemnitz über die Fachschule für Sozialpädagogik in Großenhain bei Dresden bis zur Sektion Journalistik der Karl-Marx-Universität Leipzig. Es ging darum, alte Fakultäten zu schließen, in denen das rote Licht nach Meinung des Kabinetts zu intensiv geleuchtet hatte, damit die alten Lehrer entlassen und neue eingestellt werden konnten. Biedenkopf sagte es so: »Die Studenten sollen wieder das lernen können, was man in der freien Welt braucht.« Die meisten Studenten solidarisierten sich indessen mit ihren Lehrern und demonstrierten.

Auch für die Verwaltung und die Justiz kündigte Biedenkopf an, alte Seilschaften müssten beseitigt, neue Kräfte eingestellt werden, die Behörden eine leistungsfähige Struktur erhalten. Selbst im Landtag mussten 14 Abgeordnete ihre Mandate zurückgeben. »Die Vergangenheit überwinden, um die Zukunft zu gewinnen«, pflegte Kurt Biedenkopf oft zu sagen. In solche Sätze steckte er all seine Überzeugungskraft. Und wenn er meinte, das werde Kraft kosten und viele Opfer, und wenn er zum Ausdruck brachte, wie stolz er sei auf die großen Leistungen »seiner« Sachsen, dann mögen das viele seiner Zuhörer mit Schmeicheleien verwechselt haben. Es war auf jeden Fall Kurt Biedenkopfs Art, um die Sachsen für seinen vergleichsweise rigorosen Kurs, sein kompromissloses Herumreißen des Steuers zu gewinnen.

Ein Jahr nach der letzten Wahl zur DDR-Volkskammer gingen die Dresdner wieder auf die Straße. Montags demonstrierten sie auf der alten Strecke gegen Arbeitsplatzmangel und Sozialabbau. Die Zahl der Arbeitslosen im Osten hatte inzwischen eine Million erreicht. Wem aber auch immer die Sachsen deswegen Vorwürfe machten – Kurt Biedenkopf war es nicht. Er hatte ihnen schließlich schon im Wahlkampf gesagt, dass sie zuerst ein Tal durchwandern müssten. Sachsen müsse zunächst von den maroden Betrieben befreit werden. Das sei wie ein leerer See, in den man ein paar Seerosen pflanzen müsse, und die würden sich dann ausbreiten. In der Wirtschaft hat er dafür Klinken geputzt, und es gelang ihm auch, Großfirmen wie VW, Siemens und Quelle nach Sachsen zu holen. »Die hat er sehr schnell dagehabt«, erkennt PDS-Fraktionschef Peter Porsch an, »aber wegen seiner Verbindungen zur Industrie hat man sich ihn ja auch geholt. Beim Wettlauf um potente Investoren war Kurt Biedenkopf meist schon da gewesen, wenn die Duchac, Gies oder Gomolka erst kamen.«

Bei der Volkswagen AG, die fast fünf Milliarden Mark in ihr neues PKW-Fertigungswerk in Mosel bei Zwickau investierte, hat die Geschichte mit den Seerosen funktioniert. Rund um Zwickau haben sich Zulieferer angesiedelt. Dass Kurt Biedenkopf 1997 seine 91 Millionen Mark Subventionen für die Werke in Mosel und Chemnitz hartnäckig gegen EU-Kommissar Karel van Miert verteidigt hat, brachte ihm in der Bevölkerung sicher weiteren Kredit ein, auch wenn die Vergabe nicht rechtens war. Aber VW hatte gedroht, seine Produktion andernfalls nach Tschechien oder Ungarn auszulagern. Van Miert hatte sich zuvor, wenn es um Subventionen für Ostdeutschland ging, immer großzügig gezeigt. Allein von 1994 bis 1999 standen Ostdeutschland aus EU-Mitteln 28 Milliarden Mark zur Verfügung, die neuen Bundesländer erhielten damit mehr als die Hälfte sämtlicher EU-Beihilfen. Van Miert erinnerte daran, dass die

VW-Investitionen insgesamt 4,4 Milliarden Mark ausmachten, und setzte diese Summe in Relation zu den umstrittenen 91 Millionen. Sachsen, glaubte van Miert, sei vor dem Großinvestor zu schnell in die Knie gegangen. Nimmt man die Zulieferbetriebe hinzu, standen allerdings 23 000 Arbeitsplätze auf dem Spiel.

Andere Großinvestoren haben vergleichsweise weniger Arbeitsplätze gebracht. Die Investition von Quelle nannte Helmut Kohl zwar »eine nationale Tat von Frau Schickedanz«. Allerdings deckten staatliche Fördermittel 25 Prozent der Investitionen. Stolz ist Biedenkopf auf die neuen Leipziger Messehallen. Im Januar 1991 entschieden, dauerte das Genehmigungsverfahren weniger als ein Jahr. »Das werden Sie an keinem westdeutschen Standort mehr fertig bringen«, sagt er und nennt es einen sächsischen Standortvorteil, dass man dort noch improvisieren und schnell handeln könne.

Abbildung 16
Aufbau Sachsen: Bundeskanzler Helmut Kohl legt den Grundstein für die neue Messe Leipzig, zusammen mit Kurt Biedenkopf, mit dem Präsidenten des DIHT Tyll Necker und mit Wirtschaftsminister Kajo Schommer.
Quelle: Sächsische Staatskanzlei Dresden, Volkmar Heinz

Aber Biedenkopf sprach sich immer auch gegen ein zu schnelles Wachstum im Osten aus. Das Wort von der Aufholjagd störte ihn. Es sei nicht so, dass die Menschen im Osten an nichts anderes dächten als daran, morgen den westdeutschen Lebensstandard zu erreichen. Biedenkopf möchte, dass die Sachsen ihr Land selber umbauen, sodass ihre Handschrift erkennbar bleibt. Dieser Wunsch erwuchs nicht nur aus der Einsicht, dass eine rasche Angleichung der Lebensverhältnisse wohl doch nicht zu erreichen ist. Biedenkopf erkannte auch den symbolischen Charakter des Kampfes der »Ossis« für den grünen Pfeil, der das Rechtsabbiegen auch bei roter Ampel erlaubte. »Man wird eines Tages mal die Diskussion, die Bedenken, die Eingaben der westdeutschen Länder im Bundesrat sammeln als ein ironisches Stück Zeitgeschichte und zeigen, wie schwer es war, alleine diese kleine Veränderung in das westdeutsche Denken aufzunehmen.« Und wie immer hat Biedenkopf eine passende Geschichte parat. In diesem Fall hat sie der Afrikaforscher David Livingstone erzählt: Eines Tages, nach einem langen Expeditionsmarsch, weigerten sich dessen Träger weiterzugehen. Nach längerem Palaver habe man herausgefunden, warum sie nicht mehr weiter wollten. »Sie haben gesagt: Unsere Seelen sind nicht mitgekommen.«

»Orientierung in einer unübersichtlichen Welt«

Kurt Biedenkopf ist zwar in Sachsen angekommen, aber einen Teil von ihm zog es immer dorthin, wo er herkommt. Auch als sächsischer Ministerpräsident fühlte er sich für die Politik der Gesamtpartei mitverantwortlich. Auf nicht weniger als 80 Seiten kritisierte er 1993 unter dem Titel »Anmerkungen und Alternativen« Punkt für Punkt den Entwurf für ein Grundsatzprogramm der CDU. »Erwartet wird Orientierung in einer unübersichtlich gewordenen Welt.« Als das erste Kind seiner Tochter geboren wurde, habe er zu ihr gesagt:

»Wenn dein Sohn so alt wird wie dein Großvater, wird er das Jahr 2084 erleben. Bis dahin haben wir jetzt politische Verantwortung.« Die Einheit der Nation sei in dem Programmentwurf nicht zum beherrschenden Thema gemacht worden, kritisierte Biedenkopf; auch zum Programm von 1978 sei keine Beziehung erkennbar. Als weitere Herausforderungen der kommenden fünfzehn Jahre, auf die sich das Programm konzentrieren sollte, nannte er: die Bewältigung der Folgen der demografischen Revolution, insbesondere für die Systeme der sozialen Sicherheit, die Verwirklichung einer sozialen und ökologischen Marktwirtschaft, die Überwindung der Staatsverschuldung, die Sicherung des inneren Friedens und die Wahrnehmung der politischen und wirtschaftlichen Verantwortung der Deutschen in der Welt. Deutschland könne sich seiner politischen Verantwortung nicht länger mit dem Hinweis auf die Vergangenheit entziehen. »Damit ›bewältigen‹ wir nicht unsere Vergangenheit, sondern mißbrauchen sie, um uns unserer Verantwortung für unsere eigene und die europäische Zukunft zu verweigern.«

Akribisch zerpflückte Biedenkopf dutzende von Sprechblasen ohne Substanz oder Gummibegriffe, die ihm unzureichend genau eingegrenzt erschienen. »Freiheit« etwa: Der Programmentwurf verstand darunter »Freisein von äußerem Druck, unzumutbaren Abhängigkeiten und Unterdrückung« und auch das »Freisein für selbstverantwortete Lebensentscheidungen und selbstgewählte Lebensformen«. Biedenkopf fragte, was denn eine unzumutbare Abhängigkeit sei: »Eine ungewollte Schwangerschaft, die Notwendigkeit, seinen Lebensunterhalt mit einer ungeliebten Tätigkeit zu verdienen, sich zugunsten seiner Kinder einschränken, ältere Verwandte pflegen oder einen Teil seines Einkommens oder Ersparten für vorhersehbare Lebensrisiken einsetzen zu müssen? Was ist, wenn das ›Freisein‹ für selbstgewählte Lebensformen an Schicksalsschlägen wie einem behinderten Kind scheitert? Ist es dann ›Aufgabe der Politik‹ – wie es im nächsten Satz heißt –, dem Betroffenen den ›ihm gebührenden Freiheitsraum zu schaffen‹, etwa indem die Gemeinschaft die Pflege des Kindes übernimmt? […] Wieviel klarer demgegenüber der Text im Programm von 78.«

Solidarität, hieß es in dem Entwurf, »gründet in der sozialen Natur des Menschen und entspricht dem Gebot der Nächstenliebe«. 1978 habe die Definition noch gelautet: »›Solidarität heißt füreinander dasein, weil der einzelne und die Gemeinschaft darauf angewiesen sind. Solidarität verbindet die Menschen untereinander und ist Grundlage jeder Gemeinschaft.‹ Ich halte diese Formulierung für weitaus besser als die des Entwurfs.« Biedenkopf monierte, dass der ganze Entwurf aus der Sicht des Einzelnen argumentiere, selten aus der des Staates.

Zu konservativ ist ihm auf der anderen Seite das Verständnis von Ehe und Familie. Kurt Biedenkopf hatte inzwischen erkannt, dass »in kaum einem anderen Bereich des Privatrechts […] sich die normative Kraft des Faktischen in den letzten Jahren deutlicher geäußert« habe als hier. Ob es politisch richtig sei, Ehe und Familie auch in Zukunft als Rechtsgut zu schützen, müsse diskutiert werden – etwa beim Familiensplitting. Die Familie als Lebens- und Erziehungsgemeinschaft, als ersten und wichtigsten Ort individueller Geborgenheit und Sinnvermittlung will Biedenkopf freilich nicht aufgegeben wissen.

Neben all diesen Anmerkungen, die auch seine Zielsetzungen der vergangenen 20 Jahre noch einmal ins rechte Licht rücken sollten, kam drei Bemerkungen politische Sprengkraft zu:

Mit einer gemeinsamen europäischen Währung hatte Biedenkopf weiterhin »Probleme«, und das galt seiner Meinung nach für eine beachtliche Mehrheit der Deutschen. »Die Feststellung, eine gemeinsame Währung stärke die Wirtschaftskraft der Mitgliedsländer, fordert eher zum Widerspruch heraus.«

Zweitens griff er die FDP an, die zuletzt beansprucht habe »ohne Anerkennung einer Begründungspflicht und eines Mitspracherechts des Bundeskanzlers entscheidende Regierungsämter zu besetzen, statt das materielle Berufungsrecht dem Kanzler zu überlassen und allenfalls mehrere geeignete Vorschläge zu unterbreiten«, wie es die Verfassung vorsieht. Bei der Berufung des Außenministers und des Wirtschaftsministers sei die FDP so verfahren und das führe dazu, dass sich die Minister nicht dem Bundeskanzler, sondern der eigenen Parteiführung verpflichtet sähen. Das war natürlich auch ein Angriff auf den Kanzler, der sich offenbar bei Koalitionsverhandlungen die Regie hatte aus der Hand nehmen lassen. Diese Kritik an der Bonner Regierungspraxis stellte Biedenkopf unter das Stichwort »Ämterpatronage«.

Die am meisten beachtete Aussage aber war die Forderung nach einer Begrenzung der Amtszeit politischer Funktionsträger. Die demokratischen Institutionen verlören sonst an Beweglichkeit. Solch eine Rotation fördere die Erneuerung, den Nachwuchs und die Entwicklung von Alternativen. Die USA hätten mit ihrer zeitlichen Begrenzung des Präsidentenamtes auf zwei Wahlperioden seit Roosevelts Zeiten gute Erfahrungen gemacht. Im *WDR-Mittagsmagazin* begründete Biedenkopf das so: »Wenn die Amtszeit nicht begrenzt ist, dann wird die Diskussion über Alternativen immer als Ausdruck von Illoyalität empfunden, und es ist dann von Sturz und allem möglichen die Rede; das heißt, die Diskussion findet nicht statt.«

Da war er wieder, der Professor Widerspruch, und indem Biedenkopf gegen das Parteiprogramm anging, ging er auch wieder den Vorsitzenden Kohl an. Und der Kanzler fühlte sich angegriffen. Dabei tat Biedenkopf, was ein Vorstandsmitglied tun muss: Er nahm zu dem Programmentwurf Stellung. Allerdings tat er es öffentlich. Die Aussage war eindeutig, aber niemand wollte ihm glauben. Vollends gerieten viele ins Zweifeln, als der sächsische Ministerpräsident im August 1993 in einer Journalistenrunde fragte: »Woher wissen Sie eigentlich, ob Helmut Kohl der Spitzenkandidat der Union sein wird?« Der *Spiegel* behauptete, Biedenkopf wolle Kanzler oder in einer großen Koalition Vizekanzler werden. Dieser weilte gerade auf dem »Tag der Sachsen«, als die Nachricht im Radio verbreitet wurde. Zahlreiche Passanten bestätigten ihm, dass er der bessere Kanzler wäre. Das hat ihm sicher geschmeichelt, aber Biedenkopf ließ sofort dementieren: Die Meldung sei »frei erfunden«.

Trotzdem hielt der Verdacht sich hartnäckig: Unter Journalisten und natürlich in Helmut Kohls Umgebung hieß es damals wieder einmal, Biedenkopf bereite die große Koalition vor, er wolle Vizekanzler werden und Kohl auch als Parteivorsitzenden verdrängen. Wolfram Bickerich vertritt diese These in seiner Kohl-Biografie auch deswegen, weil Biedenkopf damals die Bewerbung von Johannes Rau (SPD) für das Amt des Bundespräsidenten unterstützte. »Ich bin etwas überrascht«, erklärte er damals, »daß man so selbstverständlich davon ausgeht, daß die 1 324 Abgeordneten der Wahlversammlung gewissermaßen wie geschlossene Kompanien geführt werden können.« Kohl wollte schon zu diesem Zeitpunkt den sächsischen Justizminister Steffen Heitmann zum Kandidaten der CDU machen. Als Kohl seinen alten Kontrahenten zur Rede stellte, trat der zurück ins Glied, unterstützte Kohls Kandidaten Steffen Heitmann und bestritt fortan, sich jemals anders geäußert zu haben. Kohl soll damals gesagt haben: »Lieber Gott, schütze mich vor meinen Freunden. Mit meinen Feinden werde ich schon selber fertig.« Als sich Kohls Kandidat dann selbst disqualifizierte, verteidigte ihn Biedenkopf vehement – es ging schließlich auch um die Reputation seines Justizministers.

Warnfried Dettling bestreitet, dass Kurt Biedenkopf selbst noch daran dachte, Kanzler werden zu können. »Er weiß: Keiner, der den ›Kanzlermord‹ inszeniert, wird auch Kanzlererbe sein.« Biedenkopf sei verletzt über die mangelnde Diskussionskultur in der CDU. Wie mit ihm in der Rentendebatte umgegangen wurde, sei »unwürdig« gewesen. Außerdem wisse Biedenkopf:»Wer den Kanzler in Bonn kritisiert, kann im eigenen Land Punkte für die nächsten Wahlen sammeln. Da gibt es eine lange Tradition: Franz Josef Strauß hat es in Bayern so gemacht, Lothar Späth in Baden-Württemberg. Sie haben den Kanzler in Bonn geärgert und waren erfolgreiche Ministerpräsidenten.«[8]

»Unklare Begriffe«, mahnte Biedenkopf 1994, »bedeuten eine unklare Politik.« Mehr noch: Unangenehme Wahrheiten würden verschwiegen. Aber auch Biedenkopf hat gelernt mit Worten zu jonglieren. »Beide Teile Deutschlands müssen sich ändern, lehrt uns die Einheit«, schrieb er in einem Sammelband (*Zur Lage der Nation*), »damit ein neues, zukunftsfähiges Gemeinwesen entstehen kann.« Machtvolle Besitzstände müssten überwunden werden. Die Menschen im Osten hatten erlebt, wie die westdeutschen Kapitalisten ihre Besitzstände um nahezu das gesamte ostdeutsche Volkseigentum vermehrt und auf diesem Wege fast eine ganze Volkswirtschaft beseitigt hatten. Wollte Biedenkopf dem Volk sein Eigentum zurückgeben?

Das wäre ein Missverständnis. Der sächsische Ministerpräsident meinte – wie schon in den Jahrzehnten zuvor – keineswegs, dass die Anhäufung von Eigentum in den Händen weniger ein Problem sei. Sein Vorstoß zielte vielmehr erneut auf die sozialen Sicherungssysteme, die reformiert, das heißt: beschnitten werden müssten. Wer nicht in der Lage ist für sich selbst, seine »kleinen Lebenskreise«, seine Familie und sein persönliches Umfeld zu sorgen, ist aus Biedenkopfs Sicht nicht »verantwortungsfähig«. Der Grundsatz einer politischen Ordnung, wie sie ihm vorschwebt, lautet: »Die Würde des Menschen ist unantastbar. Jeder Mensch trägt, im Rahmen seiner Fähigkeiten, für sich selbst die Verantwortung. Freiheit und Eigentum sind geschützt.« Mehr individuelle Verantwortung, weniger kollektive, so lautet bis heute seine Devise. Schluss mit der Ideologie der Selbstverwirklichung, Schluss damit, dass der Staat alles beseitigt, was der Selbstverwirklichung im Weg steht: »die Lasten durch Kinder und Alte, die Last, sich selbst Arbeit zu schaffen, durch ein Recht auf Arbeit, die Last, selbst für Wohnung sorgen zu müssen, durch das Recht auf Wohnung, die Last, Vorsorge für Lebensrisiken treffen zu müssen, durch umfassende kollektive Vorsorge«. Schluss also mit »benevolenter Vormundschaft«, Schluss mit der »Sinn-Antwort«, die »Lebensglück durch lastenfreie Entfaltung der Persönlichkeit« verspricht.

Das war Biedenkopfs alte Botschaft und die Ostdeutschen, mit der neuen Sprache der Politik noch nicht vertraut, mussten das Versprechen, Besitzstände zurückzuschrauben, falsch verstehen. Wenn ihr Ministerpräsident davon sprach, dass die Marktwirtschaft sich nicht *endgültig* als die richtige Wirtschaftsordnung behauptet habe, dann mussten viele Sachsen das anders auffassen, als es gemeint war. Wer noch an den Sozialismus als Alternative glauben wollte – und einige taten und tun das bekanntlich heute noch –, der konnte meinen, Biedenkopf suche nach einem dritten Weg, dem Weg zwischen Kapitalismus und Sozialismus. Das wäre freilich ein Irrtum. Kurt Biedenkopf hat immer eine klare ordnungspolitische Linie vertreten. Mit Sozialismus hat die nichts zu tun.

Im Gegenteil: Wenn Biedenkopf in den achtziger Jahren die Leipziger Universität betrat, saßen drei Frauen in der Pförtnerloge. Ihre Aufgabe bestand darin, die Schlüssel auszuhändigen. Dieses Beispiel erklärt, wie es möglich war, dass in der DDR 92 Prozent der erwerbsfähigen Bevölkerung beschäftigt waren, 89 Prozent der Frauen und 94 Prozent der Männer. »Arbeitsbeschaffungsmaßnahme« würde man dergleichen heute nennen, nur dass damals das Gehalt zum Leben reichte. In einer Privatwirtschaft sieht das anders aus und Kurt Biedenkopf wartete mit einer eigenwilligen Interpretation der Sozialpflichtigkeit von Eigentum auf: Unternehmer hätten keinesfalls die Pflicht, Arbeitsplätze zu schaffen. Wenn sie es tun, ist das eine geistige und schöpferische, eine kulturelle Leistung. Anspruch darauf, dass jemand diese Leistung erbringt, hat niemand. Für Biedenkopf sind die »Arbeitgeber« heute zu »Produzenten von Arbeitsplätzen« geworden. Und das Produzieren von Arbeitsplätzen werde immer schwieriger, solange die Produzenten auch noch das teure Sozialsystem mitfinanzieren müssen.

Dass die soziale Sicherung nach wie vor an das Arbeitsverhältnis gekoppelt ist, erscheint Biedenkopf deshalb heute nicht mehr zeitgemäß. Das System der sozialen Sicherung benötige nämlich einen hohen Grad an Stabilität, der Arbeitsmarkt dagegen zunehmend Flexibilität. Diese antagonistische Entwicklung verhindert nach Biedenkopfs fester Überzeugung die Schaffung neuer Arbeitsplätze. Erstens wagten es wegen des hohen Sicherheitsbedürfnisses nur noch wenige Menschen, sich selbstständig zu machen. Zweitens würden die »Produzenten der Arbeitsplätze« wegen der hohen Ansprüche der »Konsumenten von Arbeitsplätzen« entmutigt. Mit dieser wirklich ungewohnten Betrachtungsweise kehrt Biedenkopf das bisherige Verständnis von Geben und Nehmen im Produktionsprozess um. Die so genannten Arbeitnehmer nehmen demnach doppelt: zuerst den Arbeitsplatz, dann auch noch den (viel zu hohen) Lohn. Die Unternehmer sind dagegen wahre Wohltäter: Sie verschenken Arbeitsplätze und dann auch noch Geld. Nirgendwo zeigte Biedenkopf deutlicher als in einem Festvortrag für Joachim Fest, auf welcher Seite im Verhältnis zwischen Arbeit und Kapital er steht.[9]

Diese Lektionen waren schon schwerer verdaubar als die allgemeinen Einführungen in die Marktwirtschaft, die zu Anfang des Jahres 1990 erteilt wurden. Dem Ansehen des sächsischen Ministerpräsidenten haben sie trotzdem nicht geschadet.

3

Blickrichtung Bonn:
»Die Partei ist nicht mehr lebendig«

Nach vier Jahren in Sachsen war Kurt Biedenkopf neben Manfred Stolpe in Brandenburg einzig verbliebener »Gründungs«-Ministerpräsident in den neuen Bundesländern. Die beiden schätzen einander sehr. »Wir haben festgestellt, dass wir im Wesentlichen gleich denken«, meint Biedenkopf. »Ich kann mir Stolpe auch ganz gut in der CDU vorstellen. Mir gefällt an ihm die Klarheit seines Denkens. Er fühlt sich in ähnlicher Weise als Anwalt der Menschen wie ich.« Biedenkopfs Ansehen bei der Bevölkerung war schon nach diesen vier Jahren enorm, die Opposition fand – mit Ausnahme einiger PDS-Abgeordneter – kaum einen Angriffspunkt. Angesichts des niederschmetternden Ergebnisses für die SPD hatte Biedenkopf schon nach den Landtagswahlen 1990 gesagt: »Meine Opposition ist die Wirklichkeit.« Und so war es der CDU-Abgeordnete Matthias Rößler, der etwa den Entwurf des Hochschulgesetzes von Wissenschaftsminister Meyer am heftigsten kritisierte, weil der ihm nicht weit genug ging. SPD-Fraktionschef Karl-Heinz Kunckel dagegen arbeitete oft mit der CDU und der Staatsregierung zusammen. Eine Fundamentalopposition, wie sie ihm aus Bonn angeraten worden war, lehnte er ab. Wenn er dem Rat gefolgt wäre, so glaubte und glaubt er, befände sich die sächsische SPD heute da, wo sich Ulf Finks CDU in Brandenburg nach drei Jahren Opposition wieder gefunden hatte.

Statt zu opponieren, bereiteten Kunckel und sein Parteifreund Friedemann Tiedt Wirtschaftskontakte mit ehemaligen Sowjetrepubliken vor. Mit Bashkortostan etwa wurde ein Abkommen vereinbart, das einen 100-Millionen-Mark-Kredit anbot, mit dem zu 80 Prozent Waren aus Sachsen bezogen werden müssen. Als Kurt Biedenkopf in Ufa, der Hauptstadt Bashkortostans, eintraf, war das Abkommen so gut wie fertig. Der Ministerpräsident sonnte sich im Erfolg, ohne die Vorarbeit der Sozialdemokraten auch nur mit einem Wort zu erwähnen. Demütig gab Kunckel zu Protokoll, schließlich komme es darauf an, dass es Sachsen nütze.

Kurt Biedenkopf, so schien es, hatte nichts zu fürchten außer ein von keinem Seismographen erwartetes politisches Erdbeben. Der Journalist Alexander Wendt verglich in seinem politischen Portrait Biedenkopfs Position in Sachsen mit der von Franz Josef Strauß in den achtziger Jahren in Bayern.

Als die Sachsen im September 1994 aufgefordert wurden, per Wahlzettel die bisherige Arbeit der Regierung zu bewerten, rechneten dennoch viele mit dem Verlust der absoluten Mehrheit für die CDU. Zumindest stand »außer Frage«, so Hans Ulrich Kempski in der *Süddeutschen Zeitung*, dass die CDU Verluste zu gewärtigen habe. Es kam anders. Vier Prozent mehr als 1990 sprachen Kurt Biedenkopfs Sachsen-Union das Vertrauen aus: 58,1 Prozent.

Gegen 22 Uhr betrat der Ministerpräsident am Wahlabend den Landtag, wo die CDU eine Party feierte. »Ich soll Ihnen herzliche Grüße von Helmut Kohl ausrichten«, sagte er und erntete Lachen und Beifall. Kohl war im Wahlkampf – auch auf Wunsch Biedenkopfs – kein einziges Mal in Sachsen aufgetreten. »Sie können sich vorstellen, wie begeistert er war.« Die Abgeordneten und die Gäste johlten.

Biedenkopf nutzte das überzeugende Ergebnis in zweierlei Hinsicht: Zu Hause beförderte er den aufstrebenden Nachwuchspolitiker Matthias Rößler zum Kultusminister – herab, wie viele meinten.

Denn Rößler hatte den Fraktionsvorsitz angestrebt und war bekannt dafür, dass er zu den wenigen gehörte, die nicht kuschten. Nun wurde er in die Kabinettsdisziplin eingebunden. Den bisherigen Staatssekretär, Wolfgang Nowak, entließ Biedenkopf wohl auf Druck aus der eigenen Partei. Sie duldete keinen SPD-Mann mehr, der vier Jahre lang als »heimlicher Kultusminister« Biedenkopfs Schulpolitik durchgesetzt hatte: Er hatte die alte DDR-Tradition des 12-jährigen Abiturs beibehalten, eine neuartige Mittelschule eingeführt und 10000 mehr oder weniger belastete Lehrer entlassen. Nach seinem Abtreten sagte Nowak in einem Interview mit der *Woche*: »Wir haben auf die Ausgrenzung, die früher das SED-Regime betrieb, unsererseits mit Ausgrenzung reagiert. Ich glaube nicht, daß man damit zur Demokratie erziehen kann. Was bei den Entlassungen gefehlt hat, ist die Möglichkeit der Resozialisierung, wie wir sie jedem Häftling zubilligen. Es gibt Lehrer, die arbeiten heute in Putzkolonnen an der Schule, an der sie früher unterrichteten.« Auch in der Justiz sei mit hartem Besen gekehrt worden, in der Polizei schon weniger, in der Wirtschaft so gut wie gar nicht. »Wer das Pech hat, Lehrer zu sein, wird entlassen, während zur gleichen Zeit ein Schwerbelasteter für einen Elektrokonzern in Rußland Reklame macht.« Hellsichtig erkannte Nowak: »Das ist für viele schwer einsehbar.«[1]

Es ist möglich, dass Wolfgang Nowak auf Grund solcher Einsichten bei Kurt Biedenkopf nicht vorankam, vor allem aber nicht bei den Erneuerern in der CDU-Fraktion. Der SPD-Mann hatte seine Schuldigkeit getan, aber Biedenkopf brachte es nicht über sich, ihm die Entscheidung selbst mitzuteilen. Jemandem zu sagen, dass er ihn nicht mehr braucht, scheint Kurt Biedenkopf schwer zu fallen. Christa Thoben weiß: »Bei Kündigungen hat er sich immer gefreut, wenn er nicht da war.« Die Entscheidung für Nowaks Nachfolger traf er dagegen eiskalt. Biedenkopf verband das Unangenehme mit dem Nützlichen: Er setzte einen loyalen Abteilungsleiter aus der Staatskanzlei, Hans Werner Wagner, als »Wachhund« hinter Rößler.

Mit dem grandiosen Wahlergebnis war auch Biedenkopfs Einfluss in der Partei wieder gewachsen. Helmut Kohl holte ihn zu den Koalitionsgesprächen im Kanzlerbungalow, nachdem er im Oktober 1994 gegen eine zerstrittene und uneinige SPD noch einmal die Bundestagswahlen gewonnen hatte. Biedenkopf hatte schon in der ersten Legislaturperiode seinen Ministern weitgehend freie Hand gelassen, nun widmete er sich noch mehr als bisher den großen Fragen und der Bundespolitik.

Zusammen mit dem bayerischen Ministerpräsidenten Edmund Stoiber gründete Biedenkopf die so genannte Zukunftskommission. Vorsitzender war Meinhard Miegel, Mitglieder waren Ulrich Beck, Roland Berger, Ulrich Blum, Johannes Gross, Herbert Henzler, Georg Obermeier, Heinrich Oberreuter und Etta Schiller. Ende 1997 legten Stoiber und Biedenkopf nach einer dritten gemeinsamen Kabinettssitzung auf Schloss Albrechtsberg in Dresden den Abschlussbericht der Zukunftskommission vor. Er enthielt alle Vorschläge, die Biedenkopf in nunmehr 25 Jahren als Politiker und in weiteren zehn Jahren als Wissenschaftler und Industriemanager bereits formuliert hatte. In erster Linie müssten individuelle Initiative und Verantwortung geweckt und gefördert werden. In Schule und Beruf müsse sich die Einstellung zu Wettbewerb, Leistung, Selbstständigkeit und Verantwortungsbewusstsein ändern. Ausdrücklich wollte die Kommission die Förderung von Eliten vorantreiben. Warum ihm das nötig zu sein scheint, hatte Biedenkopf der *Westdeutschen Allgemeinen Zeitung* schon 1993 gesagt: »Wir haben aus dem Blick verloren, wem wir unseren Wohlstand verdanken. Der Lebensstandard der großen Mehrheit wurde in der Vergangenheit von der Leistungsqualität einer kleinen Minderheit gesichert. Dieser Zusammenhang muß wieder stärker ins Bewußtsein gebracht werden.«[2]

Außerdem sollen – nach den Anregungen der Zukunftskommission – Selbstständigkeit und Unternehmertum mit einem erleichterten Zugang zu Risikokapital für Existenzgründer gefördert werden. Wagniskapital müsse günstiger besteuert werden. Biedenkopf hatte sich stets darüber beklagt, dass es in Sachsen und auch in anderen ostdeutschen Ländern lukrativer sei, Immobilien zu erwerben und gleich im ersten Jahr eine fünfzigprozentige Abschreibung mitzunehmen, als in Haftungskapital zu investieren.

Die Zukunftskommission empfahl ferner eine breitere Vermögensbildung in Arbeitnehmerhand, die Einführung von Pensionsfonds und die verstärkte Beteiligung von Arbeitnehmern an Unternehmen und deren Gewinnen. Das sollte offenbar ein erster Schritt dahin sein, im Gegenzug die staatlichen Sozialversicherungen teilweise abzulösen – Biedenkopf würde sagen: zu ergänzen. Auf seinem Schreibtisch stand ein weiteres Bertolt-Brecht-Zitat: »Fortschritt ist der Weg zurück zur Vernunft.« Irgendwann traf Biedenkopf auf einer Messe einen kleinen sächsischen Unternehmer, von dem er die Weisheit hörte: »Fortschritt ist der Weg vom Primitiven über das Komplizierte zum Einfachen.« Biedenkopf will dieses Wort in erster Linie auf die Sozialversicherungssysteme angewendet wissen. Außerdem auf alle Problemfelder, wo, wie er meint, die Strukturen zu Herren geworden seien.

Das trifft auch auf die klassischen Regelungen am Arbeitsplatz zu. Früher sei prägend gewesen »die Vollzeitarbeit des Mannes. Das Sozialsystem war auf den Arbeitsplatz bezogen, auf die Familie bezogen, finanziert durch Beiträge aus dem Arbeitseinkommen. Keiner konnte damals voraussehen, dass sich die Arbeitswelt völlig verändern würde. Diese Auflösung der festen Struktur, die Teilhabe von immer mehr Menschen am arbeitsteiligen Erwerbsprozess, konnte man nicht voraussehen.« In den fünfziger Jahren war Teilzeitarbeit sehr rar. »Der Facharbeiter war damals stolz darauf, dass seine Frau nicht arbeiten muss.« Heute sei das anders. Die Zukunftskommission verlangte – ganz in Biedenkopfs Sinn – kostenneutrale Teilzeitmodelle wie etwa in den Niederlanden. Sie sollten positive

Beschäftigungseffekte bringen, eine Flexibilisierung der individuellen Arbeitszeit und des Personaleinsatzes; außerdem sollen »künftige Lohnsteigerungen unterhalb der Produktivitätsentwicklung liegen«. Angesichts des »Angebotsüberhangs auf dem deutschen Arbeitsmarkt« solle auch »der Arbeitsmarktzugang von Zuwanderern überprüft werden«. Gleichzeitig empfahl die Kommission »eine strengere Anwendung der Zumutbarkeitsregeln für Arbeitslosengeld- und Arbeitslosenhilfeempfänger«.

Damit der Wettbewerb zwischen den Ländern wieder funktioniere, sollen Eingriffe der Europäischen Union in die Entwicklung einer Region auf eng begrenzte Ausnahmefälle beschränkt werden. Außerdem verlangten Meinhard Miegel und seine Mitarbeiter eine stärkere Regionalisierung politischer Zuständigkeiten. Die Kommission wies darauf hin, dass die alten Bundesländer nach einem halben Jahrhundert ungestörter politischer und wirtschaftlicher Entwicklung für ihre derzeitige Wirtschafts- und Beschäftigungslage selbst verantwortlich seien. »Vor diesem Hintergrund sind unbefristete Transferzahlungen innerhalb der alten Länder nicht zu rechtfertigen.« Wenn das auch Biedenkopfs Position gewesen sein sollte, dann hätte er seine frühere Meinung geändert und sie derjenigen Edmund Stoibers angepasst.

Ende Mai 1995 steckte Kurt Biedenkopf dem damaligen CDU-Generalsekretär Peter Hintze ein 21 Seiten starkes Papier zu, das den Titel trug: »Anmerkungen zur politischen Lage«. Auch den sächsischen Abgeordneten im Bundestag ließ er je ein Exemplar zukommen. Er wollte sein Papier streng vertraulich behandelt wissen, aber natürlich gelangte es an die Presse. Nach dem Ergebnis der Landtagswahl in Nordrhein-Westfalen, das SPD und Grünen eine Mehrheit beschert hatte, erkannte Biedenkopf eine grundsätzliche Veränderung der politischen Landschaft und orakelte: »Diese Entwicklung zugunsten rot-grün kann sich verfestigen.« Während der

Partner der Union, die FDP, zunehmend an Bedeutung verliere, zögen die Grünen jüngere Menschen an, weil sie keine Angst vor politischen Auseinandersetzungen hätten und durch Kontroversen ihr politisches Profil schärften. Biedenkopf kritisierte die frühzeitige Festlegung auf eine Fortsetzung der Koalition mit der FDP in Bonn, deren Überlebensfähigkeit er nicht als gesichert ansah. Ein Satz schmerzte seine Parteifreunde ganz besonders; er lautete: »Wer mit seiner Stimme eine Alternative zum bestehenden Rentensystem befördern will, kann weder CDU noch SPD wählen, denn beide unterscheiden sich in dieser Frage nicht. Auch die FDP hat keine vom Konsens der Sozialpolitiker abweichende Position. Er muß deshalb Grüne wählen.« Rot-Grün, da war er sicher, würde in drei Jahren – also 1998 – kein Schreckgespenst mehr sein. »Den Grünen ist es gelungen, neue Illusionen zu erzeugen, die die Hoffnung auslösen und verstärken, die Probleme unserer zunehmend komplexen Welt seien mit ihrer Politik lösbar.« Die Volksparteien böten lediglich Umverteilungsantworten und in Fragen der Ökologie hätten die Grünen es verstanden, sich eine Monopolstellung für Innovationen zu sichern. Trotz der Verdienste Helmut Kohls, fuhr Biedenkopf fort, halte er einen Wahlkampf, der nur auf die Person des Kanzlers zugeschnitten wäre, nicht für aussichtsreich. Die CDU müsse zeigen, dass sie in der Lage sei Deutschland ins kommende Jahrhundert zu führen. Deshalb regte er für seine Partei eine Neuauflage des Hamburger Parteitags von 1973 an, der seinerzeit als Neuanfang begriffen worden sei.

An diese Kritik schloss sich erneut das ganze Themenspektrum mit den bekannten Ideen an, die Biedenkopf zeit seines Lebens beschäftigt haben: übertriebene soziale Sicherungssysteme – obwohl doch der kleine Mann längst groß geworden sei – einschließlich Rentendiskussion, Fehllenkungen im Wohnungsbau, Chancengleichheit der Frauen. Letztere erfordere eine andere Verteilung der Arbeitschancen, denn Biedenkopf sorgt sich um das Schicksal der

Männer:»Im Westen Deutschlands drängen die Frauen mit Macht in den Arbeitsmarkt und verdrängen dadurch die Männer. Im Osten wollen die Frauen im Arbeitsmarkt bleiben und erschweren dadurch den Männern den Zugang.«Seine Lösung lautet: mehr Teilzeitarbeit, die allerdings – und hier schließt sich der Kreis – im bestehenden Sozialsystem diskriminiert bleibe, solange die Arbeitseinkommen die Höhe der Leistungen und Anwartschaften bestimmten. Deshalb müsse jetzt mit der politischen Arbeit für die Zukunft begonnen werden.»Ein weiterer Aufschub wäre schon nur aus Gründen unserer politischen Verantwortung nicht zu vertreten. Je länger wir als CDU damit warten, uns den neuen und drängenden Aufgaben zu stellen, um so größer wird die Gefahr, daß sich der wachsende Problemdruck andere politische Wege für seine Bewältigung sucht.«

Neben der Reform der sozialen Systeme und den Fragen des Arbeitsmarktes regte Biedenkopf erneut an, Selbstständige stärker zu fördern. Weil deren Anteil an der Erwerbsbevölkerung in Deutschland von vierzehn auf neun Prozent gesunken sei, gebe es immer weniger Arbeitgeber. Angestellte, die zwar die Fähigkeiten zum Selbstständigmachen hätten, aber das Risiko scheuten, würden durch die Privilegierung ihres bisherigen Status daran gehindert, den Sprung in die Selbstständigkeit zu wagen. Darüber hinaus forderte Biedenkopf eine»durchgreifende Bereinigung des Förderwirrwarrs«. Das gegenwärtige System bevorzuge Geldanlagen gegenüber Eigenkapitalbildung und -beteiligung, Anlagen in sicheren Beteiligungen vor Risikokapital für kleine und mittlere Unternehmen. Auch außenpolitische Fragen sprach er an; besonders sorgte er sich um das Wohlstandsgefälle an der deutschen Ostgrenze. Bei einer Öffnung der Märkte wären nicht zuletzt die Sachsen betroffen, wenn die Brötchen aus Tschechien und die Arbeiter aus Polen billiger wären. Die Anpassungs- und Verdrängungsprozesse müssten der Bevölkerung als notwendig und auch für sie vorteilhaft erläutert werden, damit sie akzeptiert würden. »Was wir leisten müssen, ist eine Neubelebung unserer Ordnungspolitik.«

Neu geordnet wissen will Biedenkopf insbesondere die Lohnpolitik. Er wünscht eine »Flexibilisierung der Einkommen«. Sicher ist es auch seinen Erfahrungen in Sachsen geschuldet, dass er – wie bei den Motorradwerken Zschopau in der Praxis geschehen – Löhne unter Tarif möglich machen möchte, wenn »ein Festhalten am Flächentarif im konkreten Fall zur Zerstörung unternehmerischer Existenz führen könnte«. Dass dabei Vorkehrungen gegen Missbrauch getroffen werden müssen, hält er für selbstverständlich. Auch fordert er den »Mut, Einstiegstarife für Arbeitslose zu vereinbaren und damit anzuerkennen, dass man zumindestens am Anfang vom Arbeitslosen erwarten kann, dass er für ein geringeres Einkommen seine Arbeit beginnt und damit die Notwendigkeit von Transferleistungen beendet«.

Biedenkopf scheute sich auch nicht, vor dem Forum des Deutschen Beamtenbundes von den Staatsdienern zu verlangen, wozu Beamte sich verpflichtet haben: Mobilität. Sein Vater habe ihm erzählt, zu Beginn des 20. Jahrhunderts sei es selbstverständlich gewesen, dass preußische Beamte in kürzester Zeit über weite Strecken versetzt wurden. Heute könne nicht einmal mehr ein Lehrer von einer Stadt Nordrhein-Westfalens in eine andere befördert werden. Die Frage des Umzugs von Bonn nach Berlin sprach Biedenkopf nicht an, dafür jedoch den Euro, dessen Stabilität er erneut in Zweifel zog. Er forderte eine fünfjährige Testphase. Und in die Rentendiskussion brachte er wiederum seine steuerfinanzierte Grundrente ein, die zuletzt 1989 bei der Rentenreform verworfen worden war. Doch in der Rentenkommission setzte sich erneut Norbert Blüm durch. Mit Blick auf Biedenkopf sagt dieser: »Manche in meiner Partei übersetzen Subsidiarität immer mit Eigenverantwortung. Aber im Wort Subsidiarität ist das Wort Hilfe schon enthalten.«

Als Kurt Biedenkopf die Grundrente zum wiederholten Male Ende 1993 vorgeschlagen hatte, schmetterte Heiner Geißler die Idee ab; sie sei »ein so alter Hut, daß man sich genieren muß, ihn auch nur im Keller zu zeigen«. Geißler legte damals die Probleme offen: Entweder müssten die Alten auf ihre Anwartschaften verzichten, was schon rechtlich nicht möglich sei, oder die Anwartschaften würden erfüllt, dann würde eine Generation im Übergang doppelt belastet. Der Vorschlag werde deshalb in Bonn nie eine Mehrheit finden, sooft diese »sozialpolitische Sau« auch durchs Dorf gejagt werde.

In der Tat laufen Biedenkopfs Pläne auf nichts anderes als den Beginn des Rückzugs des Staates aus der Rentenversicherung hinaus. Das absolut Notwendige will er für alle aus Steuermitteln zur Verfügung stellen – aber wer bestimmt, was das Notwendige ist? Ein Politiker, der nie erfahren musste, was es heißt, Geldsorgen zu haben? Einer, der sich nicht einmal für seinen Kontostand interessiert, weil er weiß, dass immer genug da sein wird? Nachdem Lothar Späth über die »Traumschiff-Affäre« gestolpert und zurückgetreten war, sagte Biedenkopf, ihm könne so etwas nicht passieren, weil er finanzielle Dinge nicht selbst erledige. »Ich weiß noch nicht einmal genau, wieviel Geld ich auf dem Konto habe.«

In den achtziger Jahren, als Kurt Biedenkopf und Meinhard Miegel ihr Grundrentenmodell vorstellten, schwebten ihnen 600 Mark vor, die jeder Anspruchsberechtigte bekommen sollte. Dazu sollte eine Leistungsrente kommen, die durch Beiträge erworben wird. Darüber hinaus sollten die Menschen »mehr auf privates Vermögen zurückgreifen«. Wenn Biedenkopf auf die riesigen Vermögenswerte verweist, die der nächsten Generation vererbt werden, gibt Norbert Blüm zu bedenken, »dass Biedenkopfs statistische Beweisstücke Durchschnittszahlen zum Gegenstand haben. Mit dem Durchschnitt ist das so eine Sache: Einer isst zwei Bratwürste, einer null, dann hat jeder eine.«

Null Bratwürste hätte, wenn Biedenkopf sich durchsetzt, die Generation der heute 40-Jährigen. Sie müssten für die heutigen Rentner Beiträge bezahlen, müssten ihre eigene Altersversorgung privat aufbessern und über Steuerzahlungen die Grundrente finanzieren. Sie sind allerdings auch diejenigen, denen Biedenkopf sagt, ihre Rente sei ohnehin nicht mehr sicher – jedenfalls nicht in der bisherigen Höhe.

Der Vorschlag, dass sich die Grundsicherung über einen längeren Zeitraum ansammeln soll, ist in Zeiten der Massenarbeitslosigkeit ebenfalls problematisch. Wer später in Rente geht, erhält nach Biedenkopfs Vorstellungen eine höhere Grundrente, weil er dann statistisch nur noch eine kürzere Lebenserwartung hat. Wenn die Menschen allerdings länger arbeiten, heißt das, dass Stellen für den Nachwuchs später frei werden.

Rückblickend sagt Blüm: »Ich habe zehn Jahre meines Lebens nur Biedenkopfsche Grundrentenmodelle bearbeitet. Ich habe immer gesagt, er soll uns doch mal die Berechnungen vorlegen. Auf sein Argument, er könne das mit seinen Bordmitteln nicht leisten, habe ich ihm gesagt, die ganze Mathematikabteilung des Bundesarbeitsministeriums mit allen Maschinen, die wir haben, stehe ihm zur Verfügung. Wir rechnen, er soll uns nur sagen, was wir da reingeben sollen. Es kam bis zum heutigen Tag nichts. Ich kann nicht kämpfen mit jemand, der das Material nicht liefert. Ich bin in einer solchen Diskussion immer im Nachteil. Denn ich muss zeigen, dass das alte System nicht mehr so weiter steigen kann. Das haben die Leute nicht so gern. Er muss die Folgen nicht vertreten. Er hat nur die Idee, die Idee tut nicht weh. Setz die mal um, damit die Leute mal sehen, was das bedeutet.«

Die grüne Gesundheitsministerin Andrea Fischer fragt, warum Biedenkopf so starr an einem Modell klebt, das niemand für durchsetzbar hält: »Mich würde an Biedenkopfs Stelle nachdenklich machen, dass ich seit 15 Jahren dasselbe predige, aber offensichtlich in diesem Land keine Mehrheit finde.« Biedenkopf hat dazu seine Antwort gegeben. Sie hat mit Galileo Galilei zu tun.

In Sachsen selbst versuchte die Opposition, nach wie vor ein wenig hilflos, das Ansehen des über allem schwebenden Ministerpräsidenten anzukratzen, indem sie ihn mit dubiosen Machenschaften beim Chemnitzer Chemieanlagenbauer Germania in Verbindung zu bringen versuchte. Die Firma war in Konkurs gegangen, Prüfer der Bundesanstalt für vereinigungsbedingte Sonderaufgaben (BVS) ermittelten. Was sie fanden, war niederschmetternd: Im Oktober 1992 hatte ein indischer Geschäftsmann die Firma für eine Mark gekauft. 100 Millionen Mark bekam er von der Treuhand als Starthilfe; die Altschulden, 68 Millionen Mark, erließ man ihm. »Trotz der prall gefüllten Kasse ging es mit der Germania bergab«, schrieb der *Spiegel*. »Und im Niedergang zockten zweifelhafte Geschäftsleute ab.« Die Firma hatte hohe Honorare an dubiose Berater bezahlt, 2,5 Millionen Mark waren an Briefkastenfirmen auf der britischen Insel Guernsey geflossen. 500 Arbeitsplätze sollten erhalten werden, doch im Mai 1994 war mehr als die Hälfte der Stellen wegrationalisiert. »Den laxen Umgang mit Jobs nahm Ministerpräsident Kurt Biedenkopf, um den Erhalt jeder Firma in Sachsen bemüht, recht gelassen«, schrieb der *Spiegel*. »Das Unternehmen müsse schrumpfen, um sich behaupten zu können.« Als letzte Investition kaufte die Firma einen Mercedes der S-Klasse für mehr als 200 000 Mark, der in der Heimat des indischen Firmenchefs landete. Anfang 1996 meldete die Firma dann Konkurs an.

Kurt Biedenkopf hatte stets Klage geführt, wenn »Investoren« aus dem Westen nach Sachsen kamen, um ein schnelles Geschäft zu machen, oder den Osten als verlängerte Werkbank betrachteten, von der die Arbeiter beliebig abgezogen werden können, wenn es Produktionsengpässe gibt. Aber in diesem Fall war die Situation anders als sonst: Aufsichtsratschef bei Germania und später Sonderbeauftragter mit großen Vollmachten war Kurt Biedenkopfs Bruder

Gerhard. Auf die Sache angesprochen, reagierte Biedenkopf wütend. Sein Bruder sei nach Sachsen gekommen, um zu helfen, ließ er wissen.

Kurt Biedenkopf dagegen richtete sein Augenmerk immer mehr auf Bonn: Nachdem Helmut Kohl sich entschlossen hatte ein fünftes Mal für die Kanzlerschaft zu kandidieren, setzte sich Kurt Biedenkopf wieder an seinen Computer. In einer Stellungnahme vom 7. April 1997 erklärte er: »Helmut Kohl geht mit seiner Entscheidung, 1998 erneut als Kanzlerkandidat anzutreten, ein hohes Risiko ein.« Für die Union werde es in anderthalb Jahren »verzweifelt schwer«. Es sei zwar das persönliche Risiko des Parteivorsitzenden, aber eben auch der Partei. Biedenkopf wies darauf hin, dass Kohl den Wählern 1994 gesagt habe, dies werde seine letzte Amtszeit sein. Die Begründung für die erneute Kandidatur, dass es keine Alternative gebe, sei für die Partei »nicht schmeichelhaft, zum Teil ausgesprochen ärgerlich«. Das Heranziehen von Führungsnachwuchs gehöre zu den wichtigsten Aufgaben großer Organisationen, mithin auch der Parteien. Wenn der CDU die Fähigkeit abgesprochen werde, Alternativen zum gegenwärtigen Vorsitzenden anbieten zu können, dann heiße das, die Partei habe ihre Aufgaben nicht erfüllt. Für einige Gebiete sah Biedenkopf dies sogar als zutreffend an: so für die Situation auf dem Arbeitsmarkt, nachdem Kohl versprochen hatte die Zahl der Arbeitslosen bis zum Jahr 2000 zu halbieren; für die Reform der Rentenversicherung, ein Thema, das »nicht erledigt« sei; für den Ausbau der Wirtschaft und Infrastruktur in Ostdeutschland, der nur schleppend vorankomme; und für die Debatte um die Europäische Währungsunion, deren Ordnung dringend erforderlich sei. Nicht nur in der Partei müssten diese Fragen entschieden werden, sondern auch im Gesetzgebungsverfahren. Angesichts der SPD-Mehrheit im Bundesrat und der Notwendigkeit einer Zusammenarbeit riet Biedenkopf von dem geplanten Richtungswahlkampf ab. »Die erklärte und von der Partei beschlossene Kanzlerkandidatur kann nicht bedeuten, daß es bis zur Bundestagswahl aus Gründen der Geschlossenheit keine innerparteiliche Diskussion über entscheidende Fragen der Politik mehr geben kann.« Mit erneut vertagten Themen könne man keinen Wahlkampf führen.

Am 27. September 1998 zeigte sich, dass Biedenkopf dieses Mal mit seinen Befürchtungen Recht behielt: Der Kanzler taugte nicht mehr als Zugpferd. Die Deutschen wollten nach 16 Jahren Kohl etwas anderes. Kurt Biedenkopf hoffte offenbar darauf, dass in der CDU nun ein Erneuerungsprozess beginnen könne. Doch Helmut Kohl, das war bald zu erkennen, hatte der Partei nachhaltig seinen Stempel aufgedrückt. Biedenkopf verfasste deshalb erneut ein The-

Abbildung 17
Parteigrenzen überschreiten: Unter der Leitung von
Bundeskanzler Gerhard Schröder und Kurt Biedenkopf treten
am 16. Dezember 1998 der Kabinettsausschuss »Neue Bundesländer«
und die Landesregierung Sachsen erstmals zusammen.
Quelle: Bundesbildstelle Bonn

senpapier zur »Bewegungslosigkeit« seiner Partei. Der CDU, schrieb er gleich zu Beginn, fehle es nicht an »gute[n] Materialien und vernünftige[n], zukunftsfähige[n] Vorstellungen und Programme[n]«. Wer die hat, ließ er ungesagt, aber jeder verstand, wer gemeint war: zum Beispiel Kurt Biedenkopf. Der Blick in die Zukunft war gleichzeitig eine Abrechnung mit Helmut Kohl: »Die Partei ist nicht mehr lebendig. Ihr inneres Leben wurde in den letzten Jahren zunehmend erdrückt. Unter der Last der Regierung und der Dominanz ihres bisherigen Vorsitzenden und seines Verständnisses innerparteilichen Lebens hat sie die Fähigkeit eingebüßt, wirklich Neues hervorzubringen, Ideenwettbewerbe zu ermutigen, Vielfalt auszunehmen.«

4

Neues wagen:
»Eine Partei braucht Typen wie Biedenkopf«

»They never come back«, heißt es beim Boxen. Ein Ex-Champion wird nicht noch einmal Weltmeister. Nur Cassius Clay brach dieses Gesetz. Auch Kurt Biedenkopf war als Politiker ein Totgesagter. Ohne den Fall der Mauer wäre ein Comeback auch sehr unwahrscheinlich gewesen und Biedenkopf unter Umständen als Gescheiterter in die Geschichte eingegangen, als einer, der zwar häufig die richtige Diagnose gestellt hat, aber nur selten die richtige Therapie parat hatte.

Biedenkopfs herausragende analytische Fähigkeiten sind unbestritten. Oft genug zog er allerdings andere Schlüsse aus seinem Datenmaterial als die meisten, vor allem diejenigen, die lieber beim Alten bleiben, statt Neues zu wagen. Biedenkopf ist da anders: Auch wenn er nicht wusste, ob die Dinge besser werden, wenn er sie ändert, so wollte er sie ändern, weil er wusste, dass er sie ändern musste, wenn sie besser werden sollten. Was er einmal durchdacht und für richtig erkannt hat, vertritt Kurt Biedenkopf ungestüm. Er ist einer, der stets das Gute will und sich dabei immer wieder Ärger schafft. Oft genug stürmte er die Treppe hoch, direkt auf sein Ziel zu – und stürzte dann jäh ab. Norbert Blüm, einer seiner Dauergegner in der CDU, meint: »Ich hätte ja gegen das Verfahren nichts: Grade raus, und dann gibt's Krach, und dann gibt's zwei Schritte vorwärts.

Aber grade raus und es gibt Krach und du bist im Keller zu finden, das ist nix.«

Vielleicht hätte der sächsische Ministerpräsident noch mehr von Bertolt Brecht lesen sollen, zum Beispiel den Satz:»Angesichts von Hindernissen mag die kürzeste Linie zwischen zwei Punkten die krumme sein.« Das war Biedenkopfs Weg allerdings nicht; lieber schwang er die Machete, um sich einen Weg durchs Gestrüpp zu schlagen – bevorzugt durch den seiner Meinung nach zu üppig wuchernden sozialen Dschungel.

In der CDU hieß es, Biedenkopf beantworte Fragen, die noch keiner gestellt habe. Die Presse nannte ihn»Professor Unzeit« und »der ewig Morgige« und viele in der Partei sahen das ebenso. Christa Thoben betrachtet das eher als»einen Vorwurf an die Partei, dass sie mit solchen Leuten so bekloppt umgeht«. Über seine Vorschläge zur Rentenreform hat sie mit Biedenkopf oft gesprochen, aber er blieb bei der reinen Lehre:»Da hat er einen Fehler gemacht«, gibt auch sie zu.»Er hat gedacht, er müsste die Welt neu erfinden, obwohl er die Strukturen der Partei genau kennt. Wenn ich ihm vorhielt, dass jeder sofort danach fragen würde, wie der Übergang geregelt sein solle, dann sagte er nur: ›Aber du weißt doch, dass es so nicht weitergeht.‹ Wenn ich aber in einem so ausgefuchstes System bin, dann muss ich schrittweise verändern.«

Was Biedenkopf antrieb, war der Gedanke, geboren aus seiner Sicht der Dinge. Und solange er der Politik erhalten bleibt, wird er für die Grundrente kämpfen. Dass Menschen mit anderer Herkunft die Welt anders betrachten können, will oder kann er nicht sehen.»Wir haben's nicht mit Bauklötzchen zu tun, sondern mit lebenden Menschen«, gibt Blüm zu bedenken.»Im Zweifel bin ich deshalb für das Alte. Das Neue hat die Beweislast, solange das Neue nicht durchkalkuliert ist, machbar ist.« Er nennt es die»Demut des Politikers, nicht vorschnell Ergebnisse vorzulegen, wenn man die Ergebnisse nicht bis auf die Ebene der Details formulieren kann«.

In der Opposition ist es möglich, das Ziel zu formulieren, ohne den Weg zu wissen. Kurt Biedenkopf allerdings gehört einer Partei an, die 16 Jahre lang Regierungsverantwortung trug. Während des größeren Teils dieser Zeit arbeitete er an mehr oder weniger hervorragenden Positionen in dieser Partei mit. Aber vielleicht verstand er sich ja schon immer als Oppositioneller innerhalb der CDU, jedenfalls in den Fragen, die ihn umgetrieben haben: Ordnungsfragen, die Kontrolle von Macht – ob in der Wirtschaft oder in der Politik –, das Aufbrechen von verhärteten Strukturen, wenn sie das vereitelten, was er im Standortwettbewerb für nötig hielt.

Im Magazin der *Frankfurter Allgemeinen Zeitung* sagte Biedenkopf einmal trotzig: »Ob ein Politiker Ideen hat und, was viel wichtiger ist, ob er sie ausspricht und durchsetzt, ist eine Frage seiner Begabung, seiner Ausbildung und seiner inneren Unabhängigkeit – insbesondere gegenüber täglicher Zustimmung.« Dass man den Dschungel nicht allein stürmt oder zur Großwildjagd nicht allein aufbricht, sondern ein paar Helfer braucht, die Gepäck, Waffen und Munition tragen, hat er nie eingesehen. Er vertraute auf die Richtigkeit seiner Argumente. Aber im Laufe seiner politischen Karriere hatte er oft zu wenig Gefolgsleute, und oft ließ man ihn gar nicht erst aufbrechen.

Kurt Biedenkopf begann seine Karriere in der CDU als Generalsekretär – in einer Position, die andere als Lebensziel anstreben. Viel höher geht es kaum. Es ist denkbar, dass er – wie ein Parteifreund einmal sagte – das »Seelenerdreich« der Partei nicht kennen gelernt hat und auch deshalb immer wieder angeeckt ist. Woher aber der 25-jährige Dauerstreit zwischen Kurt Biedenkopf und Helmut Kohl rührte, in dem beide mitunter kaum wie erwachsene Männer wirkten, kann niemand beantworten. Es hat Versuche gegeben, das zu erklären. Der Journalist Alexander Wendt sagte in seinem Biedenkopf-Portrait, der sächsische Ministerpräsident habe einmal in vertrauter Runde geäußert, Kohl sei »ein hervorragender Fachmann in Machtfragen, aber ein Dilettant in Sachfragen«. Norbert Blüm drückt das drastischer aus:»Der Biedenkopf hat den Kohl für dumm gehalten. Der Kohl hat aber eine andere Form von Intelligenz.« Christa Thoben versucht es mit einem Scherz:»Meine persönliche Meinung: Die haben sich mal um dieselbe Frau gestritten.« Sie lacht. »Aber das glaubt mir keiner.« Ingrid Biedenkopf hat eine andere Antwort:»Weil mein Mann nicht diese Mauscheleien mitgemacht hat, die da üblich waren. Mein Mann war nicht bestechlich.«

Kurt Biedenkopfs herausragende Eigenschaft ist, dass er an seinen Überzeugungen auch dann festhält, wenn ihm der Wind ins Gesicht bläst. Seine Themen begleiten ihn seit 45 Jahren und die einmal gewonnenen Erkenntnisse gelten für ihn noch heute. Seine Hartnäckigkeit nötigt Respekt ab, aber die Tragik ist nicht zu übersehen: Oft wollte er dicke Bretter bohren, aber einige davon erwiesen sich als sehr widerstandsfähig. Viele nennen ihn starrsinnig, man sagt ihm nach, er sei arrogant und ungeduldig. Wenn aber jemand 45 Jahre lang auf ein Ziel hinarbeitet und immer wieder von der Strömung abgetrieben wird, kann man dann von Ungeduld sprechen? Schon eher von mangelnder Anpassungsfähigkeit, fehlender Kompromissbereitschaft – oder einer großen Vision.

»Wenn ich ein Amt habe«, sagt Kurt Biedenkopf, nach seiner Kompromissfähigkeit gefragt,»dann bin ich schon der Meinung, dass es meine Aufgabe sein muss, dass das, was ich für richtig halte, in den Grenzen des demokratischen Prozesses auch stattfindet. Aber das bedeutet nicht, dass ich nicht kompromissbereit bin, ich bin durchaus kompromissbereit, allerdings nicht in Grundsatzfragen.« Grundsatzfragen aber waren es, an denen Biedenkopf sich aufgerieben hat. Richtiger: er hat sich mit der Reibung aufgeladen. Wenn er stürzte, stand er immer wieder auf und machte weiter.»Biedenkopf will beweisen, dass ein Intellektueller in der Politik nicht unbedingt scheitern muss«, glaubt Christa Thoben.»Das treibt ihn immer wieder an.« Deshalb kann Kurt Biedenkopf gar nicht ständig nach taktischen Erwägungen handeln, schon gar nicht diplomatisch. Er ist gewiss keiner, der vom Zehnmeterturm springt, wenn kein Wasser im Becken ist – aber er ist oft gesprungen, obwohl reichlich wenig Wasser vorhanden war.

Dass er lange Zeit kein Amt als Entscheidungsträger bekommen konnte, wird viele beruhigt haben, die seine Grundsatzfragen anders beantworteten als er. Hat Kurt Biedenkopf also tatsächlich die Jupitermonde entdeckt? Oder hat er nur in sein Fernrohr etwas eingebaut, das den Anschein erwecken soll, es sei ihm gelungen, so wie es die Wissenschaftler auch bei Galileo Galilei vermuteten? Wie seine Biografie zeigt, entstammt Biedenkopf einer gut situierten Familie, die nie – mit Ausnahme der unmittelbaren Nachkriegszeit, in der es anderen aber ebenfalls schlechter ging – von existenziellen Sorgen geplagt wurde. Mit sozialistischen Einstellungen konnte er sich zu keiner Zeit anfreunden. Stattdessen schlug er sich unter Anleitung und mit Hilfe seines Vaters recht früh auf die Seite des Kapitals, der Unternehmerschaft. Die Menschen, die dort handelten und arbeiteten, waren seine Menschen: kultiviert, gebildet, zielstrebig, und wenn sie der Nation verbunden waren, was für die meisten von ihnen galt, umso besser. Sofern nicht alles täuscht, sind für Kurt Biedenkopf klare Hierarchien seit jeher eine Stütze. Weil er sie zu akzeptieren gelernt und Führung auch stets für nützlich gehalten hat, vermag er sie kaum zu zerschlagen. »Es gehört zu meiner Erfahrung, dass viele Ordnungspolitiker sehr mutig auf Festveranstaltungen der Schleyer-Stiftung auftreten«, sagt Norbert Blüm und grinst verschmitzt, »aber wenn's dann Ernst wird […]«

Vor Helmut Kohl, der in der Hierarchie stets über ihm stand, hat Biedenkopf beim direkten Aufeinandertreffen meist Respekt gezeigt. Walter Henkels schrieb in seinen Erinnerungen, Helmut Schmidt habe in seiner Zeit als Bundeskanzler über den CDU-Generalsekretär gesagt: »Die Klugheit im Sinne von Professorenintellekt will ich ihm nicht absprechen. Aber er hat keinen Saft in den Hoden.«

Immerhin blieb Kurt Biedenkopf immer einer, der »in der von Kohl bis zur Querschnittslähmung beherrschten Partei« (Wolfram Bickerich) den Mund aufmachte. Das lässt erwarten, dass er sich auch weiterhin in die Grundsatzfragen der Politik einmischen wird, und das nicht zum Schaden der CDU. »Eine Partei braucht Typen wie Biedenkopf«, sagt selbst Norbert Blüm. Er schränkt allerdings ein: »Aber nur solche, das wäre auch nicht gut.«

1990 ist Kurt Biedenkopf doch noch seinem Ziel nahe gekommen: Er wurde der erste Mann in Sachsen und als solcher auch wieder gewählt. Das ist zwar weniger, als er vermutlich wollte, aber als Ministerpräsident wurde er doch noch so etwas wie ein kleiner Kanzler. Was auch er selbst Ende der achtziger Jahre nach seinen bis dahin gemachten Erfahrungen wohl nie mehr für möglich gehalten hätte, hat ihn sicher überrascht, aber auch mit sich und der Welt versöhnt: Ein Großteil der knapp fünf Millionen Sachsen ist mit ihm zufrieden und huldigt ihm. Mit dem Volk, das von seinem zeitweiligen Weggefährten Franz Josef Strauß verachtet wurde (»vox populi, vox Arschloch«), konnte auch Biedenkopf nie richtig warm werden; das Bad in der Menge war früher nicht seine Lieblingsbeschäftigung. Jetzt ist er stolz darauf, dass er in Sachsen noch nie ausgepfiffen wurde, ja mehr noch: dass er Zuneigung spürt.

Lob kam von höchster Stelle, von einem Exkanzler: Helmut Schmidt bekannte in seinem Erinnerungsbuch *Weggefährten* »menschliche und auch politische Gemeinsamkeiten« mit Biedenkopf. Er nennt ihn einen »hochanerkannten ostdeutschen Landesvater«. Jedermann könne erkennen: »Er ist sehr wohl ein Mann, der die tägliche Praxis des Regierens und auch des Verwaltens vorzüglich beherrscht, der seine Politik dem durchaus kritischen sächsischen Publikum erfolgreich plausibel machen kann und der gleichwohl seine Neigung nicht aufgegeben hat, von Zeit zu Zeit hörbar über die mittlere und die weitere Zukunft Deutschlands nachzudenken.« Sachsen, meint der Exkanzler, sei die größte Aufgabe im Leben Kurt

Biedenkopfs. »Heute muß man sagen: Biedenkopf meistert seine Aufgabe.«

Kurt Biedenkopf ist ein charismatischer Politiker, vor allem Frauen fühlen sich von ihm angezogen. Eine gewisse Bewunderung für den Ministerpräsidenten ist unter den Damen in seinem Umfeld spür- und sichtbar. Viele nennen ihn einen »tollen Mann«. Dieses Urteil bezieht sich stets nicht nur auf seine Politik, sondern gründet auf der Ausstrahlung. Es gibt Mitarbeiterinnen in Ministerien und in der Staatskanzlei, die sich nach Dresden beworben haben, als er Ministerpräsident geworden war, um in seiner Nähe arbeiten zu können. Aber auch der männerdominierte Bundestag erwachte stets aus seinem Mittagsschlaf, wenn Kurt Biedenkopf das Podium betrat. Es zeigte sich der Respekt vor einem Mann, der etwas zu sagen hat – was auch immer von dem zu halten war, was er vortrug.

In Dresden, an den Kneipentischen in der äußeren Neustadt, meinen Sachsen und Zugereiste: Die anderen Parteien haben erst wieder eine Chance, wenn Kurt Biedenkopf in Rente geht. Nach acht Jahren fragen sich viele, wann das der Fall sein wird. Kurt Biedenkopf selbst sieht sich als so etwas wie einen Treuhänder, wie er einmal sagte. Er wolle Land und Verwaltung aufbauen und so lange Ministerpräsident sein, bis jemand, der aus Sachsen stammt, das übernehmen könne. Schon in der abgelaufenen Legislaturperiode von 1994 bis 1999 rechneten viele mit einem Wechsel. Wer sein Nachfolger werden könnte, ist noch ungewiss. Ein Journalist bemühte sogar eine Kartenlegerin, die ihm verraten sollte, wie es in Sachsen weitergeht: Steffen Klameth von der *Sächsischen Zeitung* bat Dagmar Feilotter, die hauptberuflich in der »Hornschänke« bewirtet, um wirklich professionelle Hilfe beim Blick in die Zukunft. Leider lag sie schon mit ihrem ersten Tipp daneben: Biedenkopf werde 1999 nicht mehr kandidieren. Die Nachfolgefrage aber ist offen. Frau Feilotter tippte auf Matthias Rößler.[1] Einige sehen den bisherigen Finanzminister, Georg Milbradt, als nächsten Ministerpräsidenten. Die meisten aber rechnen mit Fritz Hähle, dem Vorsitzenden der CDU-Fraktion im sächsischen Landtag, weil vieles für einen Ostdeutschen als Nachfolger spricht, nicht zuletzt Biedenkopfs eigener Wunsch.

Noch gibt es keine Antwort auf diese Frage. Aber vielleicht erklärt ja eine Aussage von Ingrid Biedenkopf, warum Frau Feilotter nicht Recht bekam: »Wir wollten an sich jetzt im Februar oder März diesen Jahres (1999) hier Schluss machen. Wenn die Bundestagswahlen nicht so miserabel ausgefallen wären und wir nicht gesagt hätten: Mensch, das können wir jetzt nicht machen, wir können das alles hier doch nicht vor die Hunde gehen lassen«, dann wäre es vielleicht so weit gekommen. Und deshalb darf in Sachsen weiter darüber spekuliert werden, wer Biedenkopfs Nachfolger wird. Und darüber, welche Partei, sofern die CDU nicht erneut die absolute Mehrheit der Mandate gewinnen sollte, an seine Seite treten könnte.

Ist in diesem Fall Schwarz-Grün für Biedenkopf eine Alternative? Wenn man ihn heute fragt, grinst er nur noch. Christa Thoben ist sich sicher, dass er das nicht anders sieht als sie: Wenn die CDU nicht die absolute Mehrheit erhält und es in Sachsen rechnerisch eine andere Möglichkeit gäbe als eine Koalition mit der SPD, dann würde er sich das überlegen. »Wer käme denn in Sachsen in Frage? Das wäre Frau Röstel und mit der kann man doch umgehen. Das sieht Kurt Biedenkopf auch so.«

Aber all das steht noch in den Sternen. Und wer weiß schon, ob man durchs Fernrohr wirklich alles sieht?

Anmerkungen

Behütete Kindheit:
»Ich war weniger für große Mannschaftsspiele«

1 Feature von Christine Zander, ausgestrahlt am 9.7.1996 auf MDR Kultur.

2 Die Entwicklung ist beschrieben in: *Merseburger Beiträge zur Geschichte der chemischen Industrie Mitteldeutschlands*, Nr. 1/1996, herausgegeben vom Förderverein »Sachzeugen der chemischen Industrie e. V.«, Merseburg.

3 Brief Düllmanns an Biedenkopf vom 9.3.1940, Brief Biedenkopfs vom 20.3.1940. – Schon 1936 war Dipl.-Ing. Robert Pook von Siemens & Halske, Leipzig, als Corpsbruder an Biedenkopf herangetreten (Brief Pooks an Biedenkopf, ohne Datum. Biedenkopfs Antwort datiert vom 16.12.1936).

4 WL-Besprechung vom 31.12.43. Landesarchiv Merseburg, Archiv-Nr. 742.

5 Notiz über WL-Besprechung am 17.4.44.

6 Notiz über WL-Besprechung am 18.2.44.

7 Notiz über die WL-Besprechung vom 24.1.1945, angefertigt von Dr. Ecarius, Bunawerke.

8 Gespräch mit Heinz Rehmann, der später im Bunawerk arbeitete und bis 1991 Abteilungsleiter Katalyse war. Er arbeitet mit anderen im »Verein Sachzeugen der chemischen Industrie e. V.« an einer umfassenden Dokumentation der »Geschichte der chemischen Industrie in Mitteldeutschland«.

9 »Redakteur«, in: *Westdeutsche Allgemeine Zeitung*, 21.12.1968.

10 Christa Wolf: »Frei, geordnet, untröstlich«, in: *Wochenpost* 53/1992.

Jüngste Magnifizenz:
»Wir sitzen doch alle in einem Boot«

1 Schreibtisch, in: *Westdeutsche Allgemeine Zeitung*, 7. 12. 1968.
2 »Professor rügte die Unternehmer«, in: *Westfälische Rundschau*, 6. 3. 1967.
3 »Biedenkopf und die Brandstifter«, in: *Ruhr-Reflexe* 6/1967.
4 *Bochumer Studenten Zeitung*, 3. 5. 1967.
5 Olaf Ihlau: »Die Universität soll sich selbst reformieren,« in: *Neue Ruhr-Zeitung*, 7. 12. 1967.
6 »Per Auto«, in: *Ruhr-Nachrichten*, 25. 10. 1967; »Ente«, in: *Ruhr-Nachrichten*, 28. 10. 1967.
7 »›Enteignung verändert Eigentumsverhältnisse nicht‹«, in: *Ruhr-Nachrichten*, 27. 1. 1968.
8 Reinhard Zimmermann: »Bloßgestellt«, in: *Bochumer Studenten Zeitung*, 18. 4. 1968.
9 »Uni-Convent tagt erstmals in voller Öffentlichkeit«, in: *Westdeutsche Allgemeine Zeitung*, 14. 11. 1968.
10 »Den Ökonomen Schiller ordnungspolitisch domestizieren«, in: *Industrie Kurier*, 29. 6. 1968.

Manager bei Henkel:
»Defizit an praktischer Lebenserfahrung« und politisches Engagement

1 »Prominentsein ist eine Versuchung«, in: *Die Welt*, 3. 10. 1970.
2 Gespräch mit Hans Mundorf am 11. 3. 1999.
3 »Heimliches Zwiegespräch mit einem Toten«, in: *Weltbild*, 6. 2. 1981.
4 »Zukunft der Unternehmensführung«, in: *Rheinischer Merkur*, 2. 7. 1971.
5 Ingrid Biedenkopf ergänzt: Hanns-Martin Schleyer sei auch ein Onkel gewesen, also auch verwandt mit Fritz Ries und ihr.

Generalsekretär:
»Solche Entscheidungen bereut man nicht, mit denen wird man fertig«

1 »Eine Volksfront in der SPD«, in: *Wirtschaftswoche*, 11. 5. 1973.
2 Peter Hintze und Gerd Langguth (Hrsg.): *Helmut Kohl. Der Kurs der CDU. Reden und Beiträge des Bundesvorsitzenden 1973-1993*, Stuttgart 1993.

3 »›Das wird eine lange Hängepartie‹«, in: *Der Spiegel*, 15. 10. 1984.

4 »Kohls Biedenkopf«, in: *Vorwärts*, 24. 5. 1973; »CDU: Vormarsch nach rückwärts«, in: *Der Spiegel*, 18. 2. 1974.

5 »Bei ›3‹ meldet sich Kohl«, in: *Wirtschaftswoche*, 7. 6. 1974.

6 »Freiheit statt Sozialismus«, in: *Stuttgarter Nachrichten*, 14. 12. 1973.

7 »Bei ›3‹ meldet sich Kohl«, in: *Wirtschaftswoche*, 7. 6. 1974.

8 »Biedenkopf und das Ganze«, in: *Welt der Arbeit*, 26. 4. 1974.

9 Zit. in: Horst Afheldt: *Wohlstand für niemand. Die Marktwirtschaft entläßt ihre Kinder*, München 1994, S. 179. – An anderer Stelle erklärte von Hayek allerdings auch: »Die Aufrechterhaltung des Wettbewerbs ist sehr wohl auch mit einem ausgedehnten System der Sozialfürsorge vereinbar – solange dieses so organisiert ist, daß es den Wettbewerb nicht weitgehend lahmlegt.« (Friedrich A. Hayek: *Der Weg zur Knechtschaft*, München 1994, S. 60.)

10 Von Hayek, S. 59.

11 Ebd., S. 167 f.

12 Zit. in: ebd., S. 271.

13 Ebd., S. 287 ff.

14 »›Die ganze Welt im Umbruch‹«, in: *Wirtschaftswoche*, 24. 10. 1975.

15 »›Ich glaube, Sie unterschätzen Helmut Kohl‹«, in: *Stern*, 19. 6. 1975.

16 »Bonns Abhör-Affäre – Eifersuchtsdrama?«, in: *Hamburger Morgenpost*, 4. 9. 1976; »Übergriff mit Organen«, in: *konkret*, April 1976.

17 »›Die CDU muß ihre Kompetenz nachweisen‹«, in: *Der Spiegel*, 29. 9. 1975.

18 Ebd.

19 Gespräch mit Hans Mundorf am 11. 3. 1999.

20 Lothar Bewerunge: »Biedenkopf gibt der Union ein Rätsel auf«, in: *Frankfurter Allgemeine Zeitung*, 22. 3. 1976.

Nordrhein-Westfalen:
»Nur wer auf Sieg spielt, kommt ins Finale«

1 »Noch im Sitzen steht er am Katheder«, in: *Welt am Sonntag*, 13. 6. 1976; »Der Politiker, der jeden Tag einen Liebesbrief schrieb«, in: *Bild*, 16. 10. 1975.

2 *Parlamentarisch-Politischer Pressedienst*, 12. 1. 1979.

3 »Verliert der Professor die Wahl an Rhein und Ruhr?«, in: *Vorwärts*, 28. 2. 1980.

4 »Revolution à la Biedenkopf«, in: *Vorwärts*, 19. 3. 1981.

5 »›Biedenkopf hat das Zeug zum Kanzlerkandidaten‹«, in: *Rheinische Post*, 8. 12. 1978; »Biedenkopf und der Kaffeesatz«, in: *Bonner Rundschau*, 1. 11. 1978.

6 Bernt Engelmann: *Das neue Schwarzbuch Franz Josef Strauß*, Köln 1980, S. 176.

7 »Lieber Steine klopfen«, in: *Der Spiegel*, 30. 5. 1983.

8 »Biedenkopf fordert Abfindung«, in: *Bonner Rundschau*, 21. 5. 1983.

9 Kurt Biedenkopf: »Streikschlichtung: ein Scheitern, ein Erfolg«, in: *Die Zeit*, 6. 7. 1984.

10 Kurt Biedenkopf: »Die CDU muß mehr sein als ein Verein zur Machterhaltung«, in: *Handelsblatt*, 6. 11. 1987; »›Die Führung ist verantwortlich für den Zustand der Partei‹«, in: *Süddeutsche Zeitung*, 23. 3. 1989; Kurt Biedenkopf: »Die Beschwörung der Mitte allein ist kein Programm«, in: *Frankfurter Rundschau*, 4. 4. 1989.

11 Kurt Biedenkopf: »Für die negative Bilanz ist der Vorsitzende selbst verantwortlich«, in: *Süddeutsche Zeitung*, 23. 8. 1989.

Am Ziel:
»So etwas Schönes habe ich noch nie besessen«

1 Kurt Biedenkopf: »Es kommt hart, aber das Ende wird gut sein«, in: *Die Welt*, 16. 10. 1990.

2 »›Weil es mich tief bewegt‹«, in: *Die Zeit*, 19. 1. 1990.

3 »Überraschende Wende in Sachsen?«, in: *Die Union*, 27. 8. 1990.

4 »Sachsen hat alle Chancen, seine Zukunft glücklich zu gestalten«, in: *Sächsische Zeitung*, 17. 9. 1990; »Einigungsprozeß bisher ohne Beispiel«, in: *Die Union*, 17. 9. 1990.

5 »In vier Jahren kann Sachsen mit den Bayern mithalten«, in: *Sächsische Zeitung*, 19. 9. 1990.

6 »›Die Erringung der Freiheit ist kein Freibrief für Verschwendung‹«, in: *Sächsische Zeitung*, 11. 10. 1990.

7 »Wahlsonntag mit Überraschungen«, in: *Sächsische Zeitung*, 15. 10. 1990.

8 »Bei Mißerfolg in Sachsen in den Bundestag«, in: *Sächsische Zeitung*, 29. 8. 1990.

9 »Erst einmal Unkraut jäten, und dann säen«, in: *Sächsische Zeitung*, 3. 9. 1990.

10 »Wer ist deswegen allein zu richten?«, in: *Sächsische Zeitung*, 15. 11. 1990.

11 »Waffen-SS: Biedenkopf verteidigt Theo M. Loch«, in: *Express*, 4. 7. 1983; »Kurt Biedenkopf«, in: *Frankfurter Rundschau*, 4. 7. 1983.

12 »Machtzentrum in der Küche«, in: *Der Spiegel*, 29. 7. 1991.

13 Alexander Wendt: *Kurt Biedenkopf – Ein politisches Portrait*, Berlin 1994, S. 179.

14 »Dresden wird nie eine Hochburg«, in: *Bild*, 15. 6. 1990.

15 Inzwischen geriet auch Goliasch in den Verdacht, für die Stasi, genauer: die Stasi-geführte Kripo-Abteilung K1, gespitzelt zu haben. Er behauptete dagegen, nur abgeschöpft worden zu sein. Im April 1999 wurde eine Abgeordnetenklage gegen ihn vorbereitet.

16 Kurt H. Biedenkopf/Friedrich Schorlemmer: *Kreuzsee*. *Ein Gespräch*, Berlin 1992, S. 5.

Die Finanzierung der Einheit: »Korinthenkacker-Diskussion«

1 So auch in:»›Der ganze Prozeß ist irre. Das ist ja das Tolle!‹«, in: *Wochenpost*, 8. 10. 1992.

2 Robert B. Reich: *Die neue Weltwirtschaft: Das Ende der nationalen Ökonomie*, Berlin 1993, S. 282 ff.

3 »Jetzt gehen wir durch die schwierigste Wegstrecke«, in: *Süddeutsche Zeitung*, 6. 3. 1992.

4 Biedenkopf/Schorlemmer, S. 10.

5 Biedenkopfs undogmatischer, am Erforderlichen orientierter Regierungsstil zeigte sich auch in einem weiteren Fall: Mit Thomas de Maizière holte Biedenkopf eine – allerdings hochrangige und wie ein Staatssekretär bezahlte – Honorarkraft mit an den Kabinettstisch, zuständig für die Koordination der Ministerpräsidententreffen wegen des Solidarpaktes, der 2004 fortgesetzt werden soll.

6 Zit. in: Horst Schneider: *Wohin treibt Sachsen?* ›*Landesvater Biedenkopf‹. Über seine Ansichten, Absichten und Politik*, Schkeuditz 1993.

7 Kurt Biedenkopf:»Welche Zukunft für die neuen Bundesländer?«, Referat, gehalten am *Weltwoche*-Abend vom 28. 2. 1992; Kurt Biedenkopf:»Zwischen Wiedervereinigung, europäischem Binnenmarkt und der Zusammenarbeit mit Europa. Was kann Deutschland leisten?«, Rede vor dem»Forum für Deutschland« am 18. 3. 1992 in Berlin.

8 »Mit Kanzler-Schelte zu Hause Punkte machen«, in: *Sächsische Zeitung*, 30. 4. 1997.

9 Kurt Biedenkopf:»Die deutsche Einheit – noch immer eine Chance?«, Festvortrag für Joachim Fest am 24. 1. 1994.

Blickrichtung Bonn:
»Die Partei ist nicht mehr lebendig«

1 Damit meinte Nowak wohl den ehemaligen Innenminister Rudolf Krause, der in Weißrussland für Siemens akquirierte.

2 »›Karriere machen die Angepaßten‹«, in: *Westdeutsche Allgemeine*, 1.6.1993.

Neues wagen:
»Eine Partei braucht Typen wie Biedenkopf«

1 »Ein Blick in die Karten und zwei ins Leben«, in: *Sächsische Zeitung*, 16.4.1997.

Politik und Gesellschaft

Daniel Yergin, Joseph Stanislaw
Staat oder Markt
Die Schlüsselfrage unseres Jahrhunderts
1999. 609 Seiten, gb.
ISBN 3-593-36269-4

In großen Linien schreiben die Autoren politische Zeitgeschichte und Wirtschaftsgeschichte neu. Sie bringen Ordnung in die Vielfalt wirtschaftlicher Entwicklungen, zeigen, welche Akteure hinter den Entscheidungen standen, die unsere Welt in diesem Jahrhundert in Atem gehalten haben. Und sie benennen die entscheidenden Fragen, an denen sich für das kommende Jahrhundert entscheiden sollte, wie viel Staat und wie viel Markt für allgemeinen Wohlstand und Sicherheit notwendig sind.

»Es gibt keinen besseren Bericht über das politische und ökonomische Geschehen in dieser Welt seit dem Zweiten Weltkrieg.« *Wall Street Journal*

»Eine außergewöhnlich ambitionierte und brilliante Geschichte dieses Jahrhunderts, die sich liest wie ein Roman – kurz: ein faszinierendes Buch.« *New York Times*

Campus Verlag · Frankfurt/New York

Wirtschaft und Gesellschaft

Paul Krugman
Die Große Rezession
Was zu tun ist, damit die
Weltwirtschaft nicht kippt
1999. 237 Seiten, gb.
ISBN 3-593-36368-2

Die bösen Geister der Großen Depression der Dreißiger
Jahre sind wieder erwacht. Kann sich im kommenden
Jahrhundert eine vergleichbar katastrophale Weltwirt-
schaftskrise wiederholen? Paul Krugman wirft Zweifel
an dem Glauben auf, Politiker und ihre Wirtschaftsberater
seien heute immun dagegen, das Falsche zu tun. Freier
Welthandel und unser aller Wohlstand lassen sich sichern,
ein Übergreifen der asiatischen Krankheit auf Europa und
die USA ist vermeidbar. Doch das erfordert, über die be-
rechtigten Bemühungen um eine wettbewerbliche Ordnung der Märkte hinauszugehen. In der heutigen extrem
labilen Situation helfen nur politische Maßnahmen, die
mit liebgewordenen Dogmen radikal brechen.

» … der unbestrittene Lieblingsökonom der Intellektuellen … Eine seiner herausragendsten Fähigkeiten ist das
Fehlen jeglichen elitären Dünkels.« *Tages-Anzeiger*

Campus Verlag · Frankfurt/New York